Mircea Eliade
Mythos und Wirklichkeit

Aus dem Französischen
von Eva Moldenhauer

Insel Verlag

Dieses Buch erschien zuerst 1963 unter dem Titel *Aspects du mythe* bei Gallimard, Paris;
und im selben Jahr in der englischen Übersetzung bei Harper & Row, New York.

Mircea Eliade
Gesammelte Werke in Einzelausgaben

Erste Auflage 1988

Druck: Thiele & Schwarz, Kassel
Printed in Germany

Inhalt

KAPITEL I

DIE STRUKTUR DER MYTHEN

KAPITEL II

MAGISCHES PRESTIGE DER »URSPRÜNGE«

KAPITEL III

MYTHEN UND RITEN DER ERNEUERUNG

KAPITEL IV

ESCHATOLOGIE UND KOSMOGONIE

KAPITEL V

DIE ZEIT LÄSST SICH BEHERRSCHEN

KAPITEL VI

MYTHOLOGIE, ONTOLOGIE, GESCHICHTE

KAPITEL VII

MYTHOLOGIE DES GEDÄCHTNISSES UND DES VERGESSENS

KAPITEL VIII

GRÖSSE UND VERFALL DER MYTHEN

KAPITEL IX

ÜBERBLEIBSEL UND VERMUMMUNG DER MYTHEN

ANHANG

Vorbemerkung

Dieses kleine Buch wurde geschrieben für die Reihe »World Perspectives« (Harper, New York), die von Ruth Nanda Anshen herausgegeben wird. Das heißt, daß es sich an das gebildete breite Publikum wendet. Wir haben darin einige Beobachtungen aufgegriffen und weiterentwickelt, die wir bereits in unseren früheren Werken vorstellten. Eine erschöpfende Analyse des mythischen Denkens kam nicht in Betracht.

Auch diesmal hat unser Freund, Jean Gouillard, freundlicherweise den französischen Text durchgesehen. Er sei unseres aufrichtigen Danks versichert.

Mircea Eliade
Universität von Chicago
April 1962

KAPITEL I
DIE STRUKTUR DER MYTHEN

Die Bedeutung des »lebendigen Mythos«

Seit mehr als einem halben Jahrhundert haben die westlichen Wissenschaftler das Studium der Mythen in eine Perspektive gerückt, die sich von der etwa des 19. Jahrhunderts deutlich unterschied. Sie behandelten den Mythos nicht mehr wie ihre Vorgänger im üblichen Sinn des Wortes, d.h. als »Fabel«, »Erfindung«, »Fiktion«, sondern sie nahmen ihn so, wie er in den archaischen Gesellschaften verstanden wurde, in denen der Mythos eine »wahre Geschichte« und außerdem höchst kostbare, da heilige, exemplarische und bedeutsame Geschichte bezeichnet. Doch dieser neue semantische Wert, der dem Wort »Mythos« zugestanden wurde, läßt seine Verwendung in der Alltagssprache recht zweideutig erscheinen. Denn das Wort wird heute ebenso im Sinn von »Fiktion« oder »Illusion« wie in dem besonders den Ethnologen, Soziologen und Religionshistorikern vertrauten Sinn von »heilige Überlieferung, Uroffenbarung, exemplarisches Modell« gebraucht.

Wir werden später auf die Geschichte der verschiedenen Bedeutungen näher eingehen, die der Terminus »Mythos« in der antiken und christlichen Welt angenommen hat (vgl. Kap. VIII und IX). Jeder weiß, daß die Griechen seit Xenophanes (um 565-470) – der als erster die von Homer und Hesiod verwendeten »mythologischen« Ausdrücke für die Gottheit kritisiert und verworfen hat – den *mythos* allmählich seines religiösen und metaphysischen Werts entleert haben. Das Wort *mythos,* das in Gegensatz zu *logos* sowie später zu *historia* stand, bezeichnete schließlich alles, »was nicht wirklich existieren kann«. Auch das jüdische Christentum verwies alles in den Bereich der »Lüge« und der »Illusion«, was nicht durch eines der beiden Testamente begründet oder für gültig erklärt war.

Wir verstehen den »Mythos« nicht in diesem Sinn (der in der Alltagssprache im übrigen der gebräuchlichste ist). Genauer gesagt, uns interessiert nicht das geistige Stadium oder der historische Augenblick, in dem der Mythos zu einer »Fiktion« wurde. Unsere Untersuchung gilt in erster Linie den Gesellschaften, in denen der Mythos »lebendig« ist – oder es bis vor kurzem noch war –, insofern er dem menschlichen Verhalten Vorbilder liefert und damit dem Dasein Bedeutung und Wert verleiht. Die Struktur und die Funktion der Mythen in den traditionalen Gesellschaften verstehen heißt nicht nur, eine Etappe in der Geschichte des menschlichen Denkens erhellen, sondern auch, eine Kategorie unserer Zeitgenossen besser begreifen.

Um uns auf ein Beispiel, das der »cargo cults« in Ozeanien zu beschränken: es wäre sehr schwierig, eine ganze Reihe ungewöhnlicher Handlungen zu interpretieren, ohne sich auf ihre mythische Begründung zu berufen. Diese prophetischen und chiliastischen Kulte verkünden das Bevorstehen eines märchenhaften Zeitalters der Fülle und Glückseligkeit. Die Eingeborenen werden erneut die Herren ihrer Inseln sein und nicht mehr arbeiten, denn die Toten werden zurückkehren auf herrlichen Schiffen voller Waren, gleich den riesigen Frachtern, die die Weißen in ihren Häfen begrüßen. Aus diesem Grunde fordern die meisten dieser »cargo cults« einerseits die Zerstörung der Haustiere und der Gerätschaften, andererseits den Bau großer Speicher, in denen man die von den Toten mitgebrachten Vorräte lagern wird. Eine Bewegung z. B. prophezeit die Ankunft Christi auf einem Warenschiff; eine andere erwartet die Ankunft »Amerikas«. Ein paradiesisches neues Zeitalter wird anbrechen, und die Mitglieder des Kults werden unsterblich sein. Einige Kulte enthalten auch orgiastische Handlungen, denn die Verbote und die von der Überlieferung sanktionierten Bräuche werden ihre Daseinsberechtigung verlieren und der absoluten Freiheit weichen. Alle diese Handlungen und Vorstellungen erklären sich nun aber durch *den Mythos von der Vernichtung der Welt, der eine neue Schöpfung und der Anbruch des Goldenen Zeitalters folgt* – ein Mythos, der uns noch beschäftigen wird.

Ähnliches hat sich im Jahre 1960 im Kongo ereignet, als das Land die Unabhängigkeit erhielt. In einem Dorf haben die Eingeborenen die Dächer ihrer Hütten entfernt, damit die Goldstücke hereinfallen könnten, die die Ahnen regnen lassen würden. Anderswo ließ man alles verwildern und hielt nur die Wege instand, die zum Friedhof führten, damit die Ahnen das Dorf erreichen konnten. Auch die orgiastischen Exzesse hatten einen Sinn, denn dem Mythos zufolge werden am Tag des Neuen Zeitalters alle Frauen allen Männern gehören.

Sehr wahrscheinlich werden Tatsachen dieser Art immer seltener auftreten. Man darf vermuten, daß das »mythische Verhalten« nach der politischen Unabhängigkeit der ehemaligen Kolonien allmählich verschwindet. Doch was sich in mehr oder weniger ferner Zukunft ereignen wird, kann uns nicht verstehen helfen, was im Augenblick geschieht. Uns kommt es vor allem darauf an, den Sinn dieser fremdartigen Verhaltensweisen zu erfassen, die Ursache und die Begründung dieser Ausschweifungen zu begreifen. Denn sie begreifen heißt, sie als menschliche und kulturelle Tatsachen, als Schöpfungen des Geistes zu erkennen und sie nicht als pathologischen Einbruch der Triebe, als Bestialität oder Kinderei abzutun. Es gibt keine andere Alternative: entweder man versucht, solche Maßlosigkeiten zu leugnen, zu bagatellisieren oder zu vergessen, indem man sie als Einzelfälle von »Wildheit« ansieht, die völlig verschwinden werden, sobald die Stämme einmal »zivilisiert« sind; oder aber man macht sich die Mühe, die mythischen Ursachen zu verstehen, die derartige Exzesse erklären, begründen und ihnen einen religiösen Wert verleihen. Diese letztere Haltung ist unseres Erachtens die einzige, die Aufmerksamkeit verdient. Nur in einer religionsgeschichtlichen Perspektive können sich solche Verhaltensweisen als Tatsachen der Kultur enthüllen und somit den abwegigen oder monströsen Charakter eines Kinderspiels oder einer rein triebhaften Handlung verlieren.

Der Wert der »primitiven Mythologien«

Alle großen mediterranen und asiatischen Kulturen besitzen Mythologien. Es ist jedoch ratsam, nicht mit der Untersuchung des Mythos der griechischen, ägyptischen oder indischen Mythologie zu beginnen. Die meisten griechischen Mythen wurden von Hesiod und Homer, von den Rhapsoden und den Mythographen erzählt und infolgedessen verändert, gegliedert, systematisiert. Die mythologischen Überlieferungen des Nahen Ostens und Indiens sind von den jeweiligen Theologen und Ritualisten mit Sorgfalt neu interpretiert und überarbeitet worden. Das soll nicht heißen, daß diese großen Mythologien ihre »mythische Substanz« eingebüßt hätten und nur noch »Literaturen« wären, auch nicht, daß die mythologischen Überlieferungen der archaischen Gesellschaften nicht von Priestern und Barden umgestaltet worden seien. Ebenso wie die großen Mythologien, die schließlich durch geschriebene Texte weitergetragen wurden, haben auch die »primitiven« Mythologien, die die ersten Reisenden, Missionare und Ethnographen in mündlicher Form kennenlernten, eine »Geschichte«; anders gesagt: sie sind im Laufe der Jahrhunderte unter dem Einfluß anderer, höherstehender Kulturen oder dank der Schöpferkraft einiger außergewöhnlich begabter Individuen umgewandelt und bereichert worden.
Trotzdem ziehen wir es vor, mit dem Studium des Mythos in den archaischen und traditionalen Gesellschaften zu beginnen und uns erst später den Mythologien der Völker zuzuwenden, die in der Geschichte eine wichtige Rolle gespielt haben. Und zwar deshalb, weil die Mythen der »Primitiven«, trotz ihrer Veränderungen im Laufe der Zeit, noch immer einen ursprünglichen Zustand widerspiegeln. Zudem handelt

es sich um Gesellschaften, wo die Mythen noch lebendig sind, wo sie das gesamte Verhalten und alle Tätigkeiten des Menschen begründen und erklären. Die Rolle und die Funktion der Mythen lassen sich (oder ließen sich noch bis vor kurzem) von den Ethnologen eingehend beobachten und beschreiben. Bei jedem Mythos und jedem Ritual der archaischen Gesellschaften war es möglich, die Eingeborenen zu befragen und zumindest teilweise in Erfahrung zu bringen, welche Bedeutung sie ihnen geben. Zwar lösen diese »lebendigen Dokumente«, die bei Feldforschungen aufgezeichnet werden, nicht alle unsere Schwierigkeiten. Aber sie haben den großen Vorteil, daß sie uns helfen, das Problem richtig zu stellen, d. h. den Mythos in seinem ursprünglichen gesellschaftlichen und religiösen Zusammenhang zu sehen.

Versuch einer Definition des Mythos

Es wäre schwierig, eine Definition des Mythos zu finden, die von allen Wissenschaftlern akzeptiert würde und gleichzeitig auch den Nichtspezialisten verständlich wäre. Ist es überhaupt möglich, *eine einzige* Definition zu finden, die alle Typen und alle Funktionen der Mythen in allen archaischen und traditionalen Gesellschaften umfaßt? Der Mythos ist eine äußerst komplexe kulturelle Realität, die sich in vielen und einander ergänzenden Perspektiven erörtern und interpretieren läßt.

Mir persönlich scheint die am wenigsten unvollkommene, da umfassendste Definition die folgende zu sein: Der Mythos erzählt eine heilige Geschichte; er berichtet von einem Ereignis, das in der primordialen Zeit, der märchenhaften Zeit der »Anfänge« stattgefunden hat. Anders gesagt: der Mythos erzählt, auf welche Weise dank den Taten der übernatürlichen Wesen eine Realität zur Existenz gelangt ist – sei es nun die totale Realität, der Kosmos, oder nur ein Teil von ihr: eine Insel, eine Pflanzenart, ein menschliches Verhalten, eine

Institution. Es handelt sich also immer um die Erzählung einer »Schöpfung«: es wird berichtet, wie etwas erzeugt worden ist und begonnen hat, zu *sein*. Der Mythos spricht nur von dem, was *wirklich* geschehen ist, von dem, was sich voll und ganz manifestiert hat. Die Personen des Mythos sind übernatürliche Wesen. Bekannt sind sie vor allem durch die Dinge, die sie in der wunderbaren Zeit der »Anfänge« getan haben. Die Mythen offenbaren also ihre schöpferische Tätigkeit und enthüllen die Heiligkeit (oder einfach die »Übernatürlichkeit«) ihrer Werke. Kurz, die Mythen beschreiben die verschiedenen und zuweilen dramatischen Einbrüche des Heiligen (oder des »Übernatürlichen«) in die Welt. Und dieser Einbruch des Heiligen *gründet* wirklich die Welt und macht sie so, wie sie heute ist. Mehr noch: erst durch das Eingreifen der übernatürlichen Wesen ist der Mensch, was er heute ist, ein sterbliches, sexualisiertes und kulturelles Wesen.

Wir werden noch Gelegenheit haben, diese kurzen Vorbemerkungen zu ergänzen und zu nuancieren, aber schon jetzt muß ein Faktum betont werden, das uns wesentlich erscheint: der Mythos wird als eine heilige Geschichte und daher als eine »wahre Geschichte« betrachtet, weil er sich immer auf *Realitäten* bezieht. Der kosmogonische Mythos ist »wahr«, weil die Existenz der Welt ihn beweist; auch der Mythos vom Ursprung des Todes ist »wahr«, weil die Sterblichkeit des Menschen ihn beweist, und so fort.

Weil der Mythos die *gesta* der übernatürlichen Wesen und die Manifestation ihrer heiligen Kräfte erzählt, wird er zum exemplarischen Modell aller bedeutsamen menschlichen Tätigkeiten. Als der Missionar und Ethnologe C. Strehlow die australischen Aranda fragte, warum sie bestimmte Zeremonien feierten, erhielt er immer wieder dieselbe Antwort: Weil die Vorfahren es so angeordnet haben.[1] Die Kai aus Neuguinea weigerten sich, ihre Lebens- und Arbeitsweise zu verändern, mit der Begründung: »So hat es der *Nemu* (der mythische Urahne) gemacht, und wir machen es auch so.«[2]

Nach dem Grund für ein bestimmtes Detail einer Zeremonie befragt, antwortete der Navaho-Sänger: »Weil das heilige Volk es zum ersten Mal so machte.«[3] Genau die gleiche Rechtfertigung finden wir in dem Gebet, das ein primitives tibetisches Ritual begleitet: »So wie es seit Beginn der Erschaffung der Erde überliefert wurde, so müssen wir opfern . . . So wie unsere Ahnen in alten Zeiten taten, so tun wir heute.«[4] Es ist auch die Begründung, die die hinduistischen Theologen und Ritualisten anführen: »Wir müssen tun, was die Götter am Anfang taten« (*Shatapatha-Brâhmana* VII, 2, 1, 4). »So haben die Götter getan, so tun die Menschen« (*Taittirîya-Brâhmana* I, 5, 9, 4).[5]
Wie wir an anderer Stelle zeigten[6], finden sogar die profanen Verhaltensweisen und Tätigkeiten des Menschen ihr Modell in den Gesten der übernatürlichen Wesen. Bei den Navaho »sind die Frauen angehalten, sich mit seitlich untergeschlagenen Beinen niederzusetzen, die Männer mit vor sich gekreuzten Beinen, weil gesagt worden ist, daß zu Anfang Wechselhafte Frau und Ungeheuertöter sich auf diese Weise niedersetzten.«[7] Nach den mythischen Überlieferungen der Karadjeri, eines australischen Stammes, sind alle Bräuche und Verhaltensweisen in der »Zeit der Träume« von zwei übernatürlichen Wesen, Bagadjimbiri, eingeführt worden (zum Beispiel wie man eine bestimmte Getreideart kocht oder ein Tier mit Hilfe eines Stockes tötet, die besondere Stellung, die man beim Urinieren einnehmen muß, usw.[8]).
Unnötig, weitere Beispiele zu nennen. Wie wir in *Der Mythos der ewigen Wiederkehr* gezeigt haben und im Folgenden verdeutlichen werden, besteht die Hauptfunktion des Mythos darin, die exemplarischen Modelle aller Riten und aller bedeutsamen menschlichen Tätigkeiten zu offenbaren: dies gilt für die Ernährung oder die Heirat ebenso wie für die Arbeit, die Erziehung, die Kunst oder die Weisheit. Diese Auffassung ist für das Verständnis des Menschen der archaischen und traditionalen Gesellschaften nicht unwichtig; sie wird uns weiter unten beschäftigen.

Fügen wir hinzu, daß die Eingeborenen in den Gesellschaften, wo der Mythos noch lebendig ist, die Mythen – »wahre Geschichten« – sehr genau von den Fabeln oder Märchen unterscheiden, die sie »falsche Geschichten« nennen.

Die Pawnee machen einen Unterschied zwischen »wahren Geschichten« und »falschen Geschichten« und zählen zu den »wahren« Geschichten in erster Linie alle diejenigen, die von den Ursprüngen der Welt handeln; die Akteure sind göttliche, übernatürliche, himmlische oder astrale Wesen. Gleich danach kommen die Märchen, die von den wunderbaren Abenteuern des Nationalheros berichten, eines jungen Mannes von niedriger Geburt, der zum Retter seines Volkes geworden ist, weil er es von Ungeheuern befreit, vom Hunger oder anderen Plagen erlöst oder andere edle und heilsame Taten vollbracht hat. Zum Schluß kommen die Geschichten, die sich auf die Medizinmänner beziehen und erklären, auf welche Weise dieser oder jener Zauberer seine übermenschlichen Kräfte erworben hat, wie diese oder jene Schamanengemeinschaft entstanden ist. Die »falschen« Geschichten sind jene, die die Abenteuer und die alles andere als erbaulichen Taten von Coyote, dem Steppenwolf, erzählen. Kurz, in den »wahren« Geschichten haben wir es mit dem Heiligen und dem Übernatürlichen zu tun; in den »falschen« dagegen mit einem profanen Inhalt, denn der Coyote ist in dieser Mythologie äußerst volkstümlich, ebenso wie in den anderen nordamerikanischen Mythologien, wo er als Schwindler, Betrüger, Verwandlungskünstler und ausgemachter Spitzbube auftritt.[9]

Auch die Cherokee unterscheiden zwischen den heiligen Mythen (Kosmogonie, Erschaffung der Sterne, Ursprung des Todes) und den profanen Geschichten, die zum Beispiel bestimmte anatomische oder physiologische Absonderlichkeiten der Tiere erklären. Dieselbe Unterscheidung finden wir in Afrika: die Herero meinen, daß die Geschichten, die von den Anfängen der verschiedenen Stammesgruppen erzählen, wahr sind, weil sie sich auf Tatsachen beziehen, die *wirklich* stattgefunden haben, während die mehr oder weniger komischen Märchen jeder Grundlage entbehren. Was die Eingeborenen aus Togo betrifft, so halten sie ihre Ursprungsmythen für »absolut real«.[10]

Aus diesem Grunde kann man die Mythen nicht gleichgültig erzählen. Bei vielen Stämmen rezitiert man sie nicht vor den Frauen oder den Kindern, d. h. vor Nichtinitiierten. Im allgemeinen werden sie den Neophyten während der Zeit ihrer Isolation im Busch von den alten Lehrern übermittelt: es ist Teil ihrer Initiation. R. Piddington sagt über die Karadjeri: »Die heiligen Mythen, die den Frauen nicht bekannt werden, beziehen sich hauptsächlich auf die Kosmogonie, insbesondere auf die Einrichtung der Initiationszeremonien.«[11]

Während die »falschen Geschichten« zu jeder Zeit und an jedem Ort erzählt werden können, darf man die Mythen nur während einer heiligen Zeitspanne (im allgemeinen im Herbst oder im Winter und nur des Nachts) rezitieren.[12] Dieser Brauch hat sich sogar bei Völkern erhalten, die die archaische Kulturstufe überschritten haben. Bei den Turko-Mongolen und den Tibetern dürfen die epischen Gesänge des Gesar-Zyklus nur in der Nacht und im Winter vorgetragen werden. »Der Vortrag wird einem mächtigen Zauber gleichgesetzt. Mit ihm lassen sich alle möglichen Vorteile erringen, besonders Erfolg bei der Jagd und im Krieg . . . Bevor man rezitiert, richtet man ein mit geröstetem Gerstenmehl bestäubtes Areal her. Die Hörer sitzen darum herum. Der Barde rezitiert das Epos mehrere Tage lang. Man sagt, daß man früher dann die Spuren der Hufe von Gesars Pferd auf diesem Areal sehen konnte. Das Rezitieren rief also die reale Gegenwart des Heros hervor.«[13]

Der Unterschied, den die Indianer zwischen »wahren Geschichten« und »falschen Geschichten« machen, ist bedeutsam. Beide Erzählgattungen stellen »Geschichten« vor, d. h. eine Reihe von Ereignissen, die in einer fernen und sagenhaften Vergangenheit stattgefunden haben. Obwohl die Personen des Mythos im allgemeinen Götter oder übernatürliche Wesen, die Märchenfiguren dagegen Heroen oder Fabeltiere sind, haben alle etwas Gemeinsames: sie gehören nicht zur alltäglichen Welt. Und doch haben die Eingeborenen gespürt, daß es sich um grundlegend verschiedene »Geschichten« handelt. Denn alles, was die Mythen berichten, *betrifft sie unmittelbar,* während sich Märchen und Fabeln auf Ereignisse beziehen, die, selbst wenn sie zu Veränderungen in der Welt führten (vgl. die anatomischen oder physiologischen Besonderheiten mancher Tiere), die Natur des Menschen als solche nicht modifiziert haben.[14]

In der Tat berichten die Mythen nicht nur vom Ursprung der Welt, der Tiere, der Pflanzen und des Menschen, sondern auch von allen primordialen Ereignissen, in deren Folge der Mensch zu dem geworden ist, was er heute ist, d. h. ein sterbliches, sexualisiertes, gesellschaftlich organisiertes Wesen, das arbeiten muß, um zu leben, und nach bestimmten Regeln arbeitet. Wenn die Welt *existiert,* wenn der Mensch *existiert,* so deshalb, weil die übernatürlichen Wesen am »Anfang« eine schöpferische Tätigkeit entfaltet haben. Doch nach der Kosmogonie und der Anthropogonie haben weitere Ereignisse stattgefunden, und der Mensch, *wie er heute ist,* ist das unmittelbare Ergebnis dieser mythischen Ereignisse, *er ist durch diese Ereignisse konstituiert.* Er ist sterblich, weil *in illo tempore* etwas geschehen ist. Wäre es nicht geschehen, dann wäre der Mensch nicht sterblich: er hätte endlos existieren können wie die Steine, oder er hätte periodisch die Haut wechseln können wie die Schlangen und wäre damit fähig gewesen, sein Leben zu erneuern, d. h. es endlos von neuem

zu beginnen. Aber der Mythos vom Ursprung des Todes erzählt, was sich *in illo tempore* zugetragen hat, und indem er es erzählt, erklärt er, *warum der Mensch sterblich ist*.
So lebt ein bestimmter Stamm vom Fischfang, weil in mythischen Zeiten ein übernatürliches Wesen den Vorfahren des Stammes beigebracht hat, wie man die Fische fängt und kocht. Der Mythos erzählt die Geschichte des ersten Fischfangs, den das übernatürliche Wesen machte, und offenbart dadurch einen übermenschlichen Akt, lehrt die Menschen, wie sie ihn ihrerseits ausführen können, und erklärt schließlich, warum sich dieser Stamm auf diese Art ernähren muß.
Die Beispiele ließen sich leicht vermehren. Doch die genannten zeigen bereits, warum der Mythos für den archaischen Menschen eine Sache von höchster Wichtigkeit ist, während die Märchen und Fabeln diese Bedeutung nicht haben. Der Mythos lehrt ihn die primordialen »Geschichten«, die ihn existentiell konstituiert haben; und alles, was mit seiner Existenz und seiner eigenen Seinsweise im Kosmos zu tun hat, betrifft ihn unmittelbar.
Weiter unten werden wir sehen, welche Folgen diese Auffassung für das Verhalten des archaischen Menschen gehabt hat. Halten wir fest, daß sich der Mensch der archaischen Gesellschaften für das Resultat einer bestimmten Anzahl mythischer Ereignisse erklärt, so wie der moderne Mensch meint, er sei durch die Geschichte konstituiert. Weder der eine noch der andere hält sich für »gegeben«, ein für allemal »gemacht«, so wie man beispielsweise auf endgültige Weise ein Werkzeug macht. Ein moderner Mensch könnte wie folgt argumentieren: Ich bin so, wie ich heute bin, weil mir eine bestimmte Anzahl von Ereignissen widerfahren ist, aber diese Ereignisse waren nur möglich, weil vor etwa 8000 bis 9000 Jahren der Ackerbau entdeckt wurde und weil sich im antiken Nahen Osten die Stadtkulturen entwickelten; weil Alexander der Große Asien eroberte und Augustus das Römische Reich gründete; weil Galilei und Newton das Bild der Welt revolutionierten, indem sie den Entdeckungen der Wissenschaft den

Weg bahnten und den Aufschwung der industriellen Zivilisation vorbereiteten; weil die Französische Revolution stattgefunden hat und weil die Ideen von Freiheit, Demokratie und sozialer Gerechtigkeit die westliche Welt nach den Napoleonischen Kriegen umgewälzt haben, und so fort.

Ebenso könnte ein »Primitiver«, sagen: Ich bin so, wie ich heute bin, weil vor mir eine Reihe von Ereignissen stattgefunden hat. Nur muß er sogleich hinzufügen: Ereignisse, die *in den mythischen Zeiten* stattgefunden haben und daher eine *heilige Geschichte* bilden; weil die Personen des Dramas keine Menschen, sondern übernatürliche Wesen sind. Mehr noch: während ein moderner Mensch, auch wenn er das Ergebnis des Laufs der Weltgeschichte zu sein meint, sich nicht genötigt fühlt, sie in ihrer Totalität zu kennen, ist der Mensch der archaischen Gesellschaften nicht nur gezwungen, der mythischen Geschichte seines Stammes zu gedenken, sondern er *reaktualisiert* periodisch einen sehr großen Teil von ihr. Das ist der wichtigste Unterschied zwischen dem Menschen der archaischen Gesellschaften und dem modernen Menschen: die Unumstößlichkeit der Ereignisse, die für letzteren die Geschichte charakterisiert, ist für ersteren nicht evident.

Konstantinopel wurde im Jahre 1453 von den Türken erobert, und die Bastille ist am 14. Juli 1789 gefallen. Diese Ereignisse sind irreversibel. Zweifellos ist der 14. Juli der Nationalfeiertag der Französischen Republik geworden, und jährlich gedenkt man der Einnahme der Bastille, aber das historische Ereignis als solches wird nicht reaktualisiert.[15] Für den Menschen der archaischen Gesellschaften dagegen kann sich das, was *ab origine* geschehen ist, durch die Kraft der Riten wiederholen. Das Wesentliche für ihn besteht also darin, die Mythen zu kennen. Nicht nur, weil die Mythen ihm eine Erklärung der Welt und seiner eigenen Weise des In-der-Welt-Seins geben, sondern vor allem, weil er, wenn er ihrer gedenkt und sie reaktualisiert, fähig ist, zu wiederholen, was die Götter, die Heroen oder die Vorfahren *ab origine* getan haben. Die Mythen kennen heißt, das Geheimnis vom

Ursprung der Dinge lernen. Mit anderen Worten, man lernt nicht nur, wie die Dinge zur Existenz gelangt sind, sondern auch, wo man sie finden und wie man sie wiedererscheinen lassen kann, wenn sie verschwinden.

Was es heißt, »die Mythen kennen«

Die totemistischen Mythen Australiens bestehen meist in der recht eintönigen Erzählung der Wanderungen der mythischen Ahnen oder der Totemtiere. Man erzählt, wie diese übernatürlichen Wesen in der »Zeit der Träume« (*alcheringa*) – das heißt in der mythischen Zeit – auf der Erde erschienen sind, lange Reisen unternommen haben, zuweilen Rast gemacht haben, um die Landschaft zu verändern oder bestimmte Pflanzen und Tiere zu erschaffen, und schließlich unter der Erde verschwunden sind. Doch die Kenntnis dieser Mythen ist für das Leben der Australier wesentlich. Die Mythen lehren sie, wie die schöpferischen Taten der übernatürlichen Wesen wiederholt und damit die Vermehrung dieses Tieres oder jener Pflanze gesichert werden kann.
Diese Mythen werden den Neophythen während ihrer Initiation mitgeteilt. Oder besser gesagt, sie werden »zelebriert«, d. h. reaktualisiert. »Wenn die jungen Männer die verschiedenen Einweihungsrituale durchmachen, werden ihnen eine Reihe von Zeremonien vorgeführt, die, obwohl sie bis auf gewisse, aber sehr charakteristische Einzelheiten gerade wie die eigentlichen Kulthandlungen aufgeführt werden, dennoch nicht den Zweck haben, die Vermehrung und das Gedeihen des betreffenden Totems zu bewirken, sondern nur die Absicht verfolgen, den in die Reihen der Männer Aufzunehmenden oder Aufgenommenen zu zeigen, wie diese Handlungen aufzuführen sind.«[16]
Wir sehen also, daß die »Geschichten«, die der Mythos erzählt, eine »Kenntnis« esoterischer Art bildet, nicht nur, weil sie geheim ist und während einer Initiation übermittelt

wird, sondern auch, weil diese »Kenntnis« mit magisch-religiöser Macht einhergeht. Den Ursprung eines Gegenstands, eines Tiers, einer Pflanze usw. kennen, kommt der Tatsache gleich, magische Macht über sie zu erwerben, durch die man sie nach Belieben beherrschen, vermehren oder reproduzieren kann. Erland Nordenskiöld hat einige besonders eindrucksvolle Beispiele der Cuna-Indianer angeführt. Nach deren Vorstellungen ist derjenige ein erfolgreicher Jäger, der den Ursprung des Wildes kennt. Und wenn es gelingt, bestimmte Tiere zu zähmen, so deshalb, weil die Magier das Geheimnis ihrer Erschaffung kennen. Ebenso kann man ein glühendes Eisen in der Hand halten oder Giftschlangen pakken, wenn man den Ursprung des Feuers und der Schlangen kennt. Nordenskiöld berichtet, daß »in Tientiki, einem Cuna-Dorf, ein vierzehnjähriger Knabe lebt, der gefahrlos ins Feuer geht, nur weil er den Zauber der Erschaffung des Feuers kennt. Perez hat häufig Leute gesehen, die ein glühendes Stück Eisen packten oder Schlangen zähmten.«[17]
Es handelt sich hier um einen ziemlich weit verbreiteten Glauben, der keinem bestimmten Kulturtypus eignet. Wenn beispielsweise auf Timor ein Reisfeld verkümmert, begibt sich jemand, der die mythischen Überlieferungen kennt, auf das Feld. »Er verbringt die Nacht in der Hütte der Pflanzung und rezitiert die Legenden, die erklären, wie es gelungen ist, den Reis zu besitzen (Ursprungsmythos) . . . Die das tun, sind keine Priester.«[18] Indem man den Ursprungsmythos rezitiert, zwingt man den Reis, sich schön und kräftig zu zeigen, so wie er war, als *er zum ersten Mal erschienen ist.* Nicht um ihn zu »belehren«, ihm beizubringen, wie er sich verhalten muß, ruft man ihm in Erinnerung, wie er erschaffen wurde; man zwingt ihn vielmehr *magisch, zum Ursprung zurückzukehren,* d.h. seine exemplarische Erschaffung zu wiederholen.
Das *Kalevala* erzählt, wie der alte Väinämöinen sich schwer verletzte, als er damit beschäftigt war, ein Boot zu bauen. »Und da begann er, Zauber zu spinnen nach Art aller magi-

schen Heiler. Er sang von der Entstehung der Ursache seiner Wunde, aber er konnte sich nicht an die Worte erinnern, die vom Anfang des Eisens erzählten, jene Worte, die den Riß heilen konnten, den die Stahlklinge verursacht hatte.« Schließlich rief Väinämöinen, nachdem er andere Magier zu Hilfe gerufen hatte: »Jetzt erinnere ich mich an den Ursprung des Feuers!«, und er begann die folgende Erzählung: »Die Luft ist die erste unter den Müttern. Das Wasser ist der älteste der Brüder, das Feuer der zweite und das Eisen der jüngste der drei. Ukko, der große Schöpfer, trennte Erde und Wasser und ließ in den Meeresregionen den Boden erscheinen, aber das Eisen war noch nicht geboren. Da rieb er seine Handflächen auf seinem linken Knie. So entstanden die drei Feen, die die Mütter des Eisens wurden.«[19] In diesem Beispiel ist der Mythos vom Ursprung des Eisens Teil des kosmogonischen Mythos und setzt ihn gewissermaßen fort. Wir haben es hier mit einem spezifischen und äußerst wichtigen Merkmal der Ursprungsmythen zu tun, das wir im folgenden Kapitel untersuchen werden.

Die Vorstellung, daß ein Heilmittel nur dann wirkt, wenn man seinen Ursprung kennt, ist weit verbreitet. Zitieren wir noch einmal Erland Nordenskiöld: »Jedem magischen Gesang muß eine Beschwörung vorausgehen, die vom Ursprung des verwendeten Heilmittels spricht, da es sonst nicht wirkt . . . Damit das Heilmittel oder sein Gesang Wirkung tun kann, muß man den Ursprung der Pflanze und die Art und Weise kennen, wie die erste Frau sie geboren hat . . .«[20] In den rituellen *na-khi*-Gesängen, die J. F. Rock veröffentlichte, heißt es ausdrücklich: »Wenn man den Ursprung des Medikaments nicht erzählt, darf man es nicht benutzen.«[21] Oder: »Nur wenn man seinen Ursprung erzählt, darf man von ihm sprechen.«[22]

Im nächsten Kapitel werden wir sehen, daß der Ursprung der Heilmittel, wie in dem erwähnten Mythos von Väinämöinen, eng mit der Erzählung vom Ursprung der Welt verbunden ist. Wir wollen jedoch schon hier darauf hinweisen, daß es sich um eine allgemeine Auffassung handelt, die sich wie folgt formulieren läßt: *Man kann ein Ritual nicht vollziehen, wenn man seinen »Ursprung« nicht kennt, d. h. den Mythos, der erzählt, wie es zum ersten Mal vollzogen worden ist.* Während der Totenfeier singt der *na-khi*-Schamane, *dtho-mba:*

»Wir werden jetzt den Tod begleiten und von neuem den Kummer erfahren.
Wir werden von neuem tanzen und die Dämonen niederstrecken.
Wer nicht weiß, woher der Tanz kommt,
Darf nicht von ihm sprechen,
Wer der Ursprung des Tanzes nicht kennt,
Darf nicht tanzen.«[23]

Das erinnert merkwürdig an die Erklärung, die die Uitoto K. Th. Preuß gaben: »Das sind die Worte (die Mythen) unseres Vaters, seine eigenen Worte. Vermittelst dieser Worte tanzen wir, und es wäre kein Tanz, wenn er sie uns nicht gegeben hätte.«[24]

In den meisten Fällen reicht es nicht aus, den Ursprungsmythos zu kennen, man muß ihn auch rezitieren; man verkündet gewissermaßen, daß man ihn kennt, man *zeigt* diese Kenntnis. Doch das ist nicht alles: indem man den Ursprungsmythos rezitiert oder zelebriert, läßt man sich von der heiligen Aura durchdringen, in der diese wundersamen Ereignisse stattgefunden haben. Die mythische Zeit der Ursprünge ist eine »starke« Zeit, weil sie durch die aktive, schöpferische Gegenwart der übernatürlichen Wesen verklärt wurde. Durch das Rezitieren der Mythen kehrt man in jene märchenhafte Zeit zurück und wird dadurch gleichsam zum »Zeitgenossen« der beschworenen Ereignisse, man hat teil an der Gegenwart der Götter und Heroen. Zusammenfassend könnte man sagen, daß man, indem man die Mythen »lebt«, aus der profanen, chronologischen Zeit heraustritt und in eine qualitativ andere Zeit eindringt, in eine »heilige«, sowohl primordiale wie immer wieder zurückzugewinnende Zeit. Diese Funktion des Mythos, die wir in *Der Mythos der ewi-*

gen Wiederkehr behandelt haben, wird in den folgenden Analysen noch deutlicher werden.

Struktur und Funktion der Mythen

Diese Vorbemerkungen genügen, um einige charakteristische Merkmale des Mythos zu verdeutlichen. Ganz allgemein läßt sich sagen: 1. daß der Mythos, so wie er von den archaischen Gesellschaften gelebt wird, die Geschichte der Taten der übermenschlichen Wesen konstituiert; 2. daß diese Geschichte als absolut *wahr* (weil sie sich auf Realitäten bezieht) und *heilig* gilt (weil sie das Werk übernatürlicher Wesen ist); 3. daß der Mythos sich immer auf eine »Schöpfung« bezieht, da er erzählt, wie etwas zur Existenz gelangt ist oder wie ein Verhalten, eine Institution, eine Arbeitsweise gegründet wurde; das ist der Grund, weshalb die Mythen die Paradigmata jeder bedeutsamen menschlichen Handlung bilden; 4. daß man, wenn man den Mythos kennt, auch den »Ursprung« der Dinge kennt und sie daher nach Belieben zu beherrschen und zu manipulieren vermag; es handelt sich nicht um eine »äußerliche«, »abstrakte« Kenntnis, sondern um eine Kenntnis, die man auf rituelle Weise »lebt«, entweder indem man den Mythos zeremoniell erzählt oder indem man das Ritual ausführt, dem er zur Rechtfertigung dient; 5. daß man auf die eine oder andere Weise den Mythos in dem Sinne »lebt«, daß man von der heiligen, erhebenden Kraft der Ereignisse, die man in Erinnerung ruft oder reaktualisiert, ergriffen wird.

Die Mythen »leben«, impliziert also eine wahrhaft »religiöse« Erfahrung, da sie sich von der gewöhnlichen Erfahrung des täglichen Lebens unterscheidet. Die »Religiosität« dieser Erfahrung verdankt sich der Tatsache, daß man märchenhafte, erhebende, bedeutsame Ereignisse reaktualisiert, daß man von neuem den schöpferischen Werken der übernatürlichen Wesen beiwohnt; man hört auf, in der alltäglichen Welt zu existieren, und dringt ein in eine verwandelte, morgendliche, mit der Gegenwart der übernatürlichen Wesen durchtränkte Welt. Es handelt sich nicht um ein Gedenken der mythischen Ereignisse, sondern um ihre Wiederholung. Die Personen des Mythos werden vergegenwärtigt, man wird zu ihrem Zeitgenossen. Das impliziert auch, daß man nicht mehr in der chronologischen Zeit lebt, sondern in der Ursprungszeit, der Zeit, da das Ereignis *zum ersten Mal stattgefunden hat.* Aus diesem Grunde kann man von der »starken Zeit« des Mythos sprechen: es ist die wunderbare, »heilige Zeit, in der etwas *Neues, Starkes* und *Bedeutsames* sich voll und ganz manifestiert hat. Jene Zeit noch einmal zu leben, sie so oft wie möglich zurückzugewinnen, von neuem dem Schauspiel der göttlichen Werke beizuwohnen, die übernatürlichen Wesen wiederzufinden und ihre schöpferische Lehre nochmals zu lernen – das ist der Wunsch, der sich filigranartig in allen rituellen Wiederholungen der Mythen ablesen läßt. Kurz, die Mythen offenbaren, daß die Welt, der Mensch und das Leben einen übernatürlichen Ursprung und eine übernatürliche Geschichte haben und daß diese Geschichte bedeutsam, kostbar und exemplarisch ist.

Man kann nicht besser schließen als mit dem Zitat der Passagen, in denen Malinowski versucht hatte, die Natur und die Funktion des Mythos in den primitiven Gesellschaften herauszuschälen: »Der lebendige Mythos ist keine Erklärung zur Befriedigung von wissenschaftlichem Interesse, sondern die erzählerische Wiederbelebung einer längst vergangenen Wirklichkeit, über die zur Befriedigung tiefer religiöser Bedürfnisse, moralischen Strebens, sozialer Unterordnung, von Ansprüchen, ja sogar von praktischen Erfordernissen berichtet wird. Der Mythos hat in primitiven Kulturen eine unentbehrliche Funktion; er ist Ausdruck des Glaubens, er vertieft und kodifiziert ihn, er schützt die Moral und verleiht ihr Nachdruck; er bürgt für die Effizienz des Rituals und enthält praktische Regeln als Richtschnur für den Menschen. So ist der Mythos ein wesentlicher Bestandteil der menschlichen Zivilisation; er ist nicht eine wertlose Erzählung, sondern eine schwer errungene aktive Kraft; er ist keine intellektuelle Erklärung oder künstlerische Vorstellung, sondern ein Manifest primitiven Glaubens und moralischer Weisheit... Diese Geschichten bedeuten für die Eingeborenen die Darstellung einer uralten, größeren und relevanteren Wirklichkeit, durch die das gegenwärtige Leben, die Schicksale und Aktivitäten der Menschheit bestimmt werden und deren Kenntnis dem Menschen das Motiv für rituelle und moralische Handlungen wie auch Hinweise für ihre Ausführung liefert.«[25]

KAPITEL II
MAGISCHES PRESTIGE DER »URSPRÜNGE«

Ursprungsmythen und kosmogonische Mythen

Jede mythische Geschichte, die vom *Ursprung* eines Dings berichtet, setzt die Kosmogonie voraus und führt sie fort. Von der Struktur her gesehen, sind die Ursprungsmythen dem kosmogonischen Mythos vergleichbar. Da die Weltschöpfung *die* Schöpfung schlechthin ist, wird die Kosmogonie zum exemplarischen Modell jeder Art von »Schöpfung«. Das soll nicht heißen, daß der Ursprungsmythos das kosmogonische Modell nachahmt oder kopiert, denn es handelt sich nicht um eine verabredete und systematische Reflexion. Aber jede neue Erscheinung – ein Tier, eine Pflanze, eine Institution – setzt die Existenz einer Welt voraus. Selbst wenn es darum geht, zu erklären, wie man, ausgehend von einem anderen Zustand der Dinge, zur gegenwärtigen Situation gelangt ist (z. B. wie sich der Himmel von der Erde entfernt hat oder wie der Mensch sterblich geworden ist) – die »Welt« war bereits da, auch wenn sie eine andere Struktur hatte und noch nicht *unsere* Welt war. Jeder Ursprungsmythos erzählt und rechtfertigt eine »neue Situation« – neu insofern, als sie nicht *seit Beginn der Welt* bestanden hat. Die Ursprungsmythen verlängern und ergänzen den kosmogonischen Mythos: sie erzählen, wie die Welt verändert, bereichert oder verarmt worden ist.

Dies ist der Grund, warum manche Ursprungsmythen mit dem Entwurf einer Kosmogonie anfangen. Die Geschichte der großen Familien und Dynastien Tibets beginnt mit der Erinnerung an die Entstehung des Kosmos aus einem Ei. »Aus dem Wesen der fünf Urelemente ist ein großes Ei hervorgegangen... Achtzehn Eier sind aus dem Dotter dieses Eis hervorgegangen. Das Ei in der Mitte dieser achtzehn Eier, ein Muschelei, trennte sich von den anderen. Diesem Muschelei wuchsen Glieder, dann die fünf Sinne, alles vollkommen, und es wurde ein junger Knabe von so außergewöhnlicher Schönheit, daß er einen Wunsch zu erfüllen schien (*yid la smon*). Daher nannte man ihn den König Ye-smon. Die Königin Tschu-lchag, seine Gemahlin, gebar einen Sohn, der die Gabe besaß, sich magisch in Dbang ladn zu verwandeln.«[1] Die Genealogie geht weiter und erzählt vom Ursprung und von der Geschichte der verschiedenen Clans und Dynastien.

Die genealogischen Gesänge Polynesiens beginnen auf die gleiche Weise. Der unter dem Namen Kumulipo bekannte rituelle Text auf Hawaii ist »ein genealogischer Hymnus, der die königliche Familie, in deren Besitz er sich befand, nicht nur mit den Göttern des ganzen Volkes verband, die gemeinsam mit den verbündeten polynesischen Gruppen verehrt wurden, nicht nur mit den vergöttlichten Häuptlingen, den Ao, die in der Welt der Lebenden in der Familiengruppe geboren wurden, sondern auch mit den Gestirnen des Himmels, den Pflanzen und Tieren, die im irdischen Leben von täglichem Nutzen sind...«[2] Der Anfang des Liedes erinnert an

> »Die Zeit, da die Erde gewaltsam verändert wurde,
> die Zeit, da die Himmel sich getrennt veränderten,
> die Zeit, da die Sonne aufging,
> um dem Mond Licht zu geben«, usw.[3]

Solche rituellen genealogischen Gesänge werden von den Barden komponiert, wenn die Prinzessin schwanger ist, und den *hula-Tänzern* übermittelt, damit sie sie auswendig lernen. Diese Sänger und Sängerinnen tanzen und rezitieren den Gesang ununterbrochen bis zur Geburt des Kindes. So als würde die embryonale Entwicklung des künftigen Häuptlings von der Rekapitulation der Kosmogonie, der Weltgeschichte und der Geschichte des Stammes begleitet. Während ein Häuptling ausgetragen wird, schafft man die Welt symbolisch »von neuem«. Die Rekapitulation ist sowohl eine Erinnerung wie eine rituelle Reaktualisierung wichtiger mythischer Ereignisse, die seit der Schöpfung stattgefunden haben, mittels der Gesänge und des Tanzes.

Analogen Auffassungen und Ritualen begegnen wir bei den primitiven Völkern Indiens. Bei den Santali zum Beispiel rezitiert der *guru* den kosmogonischen Mythos für jedes einzelne Individuum, jedoch nur zweimal: das erste Mal, »wenn man dem Santal die vollen Rechte der Gesellschaft zuerkennt... Bei dieser Gelegenheit rezitiert der *guru* die Geschichte der Menschheit seit Erschaffung der Welt, und er schließt mit der Erzählung der Geburt desjenigen, für den der Ritus vollzogen wird.« Die gleiche Zeremonie wird während der Totenfeier wiederholt, doch diesmal versetzt der *guru* die Seele des Verschiedenen rituell in die andere Welt.[4] Bei den Gond und den Baiga rezitiert der Priester anläßlich der Riten zu Ehren von Dharti Mata und Thakur Deo den kosmogonischen Mythos und erinnert die Zuhörer an die große Rolle, die ihr Stamm bei der Erschaffung der Welt gespielt hat.[5] Wenn die Munda-Magier die bösen Geister vertreiben, rezitieren sie die mythischen Lieder der Assur. Die Assur haben nun aber sowohl bei den Göttern und Geistern als auch bei den Menschen eine neue Epoche eingeleitet, und daher läßt sich die Geschichte ihrer großen Taten als Teil eines kosmogonischen Mythos betrachten.[6] Bei den Bhil ist die Situation etwas anders. Nur einer der magischen Heilungsgesänge hat den Charakter eines kosmogonischen Mythos: *Der Gesang des Herrn.* Doch diese Gesänge sind in Wahrheit meist Ursprungsmythen. *Der Gesang von Kasumor Dâmor* zum Beispiel, von dem es heißt, daß er alle Krankheiten heilt, erzählt die Wanderungen der Bhil-Gruppe Dâmor aus Gujrat nach dem Süden Zentralindiens.[7] Es handelt sich also um den Mythos von der territorialen Niederlassung der Gruppe, mit anderen Worten um die Geschichte eines *Neubeginns,* die Wiederholung der Weltschöpfung. Andere magische Gesänge offenbaren den Ursprung der Krankheiten.[8] Es geht um Mythen, die viele Abenteuer enthalten und aus denen wir lernen, unter welchen Umständen die Krankheiten erschienen sind, ein Ereignis, das in der Tat die Struktur der Welt verändert hat.

Im Heilungsritual der Bhil ist ein Detail besonders interessant. Der Magier »reinigt« den Platz neben dem Bett des Kranken und zeichnet mit Maismehl ein *mandol*. In die Mitte der Zeichnung fügt er das Haus von Isvor und Bagwâhn ein und zeichnet auch ihre Figuren. Dieses Bild bleibt bis zur völligen Heilung des Kranken bestehen.[9] Schon das Wort *mandol* verrät den indischen Ursprung. Es handelt sich nämlich um das *mandala*, eine komplexe Zeichnung, die in den tantrisch indo-tibetischen Riten eine wichtige Rolle spielt. Das *mandala* ist jedoch vor allem eine *imago mundi*: es stellt sowohl den Kosmos in Miniatur als auch den Götterhimmel dar. Seine Ausführung kommt einer magischen Neuschöpfung der Welt gleich. Daraus folgt, daß der Bhil-Magier, der das *mandol* zu Füßen eines Krankenbettes zeichnet, die Kosmogonie wiederholt, auch wenn die rituellen Gesänge, die er anstimmt, nicht ausdrücklich auf den kosmogonischen Mythos anspielen. Die Operation hat sicherlich einen therapeutischen Zweck. Der Kranke, der symbolisch zu einem Zeitgenossen der Weltschöpfung gemacht wurde, taucht ein in die Fülle des Ursprungs; er läßt sich von gigantischen Kräften durchdringen, die *in illo tempore* die Schöpfung ermöglicht haben.

Interessant ist in diesem Zusammenhang, daß bei den Navaho der kosmogonische Mythos, gefolgt vom Mythos des Auftauchens der ersten Menschen aus dem Schoß der Erde, vor allem bei Heilungen oder während der Initiation eines Schamanen rezitiert wird. »Im Mittelpunkt aller Zeremonien steht ein Patient, Hatrali (derjenige, über dem man singt), der ein Kranker oder auch nur ein Geistesgestörter sein kann, zum Beispiel eine Person, die von einem Traum erschreckt wurde, oder die nur einer Zeremonie bedarf, um sie im Laufe seiner Initiation zum Offizianten durch diesen Gesang zu lernen, denn ein Medizinmann darf keine Heilungszeremonie vornehmen, solange er die Zeremonie nicht selbst durchgemacht hat.«[10] Die Zeremonie enthält auch die Ausführung komplexer Zeichnungen in den Sand, die die verschiedenen Etappen der Schöpfung und der mythischen Geschichte der Götter, der Vorfahren und der Menschheit symbolisieren. Diese Zeichnungen (die den indo-tibetischen *mandala* merkwürdig ähneln) reaktualisieren nacheinander die Ereignisse, die in den mythischen Zeiten stattgefunden haben. Indem der Kranke der Erzählung des kosmogonischen Mythos lauscht (dem die Rezitation der Ursprungsmythen folgt) und indem er die Sandzeichnungen betrachtet, wird er aus der profanen Zeit herausgenommen und in die Fülle der Ursprungszeit versetzt: er ist »rückwärts gegangen« bis zur Entstehung der Welt und nimmt auf diese Weise teil an der Kosmogonie.

Die enge Verbindung zwischen dem kosmogonischen Mythos, dem Mythos vom Ursprung der Krankheiten und des Heilmittels und dem Ritual der magischen Heilung läßt sich sehr schön bei den Na-khi erkennen, einer Population der tibetischen Familie, die jedoch seit vielen Jahrhunderten in Südostchina, namentlich in der Provinz Yünnan lebt. Nach ihren Überlieferungen war das Universum zu Anfang sinnvoll zwischen den Nâga und den Menschen aufgeteilt, doch Feindschaft hat sie später getrennt. Die wütenden Nâga haben die Krankheiten, die Unfruchtbarkeit und alle Arten von Geißeln auf der Welt verbreitet. Die Nâga können auch die Seelen der Menschen rauben, indem sie sie krank machen. Wenn sie nicht rituell versöhnt werden, stirbt das Opfer. Aber durch die Macht seiner magischen Zauberkräfte kann der Schamanen-Priester (*dto-mba*) die Nâga zwingen, die geraubten und eingesperrten Seelen freizulassen.[11] Der Schamane selbst kann nur deshalb gegen die Nâga kämpfen, weil der Urschamane Dto-mba mit Hilfe Garudas in mythischer Zeit den Kampf ausgefochten hat. Und das Heilungsritual besteht streng genommen in der feierlichen Rezitation dieses primordialen Ereignisses. Wie es in einem von Rock[12] übersetzten Text ausdrücklich heißt: »Wenn man den Ursprung Garudas nicht erzählt, darf man nicht von ihm sprechen.«

Der Schamane rezitiert also den Mythos vom Ursprung Garudas: er erzählt, wie auf dem Berg Kailasa auf magische Weise Eier erschaffen worden sind und wie aus diesen Eiern die Garudas entstanden, die später in die Ebene herabstiegen, um die Menschen vor den von den Nâga verursachten Krankheiten zu schützen. Doch bevor die Entstehung der Garudas erzählt wird, gibt der rituelle Gesang einen kurzen Bericht von der Erschaffung der Welt. »Zur Zeit, da der Himmel erschien, breiteten sich die Sonne, der Mond, die Gestirne und die Pflanzen und die Erde aus; als die Berge, die Täler, die Bäume und die Felsen erschienen, da erschienen auch die Nâga und die Drachen...«[13]

Die meisten dieser rituellen Heilungsgesänge beginnen mit der Erinnerung an die Kosmogonie. Ein Beispiel: »Zu Anfang, zu der Zeit, als die Himmel, die Sonne, der Mond, die Sterne, die Planeten und die Erde noch nicht erschienen waren, als noch nichts erschienen war...«[14] Und man erzählt die Erschaffung der Welt, die Entstehung der Dämonen und das Auftauchen der Krankheiten und schließlich die Epiphanie des Urschamanen Dto-mba, der die notwendigen Heilmittel brachte. Ein anderer Text[15] beginnt mit der Beschwörung der mythischen Zeit: »Zu Anfang, als alles unbestimmt war...«, um die Geburt der Nâga und der Garuda zu erzählen. Dann erzählt man den Ursprung der Krankheit (denn, wie wir oben sahen, »wenn man den Ursprung des Heilmittels nicht erzählt, darf man es nicht verwenden«), auf welche Weise sie sich von einer Generation zur anderen fortgepflanzt hat, und schließlich vom Kampf zwischen den Dämonen und dem Schamanen: »Der Geist gibt die Krankheit den Zähnen und dem Mund, indem er den Pfeil abschießt; der *dto-mba* reißt den Pfeil heraus, usw.; der Dämon gibt die Krankheit dem Körper, indem er den Pfeil in den Körper schießt; der *dto-mba* reißt ihn heraus...«, usw.[16]

Ein anderer ritueller Gesang beginnt wie folgt: »Man muß den Ursprung des Heilmittels erzählen, sonst darf man nicht von ihm sprechen. Zu der Zeit, da der Himmel, die Sterne, die

Sonne und der Mond und die Planeten erschienen und die Erde erschien« usw., »zu jener Zeit wurde Ts'o-dze-p'er-ddu geboren.«[17] Es folgt ein sehr langer Mythos, der den Ursprung der Medikamente erklärt: nach dreitägiger Abwesenheit findet Ts'o-dze-p'er-ddu bei seiner Heimkehr seine Eltern tot vor. Da beschließt er, sich auf die Suche nach einem Medikament zu machen, das den Tod verhindert, und begibt sich ins Land des Häuptlings der Geister. Nach vielen Abenteuern raubt er die wunderwirkenden Heilmittel, doch von dem Geist verfolgt, fällt er hin, die Medikamente verstreuen sich und lassen die Heilpflanzen entstehen.

Wiederholung der Kosmogonie

Einige von Hermanns veröffentlichte Texte sind noch deutlicher. Im Laufe des Heilungsrituals faßt der Schamane die Kosmogonie nicht nur zusammen, sondern er beschwört Gott und *fleht ihn an, die Welt noch einmal zu erschaffen.* Eines dieser Gebete beginnt mit der Erinnerung daran, daß »die Erde erschaffen wurde, das Wasser erschaffen wurde, das ganze Universum erschaffen wurde. Ebenso wurden das rituelle Bier *chi* und das Reisopfer *so* erschaffen«, und endet mit einer Beschwörung: »Eilt herbei, o Geister!«[18] Ein anderer Text zeigt »die Erschaffung des *chi* und die des alkoholischen Biers *dyö*. Nach einer alten Überlieferung ist ihr Ursprungsort genau der des Baumes Sang li und des Baumes Sang log. Im Interesse der ganzen Welt und zu unserem Wohl, eile herbei, o Bote Gottes. Tak bo Thing, Gott mit den übernatürlichen Kräften, ist einst herabgestiegen, um die Welt zu schaffen. Steig jetzt wieder herab, um sie von neuem zu schaffen.«[19] Es liegt auf der Hand, daß man, um die rituellen Getränke *chi* und *dyö* zuzubereiten, den Mythos ihres Ursprungs kennen muß, der eng mit dem kosmogonischen Mythos zusammenhängt. Doch noch interessanter ist, daß der Schöpfer aufge-

fordert wird, erneut herabzusteigen, um zum Wohl des Kranken die Welt ein neues Mal zu schaffen.
Man sieht, daß der *Mythos vom Ursprung der Medikamente* in diesen magischen Heilungsgesängen immer in den *kosmogonischen Mythos* integriert ist. Im vorigen Kapitel haben wir einige Beispiele angeführt, aus denen hervorgeht, daß in den primitiven Therapien ein Heilmittel erst dann wirksam wird, wenn man in Gegenwart des Kranken rituell an seinen Ursprung erinnert. Eine große Anzahl von Zaubersprüchen aus dem Nahen Osten und Europa enthalten die Geschichte der Krankheit oder des Dämons, der sie hervorgerufen hat, und beschwören gleichzeitig den mythischen Augenblick herauf, in dem es einer Gottheit oder einem Heiligen gelang, das Übel zu bezwingen. Eine assyrische Beschwörung gegen Zahnschmerzen erinnert daran, daß, »nachdem Anu die Himmel geschaffen hatte, die Himmel die Erde machten, die Erde die Flüsse machte, die Flüsse die Kanäle machten, die Kanäle die Teiche und die Teiche den Wurm machten«. Und der Wurm begab sich »in Tränen« zu Schamasch und Ea und fragte, was man ihm zu essen, zu »zerstören« gebe. Die Götter boten ihm Früchte an, aber der Wurm forderte Menschenzähne. »Da du so gesprochen hast, o Wurm, soll dich Ea mit seiner mächtigen Hand zerbrechen!«[20] Wir haben es hier erstens mit der Weltschöpfung, zweitens mit der Geburt des Wurms und der Krankheit und drittens mit der primordialen und paradigmatischen Heilungsgeste (der Vernichtung des Wurms durch Ea) zu tun. Die therapeutische Wirkung der Beschwörung liegt darin, daß sie, rituell vorgetragen, die mythische Zeit des »Ursprungs« reaktualisiert, sowohl des Ursprungs der Welt wie des Ursprungs der Zahnschmerzen und ihrer Heilung.
Zuweilen kommt es vor, daß die feierliche Rezitation des kosmogonischen Mythos dazu dient, bestimmte Krankheiten oder Gebrechen zu heilen. Doch wie wir gleich sehen werden, ist diese Anwendung des kosmogonischen Mythos nur eine unter anderen. Als exemplarisches Modell jeder »Schöpfung«

kann der kosmogonische Mythos dem Kranken helfen, sein Leben »wiederzubeginnen«. Durch die *Rückkehr zum Ursprung* hofft man, von neuem geboren zu werden. Nun zielen aber alle Heilungsrituale, die wir soeben untersucht haben, auf eine Rückkehr zum Ursprung. Man hat den Eindruck, als könne für die archaischen Gesellschaften das Leben nicht *repariert,* sondern nur *neu erschaffen* werden durch eine Rückkehr zu den Quellen. Und die »Quelle« *par excellence* ist das wunderbare Aufsprudeln von Energie, Leben und Fruchtbarkeit, das bei der Weltschöpfung stattgefunden hat.

Dies alles geht sehr deutlich aus den vielfältigen rituellen Anwendungen des kosmogonischen Mythos in Polynesien hervor. Diesem Mythos zufolge gab es zu Anfang nur die Wasser und die Finsternis. Io, der höchste Gott, trennte die Wasser durch die Macht des Denkens und seiner Worte, und er schuf Himmel und Erde. Er sagte: »Die Wasser sollen sich scheiden, die Himmel sollen sich bilden, und die Erde soll werden!« Diese kosmogonischen Worte Ios, durch die die Welt zur Existenz gelangte, sind schöpferische Worte, angefüllt mit heiliger Kraft. Deshalb sprechen die Menschen sie bei allen Gelegenheiten aus, wo es gilt, etwas zu *machen,* zu *schaffen.* Man wiederholt sie beim Ritus der Befruchtung einer sterilen Gebärmutter, beim Ritus der Heilung des Körpers und des Geistes, aber auch anläßlich des Todes, des Krieges und der genealogischen Berichte. Ein Polynesier unserer Tage, Hare Hongi, sagt es so: »Die Worte, mit deren Hilfe Io das Weltall schuf – d. h. mit deren Hilfe es geboren und dazu gebracht wurde, eine Welt des Lichts zu zeugen –, diese selben Worte werden zur Befruchtung einer sterilen Gebärmutter angewandt. Die Worte, mit denen Io das Licht in der Finsternis leuchten ließ, werden in den Riten angewandt, mit denen man eine düsteres und niedergeschlagenes Herz erfreuen, die Kraftlosigkeit und Altersschwäche beheben will, wenn man Helligkeit über die verborgenen Dinge und Orte verbreiten und diejenigen inspirieren will, die Lieder komponieren, auch in den Wechselfällen des Krieges und in vielen anderen Lagen, die den Menschen zur Verzweiflung treiben. In allen solchen Fällen wiederholt der Ritus, dessen Sinn es ist, Licht und Freude zu verbreiten, die Worte, deren Io sich bediente, um die Finsternis zu besiegen und zu zerstreuen.«[21]

Dieser Text ist bemerkenswert. Er bildet ein unmittelbares und erstrangiges Zeugnis für die Funktion des kosmogonischen Mythos in einer traditionalen Gesellschaft. Wie wir sahen, dient dieser Mythos jeder Art von »Schöpfung« als Modell; sowohl der Zeugung eines Kindes wie der Wiederherstellung einer gefährlichen militärischen Situation oder eines von Melancholie und Verzweiflung bedrohten psychischen Gleichgewichts. Die Tatsache, daß sich der kosmogonische Mythos auf verschiedenen Bezugsebenen anwenden läßt, scheint uns besonders signifikant zu sein. Der Mensch der traditionalen Gesellschaften spürt die grundlegende Einheit aller Arten von »Werken« oder »Formen«, seien sie nun biologischer, psychologischer oder historischer Ordnung. Ein glückloser Krieg läßt sich gleichsetzen mit einer Krankheit, mit einem niedergeschlagenen und düsteren Herzen, mit einer unfruchtbaren Frau, mit der fehlenden Inspiration eines Dichters, mit jeder kritischen existentiellen Situation, in der der Mensch zur Verzweiflung getrieben wird. Und alle diese negativen und verzweifelten, scheinbar ausweglosen Situationen werden durch die Rezitation des kosmogonischen Mythos, namentlich durch die Wiederholung der Worte umgekehrt, mit deren Hilfe Io das Weltall schuf und das Licht in der Finsternis leuchten ließ. Anders gesagt, die Kosmogonie bildet das exemplarische Modell jeder schöpferischen Situation: alles, was der Mensch tut, wiederholt in gewisser Weise die »Tat« *par excellence*, die archetypische Geste des Schöpfergottes: die Erschaffung der Welt.

Wie wir sahen, wird der kosmogonische Mythos auch anläßlich des Todes rezitiert: denn auch der Tod stellt eine neue Situation dar, die man gut bewältigen muß, um sie schöpfe-

risch zu gestalten. Der Tod kann einem »mißraten«, so wie man eine Schlacht oder das psychische Gleichgewicht und die Lebensfreude verliert. Ebenso bedeutsam ist, daß Hare Hongi zu den unheilvollen und negativen Situationen nicht nur die Kraftlosigkeit, die Krankheit und die Altersschwäche zählt, sondern auch die mangelnde Inspiration der Dichter, ihre Unfähigkeit, die Gedichte und genealogischen Berichte in geziemender Weise zu erschaffen oder zu rezitieren. Daraus folgt zunächst, daß die poetische Schöpfung von den Polynesiern jeder anderen wichtigen Schöpfung gleichgesetzt wird, aber auch – da Hare Hongi die genealogischen Berichte erwähnt –, daß das Gedächtnis der Sänger an sich selbst schon ein »Werk« darstellt und daß die Vollendung dieses »Werks« durch das feierliche Rezitieren des kosmogonischen Mythos garantiert sein kann.
Nun verstehen wir, warum dieser Mythos für die Polynesier so große Geltung hat. Die Kosmogonie ist das exemplarische Modell jeder Art von »Tun«: nicht nur weil der Kosmos der ideale Archetypus sowohl jeder schöpferischen Situation wie jeder Schöpfung ist, sondern auch weil der Kosmos ein göttliches Werk ist; er ist also in seiner Struktur selbst geheiligt. Im weiteren Sinn ist alles heilig, was vollkommen, »voll«, harmonisch, fruchtbar ist, mit einem Wort: alles, was »kosmisiert« ist, alles, was einem Kosmos ähnelt. Etwas gut machen, fertigen, bauen, schaffen, strukturieren, Form geben, in-formieren, formen – das alles heißt, daß man etwas zur Existenz bringt, daß man ihm »Leben« gibt, und letztlich, daß man es dem harmonischen Organismus *par excellence*, dem Kosmos ähnlich macht. Der Kosmos aber ist, um es noch einmal zu sagen, das exemplarische Werk der Götter, ihr Meisterwerk.
Daß der kosmogonische Mythos als exemplarisches Modell jeder »Schöpfung« gilt, wird durch den Brauch der Osage, eines nordamerikanischen Stammes, wunderbar veranschaulicht. Bei der Geburt eines Kindes ruft man einen Mann, »der mit den Göttern gesprochen hat«. Bei seiner Ankunft im Haus der Wöchnerin rezitiert er vor dem Neugeborenen die

Geschichte der Schöpfung des Weltalls und der irdischen Tiere. Erst dann wird der Säugling gestillt. Später, wenn das Kind Wasser trinken will, ruft man erneut diesen Mann oder einen anderen. Er rezitiert wiederum die Schöpfung und ergänzt sie durch die Geschichte vom Ursprung des Wassers. Wenn das Kind das Alter erreicht, in dem es feste Nahrung zu sich nehmen kann, kommt der Mann, »der mit den Göttern gesprochen hat«, wieder und rezitiert abermals die Schöpfung und erzählt diesmal auch den Ursprung des Getreides und anderer Nahrungsmittel.[22]
Es läßt sich kaum ein beredteres Beispiel für den Glauben finden, daß jede Geburt eine symbolische Rekapitulation der Kosmogonie und der mythischen Geschichte darstellt. Diese Rekapitulation zielt darauf ab, das Neugeborene auf rituellem Wege in die sakramentale Realität der Welt und der Kultur einzuführen und damit seine Existenz zu validieren, indem man verkündet, daß sie den mythischen Paradigmata entspricht. Mehr noch: das neugeborene Kind wird mit einer Reihe von »Anfängen« konfrontiert. Und man kann etwas nur »anfangen«, wenn man seinen »Ursprung« kennt, wenn man weiß, wie es zum ersten Mal zur Existenz gelangt ist. Indem das Kind »anfängt«, an der Brust zu saugen oder Wasser zu trinken oder feste Nahrung zu essen, wird es rituell an den »Ursprung« versetzt, in die Zeit, als das Wasser und das Getreide zum ersten Mal erschienen sind.

Die »Rückkehr zum Ursprung«

Diesem Glauben liegt die implizite Idee zugrunde, daß *es sich um die erste Manifestation eines Dings handelt, das bedeutsam und gültig ist*, und nicht um seine späteren Erscheinungsformen. So wird dem Kind nicht beigebracht, was der Vater und der Großvater getan haben, sondern das, was in den mythischen Zeiten zum ersten Mal von den Vorfahren getan worden ist. Gewiß, Vater und Großvater haben die Vorfahren nachgeahmt; man könnte also meinen, daß man dadurch, daß man den Vater nachahmt, dieselben Ergebnisse erzielen könnte. Doch damit würde man die wesentliche Rolle der *Ursprungszeit* verkennen, die, wie wir sahen, als »starke« Zeit aufgefaßt wird, gerade weil sie gewissermaßen der »Nährboden« einer *neuen Schöpfung* ist. Die zwischen dem *Ursprung* und dem gegenwärtigen Augenblick abgelaufene Zeit ist weder »stark« noch »bedeutsam« (abgesehen natürlich von den Zeitspannen, in denen man die primordiale Zeit reaktualisiert), und aus diesem Grunde läßt man sie außer acht oder bemüht sich, sie aufzuheben.[23]

In diesem Beispiel geht es um ein Ritual, in dem die kosmogonischen und Ursprungsmythen zugunsten eines einzelnen Individuums rezitiert werden, wie im Fall der Heiler. Aber die »Rückkehr zum Ursprung«, die es ermöglicht, erneut die Zeit zu durchleben, in der die Dinge sich zum ersten Mal manifestiert haben, bildet eine Erfahrung, die für die archaischen Gesellschaften von grundlegender Bedeutung ist. Auf den folgenden Seiten werden wir diese Erfahrung noch des öfteren diskutieren. Aber wir möchten schon hier ein Beispiel für die feierliche Rezitation der kosmogonischen und Ursprungsmythen bei den kollektiven Festlichkeiten der Sumba-Insel erwähnen. Bei allen Ereignissen, die für die Gemeinschaft wichtig sind – ergiebige Ernte, Tod eines herausragenden Mitglieds usw. –, baut man ein zeremonielles Haus (*marapu*), und bei dieser Gelegenheit rezitieren die Erzähler die Geschichte der Schöpfung und der Vorfahren. »Bei allen diesen Ereignissen erinnern die Erzähler ehrfurchtsvoll an die ›Anfänge‹, d. h. an den Augenblick, da sich die Grundlagen der Kultur gebildet haben, die es als allerkostbarste Güter zu bewahren gilt. Einer der bemerkenswertesten Aspekte der Zeremonie ist die Rezitation, die sich in Wirklichkeit als ein Austausch von Fragen und Antworten zwischen zwei Individuen darstellt, die einander gleichsam homolog sind, denn man wählt sie aus Clans aus, die durch exogame Verwandtschaftsbeziehungen verbunden sind. So

repräsentieren in diesem entscheidenden Augenblick die beiden Vortragenden alle Mitglieder der Gruppe, einschließlich der Toten – was bewirkt, daß das Rezitieren des Stammesmythos (den man sich gleichzeitig als einen kosmogonischen Mythos vorzustellen hat) der gesamten Gruppe von Nutzen sein wird.«[24]
Kurz, es handelt sich um kollektive Rituale von unregelmäßiger Periodizität, die den Bau eines Kulthauses und die feierliche Rezitation der Ursprungsmythen kosmogonischer Struktur enthalten. Nutznießer ist die Gemeinschaft insgesamt, die Lebenden wie die Toten. Bei der Reaktualisierung der Mythen wird die ganze Gemeinschaft erneuert; sie findet ihre »Quellen« wieder, sie lebt ihre »Ursprünge« von neuem. Die Idee einer universellen Erneuerung durch die rituelle Reaktualisierung eines kosmogonischen Mythos ist bei vielen traditionalen Gesellschaften bezeugt. Wir haben uns in *Der Mythos der ewigen Wiederkehr* damit befaßt und werden im folgenden Kapitel darauf zurückkommen; denn in der Tat kann uns das mythisch-rituelle Szenarium der periodischen Welterneuerung eine der Hauptfunktionen des Mythos enthüllen, sowohl in den archaischen Kulturen wie in den Zivilisationen des Orients.

Das Prestige der »Anfänge«

Die genannten Beispiele erlauben es, die Beziehungen zwischen den kosmogonischen Mythen und den Ursprungsmythen besser zu erfassen. Da ist vor allem die Tatsache, daß der Ursprungsmythos in vielen Fällen mit einer kosmogonischen Skizze beginnt: der Mythos ruft kurz die wesentlichen Momente der Weltschöpfung in Erinnerung und erzählt sodann die Genealogie der königlichen Familie, oder die Geschichte des Stammes, oder die Geschichte vom Ursprung der Krankheiten und der Heilmittel, und so fort.[25] In all diesen Fällen verlängern und ergänzen die Ursprungsmythen den kosmogonischen Mythos. Wenn es um die rituelle Funktion bestimmter Ursprungsmythen geht (zum Beispiel bei Heilungen oder, wie bei den Osage, von Mythen, die dazu dienen, das Neugeborene in die Sakralität der Welt und der Gesellschaft einzuführen), hat man den Eindruck, als rühre ihre »Macht« zum Teil daher, daß sie die Rudimente einer Kosmogonie in sich schließen. Dieser Eindruck wird durch die Tatsache erhärtet, daß der kosmogonische Mythos in manchen Kulturen (z. B. Polynesien) nicht nur einen inneren therapeutischen Wert haben kann, sondern auch das exemplarische Modell jeder Art von »Schöpfung« und »Tun« darstellt.

Man wird diese Abhängigkeit der Ursprungsmythen vom kosmogonischen Mythos besser verstehen, wenn man berücksichtigt, daß in beiden Fällen von einem »Anfang« die Rede ist. Der absolute »Anfang« ist nun aber die Weltschöpfung. Gewiß handelt es sich nicht um eine bloße theoretische Neugier. Es genügt nicht, den »Ursprung« zu kennen, man muß auch zum Zeitpunkt der Erschaffung dieses oder jenes Dings zurückfinden. Das aber drückt sich durch ein »Zurückgehen« aus, bis zur Wiedergewinnung der starken und heiligen Zeit des Ursprungs. Und wie wir bereits sahen und im Folgenden noch deutlicher sehen werden, ist die Wiedergewinnung der ursprünglichen Zeit, die allein die totale Erneuerung des Kosmos, des Lebens und der Gesellschaft zu sichern vermag, in erster Linie durch die Reaktualisierung des »absoluten Anfangs«, d. h. die Weltschöpfung zu erreichen.

Rafaele Pettazzoni hat vorgeschlagen, den kosmogonischen Mythos als eine Variante des Ursprungsmythos zu betrachten. »Daraus folgt, daß der Schöpfungsmythos von derselben Natur ist wie der Ursprungsmythos ... Unsere Analyse hat es uns ermöglicht, den Schöpfungsmythos aus seiner großartigen Isolierung herauszulösen; damit ist er kein *hepax genomenon* mehr, sondern fällt in eine große Klasse analoger Tatsachen, die der Ursprungsmythen.«[26] Aus den genannten

Gründen scheint es uns schwierig zu sein, diesen Standpunkt zu teilen. Eine neue Sachlage setzt immer eine vorherige Lage voraus, und diese ist, in letzter Instanz, die Welt. Ausgehend von dieser anfänglichen »Totalität« entwickeln sich die späteren Modifikationen. Das kosmische Milieu, in dem man lebt, so begrenzt es auch sein mag, bildet die »Welt«; sein »Ursprung« und seine »Geschichte« gehen jeder anderen besonderen Geschichte voraus. Die mythische Vorstellung vom »Ursprung« ist mit dem Geheimnis der »Schöpfung« verzahnt. Ein Ding hat einen »Ursprung«, weil es erschaffen worden ist, d. h. weil eine Macht sich deutlich in der Welt manifestiert hat, ein Ereignis stattgefunden hat. Kurz, der *Ursprung* eines Dings legt Rechenschaft ab von der *Erschaffung* eines Dings.

Der Beweis dafür, daß der kosmogonische Mythos keine bloße *Variante* der *Gattung* ist, die der Ursprungsmythos bildet, liefert die Tatsache, daß die Kosmogonien, wie wir sahen, jeder Art von »Schöpfung« als Modell dienen. Die Beispiele, die wir im folgenden Kapitel analysieren, werden, so meinen wir, diese Schlußfolgerungen erhärten.

KAPITEL III
MYTHEN UND RITEN DER ERNEUERUNG

Inthronisation und Kosmogonie

A. M. Hocart hatte bemerkt, daß bei den Fidschi die Zeremonie der Inthronisation des Königs »creation of the world«, »fashoning the land« oder »creating the earth« genannt wird.[1] Bei der Einsetzung eines Herrschers wurde die Kosmogonie symbolisch wiederholt. Diese Auffassung ist bei den Ackerbauvölkern ziemlich weit verbreitet. Nach einer jüngeren Interpretation enthielt die Krönung des indischen Königs, *rajasûya*, eine Neuschöpfung des Weltalls. In der Tat vollzogen die verschiedenen Phasen des Rituals nacheinander die Regression des künftigen Herrschers in den embryonalen Zustand, sein einjähriges Werden sowie seine mystische Wiedergeburt als Kosmokrator, der sowohl mit Prajâpati (dem Schöpfer aller Dinge) wie mit dem Kosmos identifiziert wurde.

Die embryonale Periode des künftigen Herrschers entsprach dem Prozeß der Reifung des Universums und stand, aller Wahrscheinlichkeit nach, ursprünglich mit dem Reifen der Ernte in Beziehung. Die zweite Phase des Rituals vollendet die Entwicklung des neuen »göttlichen« Körpers des Herrschers. Die dritte Phase des *rajasûya* besteht in einer Reihe von Riten, deren kosmogonischer Symbolismus von den Texten immer wieder unterstrichen wird. Der König hebt die Arme: er symbolisiert das Aufrichten der *axis mundi.* Bei seiner Ölung bleibt er aufrecht und mit erhobenen Armen auf seinem Thron stehen: er verkörpert die kosmische Achse, die im Nabel der Welt befestigt ist – d. h. im Thron, dem Zentrum der Welt – und den Himmel berührt. Die Aspersion steht im Zusammenhang mit den Wassern, die entlang der *axis mundi* – d. h. des Königs – vom Himmel herabfließen, um die Erde zu befruchten.[2]

In historischer Zeit wurde die *rajasûya*-Zeremonie nur zweimal praktiziert; das eine Mal, um den König zu weihen, und das andere Mal, um ihm die Weltherrschaft zu sichern. Doch in vorhistorischer Zeit war das *rajasûya* wahrscheinlich eine jährliche Zeremonie, die gefeiert wurde, um den Kosmos zu regenerieren.

Das war in Ägypten der Fall. Die Krönung eines neuen Pharao, schreibt Frankfort, »kann betrachtet werden als die Schöpfung einer neuen Epoche, nach einer gefährlichen Unterbrechung der Harmonie zwischen der Gesellschaft und der Natur – also in einer Situation, die an der Natur der Weltschöpfung teilhat. Was deutlich durch einen Text veranschaulicht wird, der eine Verfluchung der Feinde des Königs einschließt, die mit Apophis verglichen werden, der Schlange der Finsternis, die Rê bei Morgengrauen vernichtet. Aber der Vergleich enthält einen merkwürdigen Zusatz: ›Sie werden sein wie die Schlange Apophis am Morgen des Neuen Jahres.‹ Die Präzisierung ›am Morgen des Neuen Jahres‹ läßt sich nur im Sinn einer Intensivierung erklären: die Schlange wird bei jedem Sonnenaufgang niedergeschlagen, aber das Neue Jahr zelebriert die Schöpfung und die tägliche Erneuerung ebenso wie den Beginn des neuen Jahreszyklus.«[3]

Man sieht, durch welchen Mechanismus das kosmogonische Szenarium des Neuen Jahres in die Krönung eines Königs einbezogen werden kann; die beiden rituellen Systeme verfolgen das gleiche Ziel: die kosmische Erneuerung. »Aber die *renovatio*, die bei der Krönung eines Königs vollzogen wird, hat in der späteren Geschichte der Menschheit erhebliche Folgen gehabt. Einerseits werden die Erneuerungszeremonien beweglich, sie lösen sich aus dem strengen Rahmen des Kalenders; andererseits wird der König gewissermaßen verantwortlich für die Stabilität, die Fruchtbarkeit und das Gedeihen des gesamten Kosmos. Das heißt, daß die Welterneuerung nicht mehr mit den kosmischen Rhythmen, sondern mit den Personen und den historischen Ereignissen verbunden ist.«[4]

Es ist ohne weiteres begreiflich, warum die Krönung eines Königs die Kosmogonie wiederholte oder am Neujahrstag gefeiert wurde. Der König galt als Erneuerer des ganzen Kosmos. Die Erneuerung *par excellence* findet an Neujahr statt, wenn man einen neuen zeitlichen Zyklus eröffnet. Aber die durch das Neujahrsritual vollzogene *renovatio* ist im Grunde eine Wiederholung der Kosmogonie. Mit jedem neuen Jahr beginnt die Schöpfung von neuem. Und es sind die Mythen – sowohl die kosmogonischen wie die Ursprungsmythen –, die die Menschen daran erinnern, auf welche Weise die Welt und alles, was später kam, erschaffen wurde.
Die Welt ist immer »unsere Welt«, die Welt, in der man lebt. Und obwohl die Seinsweise der menschlichen Existenz bei den Australiern dieselbe ist wie bei den heutigen Abendländern, variiert der kulturelle Kontext, in dem sich die menschliche Existenz erfassen läßt, ganz erheblich. Es liegt zum Beispiel auf der Hand, daß die »Welt« der Australier, die vom Sammeln und von der Jagd leben, nicht die gleiche ist wie die der neolithischen Ackerbauern; ebenso wie die Welt der letzteren weder die Welt der Stadtbewohner des antiken Nahen Ostens ist noch die »Welt«, in der heute die Völker Westeuropas oder der Vereinigten Staaten leben. Die Unterschiede sind zu beträchtlich, als daß man sie hervorzuheben brauchte. Wir haben sie nur deshalb in Erinnerung gerufen, um ein Mißverständnis zu vermeiden: wenn wir Beispiele aus ganz verschiedenen Kulturen anführen, dann geschieht das nicht in der Absicht, zu einem »konfusionistischen Komparatismus« nach der Art Frazers zurückzukehren. Der historische Kontext der einzelnen Beispiele, die wir heranziehen, bleibt immer vorausgesetzt. Wir halten es jedoch für unnötig, bei jedem genannten Stamm zu präzisieren, welche soziale und ökonomische Struktur er hat und mit welchen Stämmen er sich vergleichen läßt oder nicht.
Die »Welt« ist also immer die Welt, die man kennt und in der

man lebt; sie ändert sich von einem Kulturtypus zum anderen; folglich gibt es eine beträchtliche Anzahl von »Welten«. Worauf es uns jedoch ankommt, ist die Tatsache, daß trotz der unterschiedlichen sozio-ökonomischen Strukturen und der Vielfalt der kulturellen Kontexte die archaischen Völker glauben, daß die Welt jährlich erneuert werden muß und daß diese Erneuerung nach einem Modell vor sich geht: nach dem Modell der Kosmogonie oder eines Ursprungsmythos, der die Rolle eines kosmogonischen Mythos spielt.

Ganz offensichtlich verstehen die Primitiven das »Jahr« auf sehr verschiedene Weise, und das Datum des »Neuen Jahres« variiert je nach dem Klima, dem geographischen Milieu, dem Kulturtypus. Aber immer handelt es sich um einen Zyklus, d. h. um eine zeitliche Dauer, die einen Anfang und ein Ende hat. Und am Ende eines Zyklus und zu Beginn des folgenden Zyklus findet eine Reihe von Ritualen statt, die auf die Erneuerung der Welt abzielen. Wie wir bereits sagten, ist diese *renovatio* eine Neuschöpfung nach dem Modell der Kosmogonie.

Den einfachsten Beispielen begegnen wir bei den Australiern. Bei ihnen werden die Ursprungsmythen jährlich reaktualisiert. Die Tiere und Pflanzen, die die übernatürlichen Wesen *in illo tempore* erschaffen haben, werden rituell neuerschaffen. Im Kimberley-Hochland werden die Felsbilder, die die Vorfahren gemalt haben sollen, aufgefrischt, um ihre schöpferische Kraft wiederzubeleben, so wie sie sich in den mythischen Zeiten, d. h. am Anfang der Welt, zum ersten Mal manifestiert hatte.[5]

Diese Neuschöpfung der Tiere und Nahrungspflanzen kommt für die Australier einer Neuschöpfung der Welt gleich. Und zwar nicht nur deshalb, weil sie hoffen, mit Hilfe ausreichender Nahrung noch ein weiteres Jahr zu leben, sondern vor allem, weil die Welt wirklich geboren wurde, als die Tiere und die Pflanzen zum ersten Mal in der Zeit der Träume erschienen sind. Die Tiere und die Pflanzen gehören zu den Werken, die die übernatürlichen Wesen geschaffen haben.

Sich ernähren ist nicht einfach ein physiologischer Akt, sondern auch ein »religiöser« Akt: man ißt die Schöpfungen der übernatürlichen Wesen, und man ißt sie, so wie die mythischen Ahnen sie zu Beginn der Welt zum ersten Mal gegessen haben.[6]
Bei den Australiern beschränkt sich die Kosmogonie auf die Erschaffung ihrer vertrauten Landschaft. Das ist ihre »Welt«, und sie muß periodisch erneuert werden, sonst läuft sie Gefahr, unterzugehen. Die Vorstellung, daß dem Kosmos die Vernichtung droht, wenn er nicht jährlich neugeschaffen wird, liegt dem wichtigsten Fest der kalifornischen Stämme der Karok, Hupa und Yurok zugrunde. Die Zeremonie heißt in den jeweiligen Sprachen »Wiederherstellung der Welt«, englisch »New Year«. Ihr Ziel besteht darin, die Erde für das folgende Jahr oder für zwei Jahre wiederherzustellen oder zu festigen. Bei einigen Yurok-Stämmen wird die Festigung der Welt durch den rituellen Neubau der Dampfhütte erreicht, ein Ritus kosmogonischer Struktur, von dem wir unten weitere Beispiele anführen werden. Der Kern der Zeremonie besteht in langen Wanderungen, die der Priester zu den heiligen Stätten unternimmt, d. h. zu den Orten, wo die Unsterblichen bestimmte Handlungen vollzogen haben. Diese rituellen Wanderungen erstrecken sich über zehn oder zwölf Tage. Während dieser ganzen Zeit verkörpert der Priester die Unsterblichen. Beim Gehen denkt er: »So ging Exkareya animas (einer der Unsterblichen) in den mythischen Zeiten.« Wenn er bei einer der heiligen Stätten ankommt, beginnt er zu fegen und sagt: »Exkareya yakam (ein anderer Unsterblicher) fegt für mich. Allen, die krank sind, wird es von jetzt ab besser gehen.« Dann steigt er auf einen Berg. Dort sucht er einen Zweig, macht daraus einen Stock und sagt: »Die Welt ist zerbrochen, aber wenn ich diesen Stock über die Erde schleifen lasse, werden alle Spalten sich füllen, und die Erde wird von neuem fest.«
Dann steigt er zum Fluß hinunter. Dort findet er einen Stein, den er gut befestigt, und sagt: »Die Erde, die umgekippt war,

wird wieder aufgerichtet. Die Leute werden (lange) leben und stärker sein.« Dann setzt er sich auf den Stein. »Wenn ich auf dem Stein sitzen werde«, erklärt er Gifford, »dann wird die Welt sich nicht mehr erheben und umkippen.« Dieser Stein befindet sich dort seit der Zeit der Unsterblichen, d.h. seit dem Anfang der Welt.[7]

Die Gesamtheit der Rituale, die wir soeben genannt haben, bildet ein kosmogonisches Szenarium. In den mythischen Zeiten haben die Unsterblichen die Welt erschaffen, in der die Kalifornier leben sollten: sie haben ihre Ränder gezogen, sie haben ihren Mittelpunkt und ihre Fundamente fixiert, sie haben für den Überfluß an Lachs und Eicheln gesorgt und die Krankheiten ausgetrieben. Aber diese Welt ist nicht mehr der zeitlose und unwandelbare Kosmos, in dem die Unsterblichen lebten. Sie ist eine lebendige Welt – bewohnt und abgenutzt von Wesen aus Fleisch und Blut, dem Gesetz des Werdens, des Alters und des Todes unterworfen. Deshalb verlangt sie periodisch eine Wiederherstellung, eine Erneuerung, eine Stärkung. Aber man kann die Welt nur dann erneuern, wenn man wiederholt, was die Unsterblichen *in illo tempore* taten, wenn man die Schöpfung wiederholt. Aus diesem Grunde reproduziert der Priester den exemplarischen Weg der Unsterblichen und wiederholt ihre Gesten und ihre Worte. Kurz, der Priester verkörpert am Ende die Unsterblichen. Anders gesagt: man meint, daß die Unsterblichen an Neujahr abermals auf der Erde gegenwärtig sind. Das erklärt, warum das Ritual der jährlichen Welterneuerung die wichtigste religiöse Zeremonie dieser kalifornischen Stämme ist. Die Welt wird nicht nur stabiler gemacht und regeneriert, sondern durch die symbolische Gegenwart der Unsterblichen auch geheiligt. Der Priester, der sie verkörpert, wird – für eine bestimmte Zeitspanne – zur »unsterblichen Person«, und als solche darf man ihn weder anschauen noch berühren. Er vollzieht die Riten fern von den Menschen in absoluter Einsamkeit, denn als die Unsterblichen sie zum ersten Mal vollzogen, gab es noch keine Menschen auf der Erde.[8]

Dem mythisch-rituellen Szenarium der periodischen Welterneuerung begegnet man auch bei anderen kalifornischen Stämmen, z. B. dem *aki* der Hügel-Maidu, der *hesi*-Zeremonie der Tal-Maidu bzw. der *kuksu*-Zeremonie der Ost-Pomo.[9] In allen diesen Beispielen ist die Erneuerung der Welt in einen Kultkomplex integriert, der die Huldigung des Höchsten Wesens, die Zusicherung einer vorzüglichen Ernte und die Initiation der jungen Männer enthält. Dieses Szenarium der Kalifornier läßt sich mit dem Ritual der »Neulebenshütte« der Cheyenne (das in den Sonnentanz eingegliedert ist) sowie mit den Zeremonien des »Großhauses« der Lenape vergleichen. In beiden Fällen handelt es sich um ein kosmogonisches Ritual, ein Ritual der Welterneuerung und der Wiedergeburt des Lebens. Bei den Cheyenne erneuert der Priester die Schöpfung; bei den Lenape wiederholt man während der Neujahrszeremonie die erste Erschaffung der Welt und gewinnt damit die anfängliche Fülle wieder.[10]
Fügen wir noch hinzu, daß die Konstruktion oder die periodische Instandsetzung der rituellen Hütte ebenfalls eine kosmogonische Bedeutung hat. Die heilige Hütte stellt das Universum dar. Ihr Dach symbolisiert das Himmelsgewölbe, der Fußboden die Erde, die vier Wände die vier Richtungen des kosmischen Raums. Die Dakota sagen: »Das Jahr ist ein Kreis rund um den Rand der Welt«, d. h. um die Initiationshütte.[11]
Fügen wir außerdem hinzu, daß die gegenseitige Abhängigkeit von Kosmos und kosmischer Zeit (die »zirkuläre« Zeit) so lebhaft empfunden wird, daß in mehreren Sprachen der Terminus, der »Welt« bedeutet, auch verwendet wird, um das »Jahr« zu bezeichnen. Zum Beispiel sagen einige kalifornische Stämme: »Die Welt ist vergangen« oder »Die Erde ist vergangen«, wenn sie ausdrücken wollen, daß »ein Jahr verstrichen« ist.[12]
Wenn wir uns nun den Neujahrsritualen der protoagrarischen Völker (d. h. die den Knollenfruchtanbau betreiben) zuwen-

den, fallen sofort die Unterschiede auf. Zunächst sind zwei neue Elemente zu beobachten: die kollektive Rückkehr der Toten und die orgiastischen Exzesse. Doch vor allem besteht ein Unterschied in der religiösen Atmosphäre. Der einsamen Wanderung des Karok-Priesters mit seinen Meditationen und Gebeten entspricht ein kollektives Fest von äußerster Intensität. Man braucht nur an das *milamala*-Fest der Eingeborenen der Trobriand-Inseln zu denken, das Malinowski beschrieben hat. V. Lanternari hat diesem mythisch-rituellen Komplex ein ganzes Buch gewidmet, und wir selbst haben es in Zusammenhang mit den prophetischen Kulten Melanesiens kurz erörtert.[13] Es ist also überflüssig, die Ergebnisse dieser Forschungen hier auszubreiten. Wir möchten lediglich anmerken, daß, trotz den Unterschieden zwischen den mythisch-rituellen Systemen der genannten nordamerikanischen Stämme und der Melanesier, die Strukturen gleichartig sind. Bei den einen wie bei den anderen muß der Kosmos periodisch neugeschaffen werden, und das kosmogonische Szenarium, durch das man die Erneuerung bewerkstelligt, steht in Verbindung mit der neuen Ernte und der Sakramentalisierung der Nahrung.

Neujahr und Kosmogonie im antiken Nahen Osten

Es ist bezeichnend, daß man ähnliche Vorstellungen auch in den Religionen des antiken Nahen Ostens wiederfindet. Natürlich mit den zu erwartenden Unterschieden zwischen den Gesellschaften im prä- oder protoagrarischen Stadium und den Ackerbau- und Stadtgesellschaften wie in Mesopotamien und Ägypten. Dennoch scheint uns folgende Tatsache wesentlich zu sein: Ägypter, Mesopotamier, Israeliten und andere Völker des alten Nahen Ostens empfanden das Bedürfnis, periodisch die Welt zu erneuern. Diese Erneuerung bestand in einem kulturellen Szenarium, dessen wichtigster Ritus die Wiederholung der Kosmogonie symbolisierte. Die

Tatsachen und ihre Deutung findet man in der reichhaltigen Spezialliteratur zu diesem Thema[14] sowie im zweiten Kapitel von *Der Mythos der ewigen Wiederkehr*. Erinnern wir jedoch daran, daß in Mesopotamien die Weltschöpfung während der Neujahrszeremonien (*akîtu*) wiederholt wurde. Eine Reihe von Riten reaktualisierte den Kampf Marduks gegen Tiamat (wobei der Drache den Urozean symbolisierte), den Sieg des Gottes und sein kosmogonisches Werk. Das »Schöpfungsgedicht« (*Enûma elish*) wurde im Tempel rezitiert. Wie H. Frankfort sagt: »Jedes Neue Jahr teilte ein wesentliches Element mit dem ersten Tag, an dem die Welt erschaffen und der Zyklus der Jahreszeiten ausgelöst wurde.«[15] Doch wenn man die Neujahrsriten näher betrachtet, gewahrt man, daß die Mesopotamier spürten, daß der *Anfang* organisch mit einem *Ende* verbunden war, das ihm vorausging, daß dieses »Ende« von gleicher Natur war wie das »Chaos« vor der Schöpfung und daß daher das Ende für jeden Neubeginn unerläßlich war.

Wie wir schon erwähnten, symbolisierte das Neue Jahr auch bei den Ägyptern die Schöpfung. Zum Neujahrsszenarium der Israeliten schreibt Mowinckel: »Einer der Hauptgedanken war die Inthronisation Jahwes als König der Welt, die symbolische Darstellung seines Sieges über seine Feinde, die sowohl die Kräfte des Chaos als auch die historischen Feinde Israels waren. Das Ergebnis dieses Sieges war die Erneuerung der Schöpfung, der Auserwähltheit und des Bündnisses – Ideen und Riten der antiken Feste der Fruchtbarkeit, die dem historischen Fest zugrundeliegen.«[16] Später, in der Eschatologie der Propheten, wurde die Wiederherstellung Israels durch Jahwe als eine Neue Schöpfung begriffen, die eine Art Rückkehr ins Paradies einschloß.[17]

Natürlich läßt sich die symbolische Wiederholung der Kosmogonie, die das Neue Jahr in Mesopotamien und in Israel kennzeichnete, nicht auf dieselbe Ebene stellen. Bei den Hebräern wurde das archaische Szenarium der periodischen Welterneuerung allmählich historisiert, auch wenn es noch etwas von seiner ursprünglichen Bedeutung bewahrte. Wensinck hat gezeigt, daß das rituelle Neujahrsszenarium, durch das man den Übergang vom Chaos zum Kosmos bezeichnete, auf historische Ereignisse wie den Exodus und den Zug durchs Rote Meer, die Eroberung Kanaans, die babylonische Gefangenschaft usw. angewandt wurde.[18] Und Von Rad hat nachgewiesen, daß ein einziges historisches Ereignis, wie beispielsweise die »Gründung Israels auf dem Berg Sinai durch Jahwe und seinen Diener Mose, sobald es auf kollektiver Ebene wirksam geworden war, nicht unbedingt im Bereich der Erinnerung, auf dem Wege der mündlichen Überlieferung oder der schriftlichen Erzählung, verbleiben muß, sondern daß es einer rituellen Erneuerung in einem Zeremoniell unterzogen werden kann«, auf dieselbe Weise wie die kosmologische Erneuerung der benachbarten Reiche.[19] Eric Voegelin betont zu Recht die Tatsache, daß »sich die symbolischen Formen der kosmologischen Reiche und Israels nicht gegenseitig ausschließen... Die rituelle Erneuerung der Ordnung, der in der kosmologischen Zivilisation erarbeiteten symbolischen Elemente zum Beispiel, zieht sich durch die ganze Geschichte der Menschheit, angefangen vom babylonischen Neujahrsfest über die Erneuerung des Berith durch Josia und die sakramentale Erneuerung Christi bis zum *ritornar ai principii* Machiavellis, weil der Verfall der existentiellen Ordnung und die Rückkehr dieser Ordnung ein Grundproblem des menschlichen Daseins ist.«[20]

Die »Vollkommenheit der Anfänge«

So beträchtlich die Unterschiede zwischen dem mesopotamischen und dem israelitischen Kultsystem also auch sein mögen, es ist nichtsdestoweniger evident, daß beide eine gemeinsame Hoffnung in die jährliche oder periodische Regeneration der Welt setzen. Kurz, man glaubt an die Möglichkeit, den absoluten »Anfang« wiederzugewinnen, was die symbolische Zerstörung und Aufhebung der alten Welt impliziert. Das Ende ist also im Anfang enthalten, und umgekehrt. Das wundert nicht, denn das exemplarische Bild dieses Anfangs, dem ein Ende vorausgeht und folgt, ist das Jahr, die zirkuläre kosmische Zeit, so wie sie sich am Rhythmus der Jahreszeiten und an der Regelmäßigkeit der Himmelserscheinungen erfassen läßt.

Doch hier ist eine Präzisierung geboten: auch wenn die Intuition des »Jahres« als Zyklus am Ursprung der Idee eines sich periodisch erneuernden Kosmos steht, so tritt in den mythisch-rituellen Neujahrsszenarien doch eine andere Vorstellung von unterschiedlicher Herkunft und Struktur zutage. Nämlich die Idee der »Vollkommenheit der Anfänge«, Ausdruck einer intimeren und tieferen religiösen Erfahrung, gespeist von der imaginären Erinnerung an ein »verlorenes Paradies«, eine Glückseligkeit, die der gegenwärtigen Verfassung des Menschen vorausging. Mag sein, daß das mythisch-rituelle Neujahrsszenarium vor allem deshalb eine so große Rolle in der Geschichte der Menschheit gespielt hat, weil es, indem es die kosmische Erneuerung sicherte, auch die Hoffnung gab, die Glückseligkeit der »Anfänge« wiederzugewinnen. Das Bild des »Jahreskreises« hat sich mit einem ambivalenten kosmisch-vitalen, sowohl »pessimistischen« wie »optimistischen« Symbolismus befrachtet. Denn das Verstreichen der Zeit impliziert die allmähliche Entfernung der »Anfänge«, also den Verlust der anfänglichen Vollkommenheit. Alles, was dauert, das verwittert, degeneriert und geht schließlich unter. Natürlich handelt es sich dabei um einen »vitalistischen« Ausdruck des Realen; aber man darf nicht vergessen, daß sich für den Primitiven das Sein in Begriffen des Lebens offenbart und ausdrückt. Fülle und Kraft befinden sich am Anfang: dies könnte man den dieser Auffassung immanenten »Pessimismus« nennen. Aber man muß sofort hinzufügen: die Fülle, obwohl sehr schnell verlorengegangen, läßt sich periodisch wiedergewinnen. Das Jahr hat ein Ende, das heißt, daß ihm automatisch ein neuer Anfang folgt.

Die Vorstellung, daß zu Anfang Vollkommenheit herrschte, scheint recht archaisch zu sein. Jedenfalls ist sie sehr weit verbreitet. Eine Vorstellung übrigens, die sich immer neu interpretieren und in unzählige religiöse Anschauungen integrieren läßt. Wir werden noch Gelegenheit haben, einige dieser Wertungen zu diskutieren. Merken wir schon jetzt an, daß die Vorstellung von der Vollkommenheit der Anfänge bei der systematischen Erarbeitung der immer größeren kosmischen Zyklen eine wichtige Rolle gespielt hat. Das gewöhnliche »Jahr« wurde erheblich ausgedehnt und ließ ein »Großes Jahr« oder einen kosmischen Zyklus von unberechenbarer Dauer entstehen. In dem Maße, in dem der kosmische Zyklus an Umfang zunahm, hatte die Vorstellung von der Vollkommenheit der Anfänge die Tendenz, auch folgende ergänzende Idee mit einzuschließen: *damit etwas wirklich Neues beginnen kann, müssen die Reste und die Trümmer des alten Zyklus vollständig vernichtet werden.* Anders gesagt: wenn man einen *absoluten* Anfang erreichen will, muß das Ende einer Welt radikal sein. Die Eschatologie ist nur die Präfiguration einer Kosmogonie der Zukunft. Aber jede Eschatologie unterstreicht folgende Tatsache: daß die Neue Schöpfung erst dann erfolgen kann, wenn diese unsere Welt endgültig vernichtet ist. Es geht nicht mehr darum zu regenerieren, was degeneriert ist, sondern darum, die alte Welt zu vernichten, um sie *in toto* neuschaffen zu können. Die Zwangsvorstellung von der Glückseligkeit der Anfänge verlangt die Vernichtung all dessen, was existiert hat und infolgedessen seit der Erschaffung der Welt herabgesunken ist: das ist die einzige Möglichkeit, die anfängliche Vollkommenheit wiederzuerlangen.

Gewiß, alle diese Sehnsüchte und Glaubensvorstellungen sind schon in den mythisch-rituellen Szenarien der jährlichen Welterneuerung gegenwärtig. Doch ausgehend vom protoagrarischen Stadium der Kultur hat sich allmählich die Idee Bahn gebrochen, daß es auch *wirkliche* (und nicht nur rituelle) Zerstörungen und Neuschöpfungen der Welt gibt, daß es eine »Rückkehr zum Ursprung« im buchstäblichen Sinn des Wortes gibt, d. h. eine Regression des Kosmos in den amorphen, chaotischen Zustand, dem eine neue Kosmogonie folgt. Diese Konzeption wird am besten durch die Mythen vom Weltuntergang veranschaulicht. Wir werden sie im folgenden Kapitel untersuchen – gewiß aufgrund ihres inneren Interesses, aber auch deshalb, weil sie uns über die Funktion der Mythen im allgemeinen aufklären können. Bisher hatten wir es einzig mit kosmogonischen und Ursprungsmythen zu tun, Mythen, die erzählen, *was bereits geschehen ist*. Nun werden wir sehen, wie die Idee der »Vollkommenheit der Anfänge« auch in eine zeitlose Zukunft projiziert worden ist. Die Mythen vom Weltende haben in der Geschichte der Menschheit sicherlich eine wichtige Rolle gespielt. Sie haben die »Mobilität« des »Ursprungs« hervorgehoben: denn von einem bestimmten Augenblick an liegt der »Ursprung« nicht allein in einer mythischen Vergangenheit, sondern auch in einer märchenhaften Zukunft. Zu diesem Schluß kamen bekanntlich die Stoiker und Neupythagoreer, als sie die Idee der ewigen Wiederkehr systematisch erarbeiteten. Doch der Begriff des »Ursprungs« ist vor allem mit der Idee der Vollkommenheit und Glückseligkeit verbunden. Aus diesem Grunde finden wir in den Konzeptionen der Eschatologie, verstanden als eine Kosmogonie der Zukunft, die Quellen aller Glaubensvorstellungen, die das Goldene Zeitalter nicht nur (oder nicht mehr) in der Vergangenheit, sondern auch (oder nur) in der Zukunft verkünden.

KAPITEL IV
ESCHATOLOGIE UND KOSMOGONIE

Das Ende der Welt – in der Vergangenheit und in der Zukunft

Vereinfachend könnte man sagen, daß für die Primitiven der Weltuntergang bereits stattgefunden hat, obwohl er sich in einer mehr oder weniger fernen Zukunft wiederholen muß. In der Tat sind die Mythen von den kosmischen Kataklysmen sehr weit verbreitet. Sie erzählen, wie die Welt zerstört und die Menschheit, mit Ausnahme eines Paares oder einiger weniger Überlebender, vernichtet worden ist. Die Mythen von der Sintflut sind am zahlreichsten und fast auf der ganzen Welt bekannt (auch wenn sie in Afrika nur sehr selten vorkommen).[1] Neben den diluvischen Mythen erzählen andere von der Zerstörung der Menschheit durch Kataklysmen kosmischen Ausmaßes: Erdbeben, Brände, Einsturz von Bergen, Seuchen usw. Natürlich war dieses Ende der Welt nicht radikal: es war eher das Ende der Menschheit, dem das Erscheinen einer neuen Menschheit folgte. Aber das totale Versinken der Erde in den Wassern oder ihre Zerstörung durch das Feuer, gefolgt vom Auftauchen einer jungfräulichen Erde, symbolisieren die Regression ins Chaos und die Kosmogonie.

In einer großen Anzahl von Mythen wird die Sintflut mit einem rituellen Vergehen verknüpft, das den Zorn des Höchsten Wesens hervorgerufen hat; manchmal entspringt sie einfach dem Wunsch eines göttlichen Wesens, der Menschheit ein Ende zu setzen. Aber wenn man die Mythen, die eine bevorstehende Sintflut ankündigen, näher untersucht, stellt man fest, daß eine der Hauptursachen in den Sünden der Menschen sowie im Verfall der Welt liegt. Die Sintflut hat den Weg geöffnet sowohl für eine Neuschöpfung der Welt als auch für eine Regeneration der Menschheit. Anders gesagt: das Ende der Welt, das in der Vergangenheit liegt, und das

Ende, das in der Zukunft stattfinden wird, repräsentieren im makrokosmischen Maßstab und mit außergewöhnlicher Intensität die gigantische Projektion des mythisch-rituellen Systems des Neujahrsfestes. Doch diesmal handelt es sich nicht mehr um das »natürliche Ende« der Welt, wie man es nennen könnte – »natürlich«, weil es mit dem Ende des Jahres zusammenfällt und folglich ein integraler Bestandteil des kosmischen Zyklus ist –, sondern um eine *reale* Katastrophe, die von den göttlichen Wesen hervorgerufen wird. Die Symmetrie zwischen der Sintflut und der jährlichen Welterneuerung ist in einigen, sehr seltenen Fällen (Mesopotamien, Judentum, Mandan) gespürt worden.[2] Aber im allgemeinen sind die diluvischen Mythen unabhängig von den mythisch-rituellen Neujahrsszenarien. Was sich ohne weiteres erklären läßt, denn die periodischen Feste der Regeneration reaktualisieren symbolisch die Kosmogonie, das schöpferische Werk der Götter, und nicht die Vernichtung der alten Welt: diese verschwindet auf »natürliche« Weise, einfach weil die Entfernung, die sie von den »Anfängen« trennte, die äußerste Grenze erreicht hatte.
Verglichen mit den Mythen, die den Weltuntergang in der Vergangenheit erzählen, gibt es bei den Primitiven merkwürdigerweise nur wenige Mythen, die sich auf ein künftiges Ende beziehen. Wie F. R. Lehmann bemerkt[3], kann diese Spärlichkeit auch daran liegen, daß die Feldforschung nicht immer danach gefragt hat. Es ist manchmal schwierig, genau zu sagen, ob der Mythos eine vergangene oder eine künftige Katastrophe meint. Nach dem Zeugnis von E. H. Man glauben die Andamanen, daß nach dem Weltuntergang eine neue Menschheit erscheinen wird, die in paradiesischem Zustand lebt: es wird weder Krankheit noch Alter, noch Tod geben. Die Toten werden nach der Katastrophe auferstehen. Doch nach R. A. Radcliffe Brown hat Man offenbar mehrere Versionen zusammengefaßt, die von verschiedenen Informanten stammen. Zwar gibt es auf den Andamanen, sagt Radcliff Brown, verschiedene Mythen, die vom Ende und von der

Neuschöpfung der Welt erzählen, aber sie beziehen sich auf die Vergangenheit und nicht auf die Zukunft. Da jedoch die Sprachen der Andamanen, wie Lehman bemerkt, kein Futurum besitzen, ist es oft schwer zu entscheiden, ob es sich um ein vergangenes oder um ein künftiges Ereignis handelt.[4]

Am seltensten kommen primitive Mythen vor, die präzise Hinweise auf die mögliche Neuschöpfung der Welt enthalten. So hat sich, nach der Vorstellung der Kai aus Neuguinea, der Schöpfer Mâlengfung, nachdem er den Kosmos und den Menschen erschaffen hatte, ans Ende der Erde, an den Horizont zurückgezogen und ist dort eingeschlafen. Jedesmal, wenn er sich im Schlaf umdreht, bebt die Erde. Doch eines Tages wird er sich von seiner Lagerstätte erheben und den Himmel zertrümmern, der dann über der Erde zusammenbrechen und allem Leben ein Ende machen wird.[5] Auf der Karolineninsel Namoluk begegnet man der Vorstellung, daß der Schöpfer eines Tages die Menschheit wegen ihrer Sündhaftigkeit vernichten wird. Aber die Götter werden weiter existieren – und das impliziert die Möglichkeit einer neuen Schöpfung.[6] Auf Aurepik, einer anderen Karolineninsel, ist der Sohn des Schöpfers für die Katastrophe verantwortlich. Wenn er sähe, daß ein Inselhäuptling sich nicht mehr um seine Schutzempfohlenen kümmert, würde er die Insel durch einen Taifun zerstören.[7] Aber auch hier läßt sich nicht mit Sicherheit sagen, ob es sich um ein endgültiges Ende handelt: die Vorstellung einer Bestrafung der »Sünden« impliziert im allgemeinen die spätere Schöpfung einer neuen Welt.

Noch schwieriger sind die Glaubensvorstellungen der Negritos der Halbinsel Malakka zu deuten. Sie wissen, daß Karei eines Tages der Welt ein Ende setzen wird, weil sich die Menschen nicht mehr an seine Vorschriften halten. Daher bemühen sich die Negritos während eines Sturms, der Katastrophe vorzubeugen, indem sie Blutopfer bringen.[8] Die Katastrophe wird das ganze Universum erfassen, ohne einen Unterschied zwischen Sündern und Nichtsündern zu

machen, und, so scheint es, keine Neue Schöpfung einleiten. Daher bezeichnen die Negritos Karei als »böse«, und die Ple-Sakai sehen ihn sogar als Feind an, der ihnen »das Paradies geraubt« hat.[9]
Besonders eindrucksvoll ist das Beispiel der Guarani aus dem Mato Grosso. Da sie wußten, daß die Erde durch Feuer und Wasser zerstört werden würde, machten sie sich auf die Suche nach dem »Land ohne Sünde«, eine Art irdischem Paradies, das jenseits des Ozeans liegt. Diese langen Wanderungen, die vom Schamanen inspiriert wurden und unter ihrer Leitung erfolgten, begannen im 19. Jahrhundert und dauerten bis zum Jahre 1912. Einige Stämme glaubten, daß der Katastrophe eine Erneuerung der Welt und die Rückkehr der Toten folgen werde. Andere Stämme erwarteten und ersehnten das endgültige Ende der Welt.[10] Nimuendajú schrieb im Jahre 1912: »Nicht nur der Stamm der Guarani ist alt und lebensmüde, sondern die ganze Natur. Die Medizinmänner, wenn sie in ihren Träumen bei Nanderuvucu waren, haben es häufig selbst gehört, wie die Erde diesen bittet: ›Ich habe schon zu viele Leichen gefressen, ich bin es satt und müde, mache ein Ende, mein Vater!‹ Ebenso ruft das Wasser zum Schöpfer, er möge es ausruhen lassen, und so auch die Bäume... und die ganze übrige Natur.«[11]
Man wird kaum einen ergreifenderen Ausdruck für die kosmische Müdigkeit, für den Wunsch nach absoluter Ruhe und nach dem Tod finden können. Aber es handelt sich um die unvermeidliche Entzauberung, die auf eine lange und vergebliche messianische Schwärmerei folgt. Ein Jahrhundert lang suchten die Guarani singend und tanzend schon nach dem irdischen Paradies. Sie hatten den Mythos vom Weltende umgewertet und in eine chiliastische Mythologie integriert.[12]
Die meisten amerikanischen Mythen vom Weltuntergang implizieren entweder eine zyklische Theorie (wie bei den Azteken) oder den Glauben, daß der Katastrophe eine neue Schöpfung folgen wird, oder schließlich (wie in einigen Regionen Nordamerikas) den Glauben an eine universelle

Regeneration ohne Kataklysmen. (In diesem Regenerationsprozeß werden nur die Sünder untergehen.) Nach den aztekischen Überlieferungen hat es bereits drei oder vier Weltzerstörungen gegeben, und die vierte (oder fünfte) wird in der Zukunft erwartet. Jede dieser Welten wird von einer »Sonne« beherrscht, deren Fall oder Verschwinden das Ende bezeichnet.[13]

Wir können hier unmöglich alle anderen wichtigen Mythen der beiden Amerika aufzählen, die vom Weltuntergang handeln. Einige Mythen sprechen von einem Menschenpaar, das die neue Welt von neuem bevölkern wird.[14] So glauben die Choktaw, daß die Welt durch das Feuer zerstört werden wird, aber die Geister werden wiederkehren, die Knochen werden sich wieder mit Fleisch bedecken, und die Auferstandenen werden von neuem in ihren angestammten Gebieten wohnen.[15] Einen ähnlichen Mythos finden wir bei den Eskimos: die Menschen werden von ihren Knochen auferstehen (ein Jägerkulturen eigentümlicher Glaube).[16] Der Glaube, daß die Katastrophe die verhängnisvolle Folge des »Alters« und der Abgelebtheit der Welt ist, scheint ziemlich weit verbreitet zu sein. Die Cherokee meinen, daß, »wenn die Welt alt und verbraucht sein wird, die Menschen sterben, die Saiten zerspringen werden und die Erde im Ozean versinken wird«. (Die Erde wird als eine große Insel imaginiert, die an vier Seilen am Himmelsgewölbe hängt.[17]) In einem Maidu-Mythos versichert der Earth-Maker dem Menschenpaar, das er erschaffen hatte: »Wenn diese Welt abgenutzt sein wird, werde ich sie gänzlich neuschaffen; und wenn ich sie neugeschaffen habe, werdet ihr eine neue Geburt erleben.«[18]

Einer der wichtigsten kosmogonischen Mythen der Kato, eines Athapaskan-Stammes, beginnt mit der Schöpfung eines neuen Himmels, der den alten ersetzen soll, dessen Einsturz unmittelbar bevorzustehen scheint.[19] Wie Alexander über die kosmogonischen Mythen der Pazifikküste sagt, »scheinen sich viele die Schöpfung betreffenden Erzählungen in Wirklichkeit auf Überlieferungen zu beziehen, die von der Neu-

schöpfung der Erde nach der großen Katastrophe handeln; einige Mythen beschwören sowohl die Schöpfung als auch die Wiedererschaffung herauf.«[20]
Kurz, diese Mythen vom Weltuntergang, die mehr oder weniger deutlich die Erschaffung eines neuen Universums implizieren, drücken die gleiche archaische und sehr weit verbreitete Vorstellung vom langsamen »Verfall« des Kosmos aus, der seine periodische Zerstörung und Neuschöpfung notwendig macht. Aus diesen Mythen der Endkatastrophe, die gleichzeitig das Vorzeichen der bevorstehenden Neuschöpfung der Welt sein wird, haben sich in unserer Zeit die prophetischen und chiliastischen Bewegungen der primitiven Gesellschaften entwickelt. Wir werden auf diese primitiven Chiliasmen zurückkommen, denn sie bilden, zusammen mit dem marxistischen Chiliasmus, die einzigen positiven modernen Umwertungen des Mythos vom Weltende. Doch zuvor müssen wir kurz erläutern, welchen Platz der Mythos vom Weltende in den komplexeren Religionen hatte.

Das Ende der Welt in den östlichen Religionen

Sehr wahrscheinlich war die Lehre von der Zerstörung der Welt (*pralaya*) schon zur Zeit der *Veden* bekannt (*Atharva-Veda* X, 8, 39-40). Der Weltbrand (*ragnarök*) und die nachfolgende Neuschöpfung ist Teil der germanischen Mythologie. Diese Tatsachen scheinen darauf hinzudeuten, daß auch die Indoeuropäer den Mythos vom Weltuntergang kannten. Unlängst hat Stig Wikander auf die Existenz eines germanischen Mythos von der eschatologischen Schlacht hingewiesen, der in allen Punkten den parallelen Erzählungen aus Indien und dem Irak ähneln. Doch ausgehend von den *Brâhmanas*[21] und vor allem in den *Purânas* haben die Inder mühsam die Doktrin der vier *yuga*, der vier Weltzeitalter, entwikkelt. Der Kern dieser Theorie ist die Schöpfung und die zyklische Zerstörung der Welt sowie der Glaube an die »Voll-

kommenheit der Anfänge«. Da die Buddhisten und die Jainas die gleichen Vorstellungen haben, darf man daraus schließen, daß die Lehre der ewigen Schöpfung und Zerstörung des Universums eine panindische Vorstellung ist.
Da wir dieses Problem bereits in *Der Mythos der ewigen Wiederkehr* erörtert haben, werden wir es hier nicht nochmals aufgreifen. Erinnern wir lediglich daran, daß der vollständige Zyklus mit einer »Auflösung« endet, einer *pralaya*, die sich, noch radikaler (*mahâpralaya*, »große Auflösung«) am Ende des tausendsten Zyklus wiederholt.[22] Nach dem *Mahâbhârata* und den *Purânas*[23] wird der Horizont in Brand geraten, sieben oder zwölf Sonnen werden am Firmament erscheinen und die Meere austrocknen und die Erde versengen. Das Feuer Samvartaka (das Feuer des Weltbrands) wird das ganze Weltall zerstören. Dann wird ein sintflutartiger Regen ohne Unterlaß zwölf Jahre lang fallen, die Erde wird überflutet und die Menschheit zerstört werden (*Vishnu-Purâna* VI, 4, 1-11). Und dann wird alles von neuem beginnen – *ad infinitum*.
Was den Mythos von der »Vollkommenheit der Anfänge« betrifft, so erkennt man ihn leicht an der Reinheit, Intelligenz, Glückseligkeit und Langlebigkeit des menschlichen Lebens während des *krita-yuga*, des ersten Zeitalters. Im Laufe der folgenden *yuga* erlebt man die allmähliche Abnutzung sowohl der Intelligenz und Moral des Menschen als auch seiner körperlichen Dimensionen und seiner Langlebigkeit. Der Jainismus bringt die Vollkommenheit der Anfänge sowie den späteren Verfall in extravaganten Termini zum Ausdruck. Nach Hermacandra hatte der Mensch anfangs eine Statur von sechs Meilen, und sein Leben währte hunderttausend *puras* (eine *pura* entsprach 8 400 000 Jahren). Doch am Ende des Zyklus erreicht seine Statur kaum noch sieben Ellen, und sein Leben währt keine hundert Jahre (Jacobi, in: *Ère*, 1.202). Auch die Buddhisten betonen die erstaunliche Verringerung der Dauer der menschlichen Existenz: 80 000 Jahre und sogar noch länger (»unermeßlich«, nach einigen Überlieferungen)

betrug sie zu Beginn des Zyklus, und nur noch zehn Jahre am Ende.
Die indische Lehre von den Weltzeitaltern, d.h. die ewige Schöpfung, Abnutzung, Vernichtung und Wiedererschaffung des Weltalls, erinnert in gewisser Weise an die primitive Auffassung der jährlichen Welterneuerung, auch wenn sie bedeutsame Unterschiede aufweist. In der indischen Theorie spielt der Mensch bei der periodischen Neuschöpfung der Welt überhaupt keine Rolle; im Grunde wünscht der Mensch diese ewige Neuschöpfung gar nicht, er ist vielmehr darauf aus, dem kosmischen Zyklus zu entrinnen.[24] Mehr noch: auch die Götter scheinen keine wahren Schöpfer zu sein; sie sind eher die Werkzeuge, mit deren Hilfe der kosmische Prozeß vonstatten geht. Wir sehen also, daß es für Indien kein radikales Ende der Welt im eigentlichen Sinn gibt; es gibt nur mehr oder weniger lange Zeiträume zwischen der Vernichtung des einen und dem Erscheinen des anderen Universums. Das »Ende« hat nur im Hinblick auf den Menschen einen Sinn; der Mensch kann den Prozeß der Seelenwanderung aufhalten, in den er blindlings hineingerissen wird.
Der Mythos von der Vollkommenheit der Anfänge ist in Mesopotamien, bei den Israeliten und bei den Griechen eindeutig bezeugt. Nach den babylonischen Überlieferungen haben die acht oder zehn Könige vor der Sintflut zwischen 10 800 und 72 000 Jahre regiert; die Könige der ersten Dynastien nach der Sintflut dagegen nicht mehr als 1 200 Jahre.[25] Fügen wir hinzu, daß auch die Babylonier den Mythos von einem ursprünglichen Paradies kannten und die Erinnerung an eine Reihe von Zerstörungen und Neuschöpfungen (wahrscheinlich sieben) der menschlichen Rasse bewahrt hatten.[26] Die Israeliten hatten ähnliche Vorstellungen: Verlust des ursprünglichen Paradieses, allmähliche Verringerung der Lebensdauer, eine Sintflut, die die ganze Menschheit mit Ausnahme einiger Privilegierter vernichtet. In Ägypten ist der Mythos von der »Vollkommenheit der Anfänge« nicht bezeugt, aber man findet dort die legendäre Überlieferung

von der sagenhaften Lebensdauer der Könige, die Menes vorausgingen.[27]
In Griechenland treffen wir auf zwei verschiedene, aber miteinander verbundene mythische Überlieferungen: 1. die Theorie der Weltzeitalter, die den Mythos von der Vollkommenheit der Anfänge enthält; 2. die Lehre der Zyklen. Hesiod beschrieb als erster den allmählichen Verfall der Menschheit im Laufe der fünf Zeitalter (*Werke und Tage*, 109-201). Das erste, das Goldene Zeitalter, unter Kronos' Herrschaft, war eine Art Paradies: die Menschen lebten lange, alterten nicht, und ihr Dasein ähnelte dem der Götter. Die Theorie der Zyklen trat mit Heraklit in Erscheinung (Fr. 66 [22 Bywater]) und hatte später großen Einfluß auf die stoizistische Lehre der Ewigen Wiederkehr. Schon bei Empedokles ist die Verbindung dieser beiden mythischen Themen zu beobachten: des Weltzeitalters und des ununterbrochenen Zyklus von Schöpfungen und Zerstörungen. Wir brauchen die verschiedenen Formen, die diese Theorien in Griechenland, besonders infolge der orientalischen Einflüsse angenommen haben, hier nicht zu erörtern. Es genügt, daran zu erinnern, daß die Stoiker die Vorstellung des Weltuntergangs durch das Feuer (*epyrosis*) von Heraklit übernommen haben und daß schon Platon (*Timaios*, 22 c) das Ende durch die Sintflut als Alternative kannte. Diese beiden Katalysmen gaben dem Großen Jahr (*magnus annus*) gleichsam seinen Rhythmus. Nach einem verlorengegangenen Text von Aristoteles (*Proteptikos*) fanden beide Katastrophen zu den Sonnenwenden statt: die *conflagratio* zur Sommersonnenwende, das *diluvium* zur Wintersonnenwende.[28]

Jüdisch-christliche Apokalypse

Einige dieser apokalyptischen Bilder vom Weltuntergang finden wir in den eschatologischen Visionen des jüdischen Christentums wieder. Aber das jüdische Christentum führt eine

entscheidende Neuerung ein: der Weltuntergang wird einmalig sein, so wie die Kosmogonie einmalig war. Der Kosmos, der nach der Katastrophe wiedererscheinen wird, wird derselbe Kosmos sein, den Gott am Anfang der Zeiten erschaffen hatte, jedoch gereinigt, regeneriert und wiederhergestellt in seinem ursprünglichen Glanz. Dieses irdische Paradies wird nicht mehr zerstört werden, es wird kein Ende mehr haben. Die Zeit ist nicht mehr die zirkuläre Zeit der ewigen Wiederkehr, sondern eine lineare, irreversible Zeit. Mehr noch: die Eschatologie stellt auch den Triumph einer Heiligen Geschichte dar. Denn der Weltuntergang wird den religiösen Wert der menschlichen Handlungen offenbaren, und die Menschen werden nach ihren Taten beurteilt werden. Es geht nicht mehr um eine kosmische Regeneration, die auch die Regeneration einer Gemeinschaft (oder der Totalität der menschlichen Gattung) beinhaltet. Es geht vielmehr um ein Gericht, eine Auslese: nur die Erwählten werden in ewiger Glückseligkeit leben. Die Erwählten, die Guten, werden aufgrund ihrer Treue zu einer Heiligen Geschichte gerettet werden: im Kampf mit den Mächten und Versuchungen dieser Welt sind sie dem himmlischen Reich treu geblieben.
Ein weiterer Unterschied zu den kosmischen Religionen: für das jüdische Christentum ist der Weltuntergang Teil des messianischen Mysteriums. Für die Juden wird die Ankunft des Messias das Ende der Welt und die Wiederherstellung des Paradieses ankündigen. Für die Christen wird das Weltende der zweiten Ankunft Christi und dem Jüngsten Gericht vorausgehen. Doch für die einen wie für die anderen impliziert der Triumph der Heiligen Geschichte – die durch den Weltuntergang offenbar geworden ist – in gewisser Weise die Wiederherstellung des Paradieses. Die Propheten verkünden, daß der Kosmos erneuert werden wird: es wird einen neuen Himmel und eine neue Erde geben. Alles wird im Überfluß vorhanden sein wie im Garten Eden.[29] Die wilden Tiere werden friedlich nebeneinander leben, »ein kleiner Knabe kann

sie hüten« (*Jesaja* 11, 6). Krankheiten und Gebrechen werden für immer verschwinden: der Lahme wird springen wie ein Hirsch, die Ohren der Tauben werden wieder offen sein, und es wird keinen Kummer und kein Seufzen mehr geben (*Jesaja* 35, 3ff.). Das Neue Israel wird auf dem Berg Zion erbaut werden, weil das Paradies auf einem Berg lag (*Jesaja* 35; *Psalm* 48, 3). Auch für die Christen sind die totalen Erneuerungen des Kosmos und die Wiederherstellung des Paradieses die wichtigsten Merkmale des *eschaton*. In der *Offenbarung des Johannes* heißt es (21, 1-5): »Dann sah ich einen neuen Himmel und eine neue Erde; denn der erste Himmel und die erste Erde sind vergangen, auch das Meer ist nicht mehr... Da hörte ich eine laute Stimme vom Thron her rufen:... Der Tod wird nicht mehr sein, keine Trauer, keine Klage, keine Mühsal. Denn was früher war, ist vergangen. Er, der auf dem Thron saß, sprach: Seht, ich mache alles neu!«
Doch diese neue Schöpfung wird sich auf den Trümmern der ersten erheben. Das Syndrom der Endkatastrophe erinnert an die indischen Beschreibungen von der Weltzerstörung. Es wird Dürre und Hungersnot geben, und die Tage werden kürzer.[30] In der dem Ende unmittelbar vorausgehenden Epoche wird der Antichrist herrschen. Aber Christus wird kommen und die Welt durch das Feuer reinigen. Wie Ephraim der Syrer sagt: »Das Meer wird brüllen und dann austrocknen, Himmel und Erde werden sich auflösen, überall wird sich Rauch und Finsternis ausbreiten. Vierzig Tage lang wird der Herr das Feuer auf die Erde senden, um sie vom Makel des Lasters und der Sünde zu reinigen.«[31] Das zerstörende Feuer wird im Neuen Testament nur ein einziges Mal erwähnt, im zweiten Brief des Petrus (3, 6-14). Aber es bildet ein wichtiges Element in den Sybillinischen Orakeln, im Stoizismus und in der späteren christlichen Literatur. Wahrscheinlich ist es iranischen Ursprungs.[32]
Die Herrschaft des Antichist kommt in gewissem Maße einer Rückkehr zum Chaos gleich. Einerseits wird der Antichist in Form eines Drachen oder Dämons dargestellt[33], was an den

alten Mythos vom Kampf zwischen Gott und dem Drachen erinnert.
Der Kampf fand zu Beginn statt, vor der Erschaffung der Welt, und er wird am Ende von neuem stattfinden. Andererseits, wenn der Antichrist für den falschen Messias gehalten wird, dann wird seine Herrschaft die völlige Verkehrung aller gesellschaftlichen, moralischen und religiösen Werte bedeuten – anders gesagt: die Rückkehr zum Chaos. Im Lauf der Jahrhunderte wurde der Antichrist mit verschiedenen historischen Personen identifiziert, von Nero bis zum Papst (durch Luther). Ein Faktum muß unterstrichen werden: von besonders tragischen historischen Epochen hieß es zwar, sie seien vom Antichrist beherrscht, aber man bewahrte stets die Hoffnung, daß sein Reich gleichzeitig die unmittelbar bevorstehende Ankunft Christi ankündigte. Die kosmischen Katastrophen, die Geißeln, der Schrecken der Geschichte, der scheinbare Sieg des Bösen – all das bildete das apokalyptische Syndrom[34], das der Wiederkehr Christi und dem Tausendjährigen Reich vorausgehen mußte.

Christliche Chiliasmen

Das Christentum, zur offiziellen Religion des Römischen Reichs geworden, verurteilte den Chiliasmus als Häresie, obwohl sich berühmte Kirchenväter in der Vergangenheit zu ihm bekannt hatten. Aber die Kirche hatte die Geschichte akzeptiert, und das *eschaton* war nicht mehr das unmittelbar bevorstehende Ereignis, das es während der Christenverfolgungen gewesen war. Nur Gott kannte die Stunde des Weltuntergangs, und eines schien gewiß: dieses Ende stand nicht morgen bevor. Mit dem Sieg der Kirche war das himmlische Reich schon auf Erden angebrochen, und in gewissem Sinn war die alte Welt bereits zerstört worden. Im offiziellen Antichiliasmus ist die erste Manifestation der Fortschrittslehre zu erkennen. Die Kirche hatte die Welt, so wie sie war, akzep-

tiert und bemühte sich, die menschliche Existenz etwas weniger unglücklich zu gestalten, als sie es während der großen historischen Krisen gewesen war. Die Kirche hatte diese Position gegen die Propheten, gegen die Visionäre und Apokalyptiker eingenommen.
Einige Jahrhunderte später, nach dem Eindringen des Islam in den Mittelmeerraum, aber vor allem nach dem 11. Jahrhundert, traten die chiliastischen und eschatologischen Bewegungen erneut auf den Plan, und diesmal richteten sie sich gegen die Kirche oder gegen ihre Hierarchie. In diesen Bewegungen treten einige gemeinsame Züge hervor: ihre Wortführer erwarten und verkünden die Wiederherstellung des Paradieses auf Erden, nach schrecklichen Prüfungen und Kataklysmen. Auch Luther erwartete den nahen Weltuntergang. Einige Jahrhunderte lang begegnen wir immer wieder derselben religiösen Vorstellung: Diese Welt – die Welt der Geschichte – ist ungerecht, schändlich, dämonisch; glücklicherweise verwest sie bereits, Katastrophen haben begonnen, diese alte Welt kracht in allen Fugen; sehr bald wird sie vernichtet werden, die Kräfte der Finsternis werden endgültig besiegt werden, und die »Guten« werden triumphieren, das Paradies wird wiederkehren. Alle chiliastischen und eschatologischen Bewegungen sind optimistisch. Auf den Schrecken der Geschichte reagieren sie mit einer Kraft, wie nur äußerste Verzweiflung sie verleihen kann. Aber schon seit vielen Jahrhunderten kennen die großen christlichen Religionen die eschatologische Spannung nicht mehr. Keine der großen christlichen Kirchen ist von der Erwartung des Weltuntergangs und des unmittelbar bevorstehenden Jüngsten Gerichts geprägt. Der Chiliasmus überlebt nur kümmerlich in einigen neuen christlichen Sekten.
Die eschatologische und chiliastische Mythologie ist in letzter Zeit in zwei totalitären politischen Bewegungen Europas wieder aufgetaucht. Obwohl dem Anschein nach radikal säkularisiert, sind der Nazismus und der Kommunismus mit eschatologischen Elementen befrachtet; sie verkünden das Ende

dieser Welt und den Beginn eines neuen Zeitalters des Überflusses und der Glückseligkeit. Norman Cohn, der Autor des neuesten Buches über den Chiliasmus, schreibt über den Nationalsozialismus und den Marxismus-Leninismus: »Hinter dem pseudowissenschaftlichen Jargon, dessen sich beide bedienen, stößt man erneut auf eine Sicht der Dinge, die merkwürdig an die Spintisierereien erinnert, denen man sich im Mittelalter hingab. Der Endkampf, entscheidend für die Erwählten (seien sie nun ›Arier‹ oder ›Proletarier‹), gegen die Heerscharen des Dämons (Juden oder Bourgeoisie); die Freude, die Welt zu beherrschen oder in absoluter Gleichheit zu leben, oder beides zugleich – diese Freude, die den Erwählten nach dem Ratschluß Gottes gewährt wird als Belohnung für ihre Leiden; die Erfüllung der letzten Zwecke der Geschichte in einem endlich vom Bösen gereinigten Universum – das sind einige alte Schimären, denen wir noch heute anhängen.«[35]

Der Chiliasmus bei den »Primitiven«

Doch vor allem außerhalb Europas erlebt der Mythos vom Weltuntergang heute einen großen Aufschwung. Es handelt sich um die zahllosen nativistischen und chiliastischen Bewegungen, von denen die bekanntesten die melanesischen »cargo cults« sind, die wir jedoch auch in anderen Gegenden Ozeaniens sowie in den ehemaligen europäischen Kolonien antreffen. Sehr wahrscheinlich sind die meisten dieser Bewegungen infolge der mehr oder weniger anhaltenden Kontakte mit dem Christentum entstanden. Obwohl sie fast immer gegen die Weißen gerichtet und antichristlich sind, enthält die Mehrzahl dieser Chiliasmen christliche eschatologische Elemente. In manchen Fällen lehnen sich die Eingeborenen gerade deshalb gegen die Missionare auf, weil diese sich nicht wie wahre Christen verhalten und zum Beispiel nicht an die bevorstehende Ankunft Christi und die Auferstehung der

Toten glauben. In Melanesien haben die »cargo cults« die Neujahrsmythen und -riten assimiliert. Wie wir bereits sahen, implizieren die Neujahrsfeste die symbolische Neuschöpfung der Welt. Auch die Anhänger der »cargo cults« glauben, daß der Kosmos zerstört und neugeschaffen und der Stamm in eine Art Paradies zurückkehren wird: die Toten werden auferstehen, und es wird weder Tod noch Krankheit geben. Aber wie in den indo-iranischen und jüdisch-christlichen Eschatologien wird dieser neuen Schöpfung – eigentlich dieser Wiedergewinnung des Paradieses – eine Reihe kosmischer Katastrophen vorausgehen: die Erde wird beben, es wird Flammen regnen, die Berge werden einstürzen und die Täler füllen, die Weißen und die Eingeborenen, die dem Kult nicht anhängen, werden vernichtet werden, usw.

Die Morphologie der primitiven Chiliasmen ist äußerst reich und komplex. Für unser Vorhaben gilt es, einige Tatsachen hervorzuheben[36]: 1. die chiliastischen Bewegungen lassen sich als eine Entwicklung des mythisch-rituellen Szenariums der periodischen Welterneuerung betrachten; 2. der direkte oder indirekte Einfluß der christlichen Eschatologie scheint fast immer außer Zweifel zu stehen; 3. obwohl die Anhänger der chiliastischen Bewegungen von den westlichen Werten angezogen werden und darauf bedacht sind, sich sowohl die Religion und die Erziehung der Weißen als auch ihre Reichtümer und Waffen anzueignen, sind sie antiwestlich eingestellt; 4. solche Bewegungen werden immer von starken religiösen Persönlichkeiten prophetischen Typs ins Leben gerufen und von Politikern oder zu politischen Zwecken organisiert oder erweitert; 5. für alle diese Bewegungen steht das Tausendjährige Reich unmittelbar bevor, aber es wird nicht ohne kosmische Kataklysmen oder historische Katastrophen gegründet werden.

Wir brauchen den politischen, gesellschaftlichen und wirtschaftlichen Charakter solcher Bewegungen nicht eigens zu betonen: er liegt auf der Hand. Doch ihre Kraft, ihre Ausstrahlung, ihre Kreativität beruhen nicht allein auf diesen sozio-ökonomischen Faktoren. Es handelt sich um religiöse

Bewegungen. Ihre Anhänger erwarten und verkünden das Ende der Welt, um eine bessere wirtschaftliche und gesellschaftliche Lage zu erreichen, aber vor allem deshalb, weil sie auf die Neuschöpfung der Welt und die Wiederherstellung der menschlichen Glückseligkeit hoffen. Sie hungern und dürsten nach irdischen Gütern – aber auch nach Unsterblichkeit, Freiheit und paradiesischer Glückseligkeit. Für sie wird der Weltuntergang die Einführung einer glückseligen, vollkommenen und immerwährenden menschlichen Existenz ermöglichen.

Fügen wir hinzu, daß selbst dort, wo von keinem katastrophischen Ende die Rede ist, die Vorstellung einer Regenerierung, einer Neuschöpfung der Welt das wesentliche Element der Bewegung bildet. Der Prophet oder der Gründer des Kultus verkündet die unmittelbar bevorstehende »Rückkehr zu den Ursprüngen« und folglich die Wiedergewinnung des anfänglichen »paradiesischen« Zustands. Gewiß zeigt dieser »ursprüngliche« paradiesische Zustand in den meisten Fällen das idealisierte Bild der kulturellen und wirtschaftlichen Situation vor der Ankunft der Weißen. Es ist nicht das einzige Beispiel für eine Mythisierung des »Urzustands«, der »alten Geschichte«, die als Goldenes Zeitalter aufgefaßt wird. Uns interessiert jedoch nicht die »historische« Realität, die man zuweilen aus dieser üppigen Bilderwelt isolieren und herausschälen kann, sondern vielmehr die Tatsache, daß das Ende der Welt – das Ende der Kolonisierung – und die Erwartung einer Neuen Welt eine Rückkehr zu den Ursprüngen impliziert. Die messianische Person wird mit dem Kulturheros oder dem mythischen Ahnen identifiziert, dessen Wiederkehr man erwartete. Ihre Ankunft kommt einer Reaktualisierung der mythischen Zeit des Ursprungs gleich, also einer Neuschöpfung der Welt. Die politische Unabhängigkeit und kulturelle Freiheit, die diese chiliastischen Bewegungen der Kolonialvölker verkünden, werden als die Wiedergewinnung eines ursprünglichen Zustands der Glückseligkeit begriffen. Kurz, selbst ohne *sichtbare* apokalyptische Zerstörung wird diese Welt, die alte Welt, symbolisch vernichtet und die paradiesische Welt des Ursprungs an ihre Stelle gesetzt.

Das »Ende der Welt« in der modernen Kunst

Die westlichen Gesellschaften haben nichts, was sich mit dem Optimismus vergleichen ließe, den sowohl die kommunistische Eschatologie als auch die primitiven Chiliasmen an den Tag legen. Im Gegenteil, heute besteht die immer bedrohlicher werdende Angst vor einem katastrophischen Weltuntergang durch die thermonuklearen Waffen. Im Bewußtsein der Abendländer wird dieses Ende radikal und endgültig sein; keine Neue Schöpfung der Welt wird ihm folgen. Es ist uns hier nicht möglich, eine systematische Analyse der vielfältigen Ausdrucksformen der atomaren Angst in der modernen Welt vorzunehmen. Dagegen scheinen uns andere kulturelle Phänomene in der modernen Welt für unsere Untersuchung signifikant zu sein. Ich denke vor allem an die Geschichte der westlichen Kunst. Seit Anfang des Jahrhunderts haben die bildenden Künste sowie die Literatur und die Musik so radikale Veränderungen erfahren, daß man von einer »Zerstörung der künstlerischen Sprache« reden konnte. Diese »Zerstörung der Sprache«, die in der Malerei begonnen hatte, hat auch auf die Dichtung, den Roman und kürzlich – mit Ionesco – auf das Theater übergegriffen. In manchen Fällen handelt es sich um eine wahre Vernichtung des bestehenden künstlerischen Universums. Wenn man einige neuere Werke betrachtet, gewinnt man den Eindruck, als habe der Künstler mit der Geschichte der Malerei aufräumen wollen. Es ist mehr als eine Zerstörung, es ist eine Regression ins Chaos, in eine Art ursprüngliche *massa confusa*. Und doch ahnt man angesichts solcher Werke, daß der Künstler nach etwas sucht, das er noch nicht ausgedrückt hat. Er mußte die Trümmer und den Schutt beseitigen, die sich durch die vorangegangenen bildnerischen Revolutionen angehäuft hatten; er mußte zu einer Keimform der Materie gelangen, um die Geschichte der Kunst ganz von vorn zu beginnen. Bei vielen modernen Künstlern spürt man, daß die »Zerstörung der bildnerischen Sprache« nur die erste Phase eines komplexeren Prozesses ist, dem notwendig die Wiedererschaffung eines neuen Universums folgen muß.

In der modernen Kunst sind der Nihilismus und der Pessimismus der ersten Revolutionäre und Zerstörer Haltungen, die bereits der Vergangenheit angehören. Heute glaubt kein großer Künstler an den Verfall und das unmittelbar bevorstehende Verschwinden seiner Kunst. In dieser Hinsicht ähnelt ihre Haltung der der »Primitiven«: sie haben zur Zerstörung der Welt beigetragen – das heißt zur Zerstörung *ihrer* Welt, ihres künstlerischen Universums –, um eine andere zu schaffen. Dieses kulturelle Phänomen ist höchst bedeutsam, denn es sind in erster Linie die Künstler, die die wahren schöpferischen Kräfte einer Zivilisation oder einer Gesellschaft repräsentieren. Durch ihre Schöpfung nehmen die Künstler vorweg, was – manchmal eine oder zwei Generationen später – auf anderen Gebieten des gesellschaftlichen und kulturellen Lebens geschehen wird.

Es ist bezeichnend, daß die Zerstörung der künstlerischen Sprachen mit dem Aufschwung der Psychoanalyse zusammenfiel. Die Tiefenpsychologie hat das Interesse an den Ursprüngen aufgewertet, ein Interesse, das den Menschen der archaischen Gesellschaften so deutlich kennzeichnet. Es wäre faszinierend, den Prozeß der Aufwertung des Mythos vom Weltuntergang in der zeitgenössischen Kunst näher zu untersuchen. Man würde feststellen, daß die Künstler keineswegs Neurotiker sind, wie zuweilen behauptet wird, sondern im Gegenteil psychisch gesünder als viele moderne Menschen. Sie haben verstanden, daß ein wahrer Beginn nur nach einem wirklichem Ende erfolgen kann. Und die Künstler waren als erste unter den Modernen bestrebt, *ihre* Welt wirklich zu zerstören, um ein künstlerisches Universum neuschaffen zu können, in dem der Mensch existieren, nachdenken und träumen kann.

KAPITEL V
DIE ZEIT LÄSST SICH BEHERRSCHEN

Die Gewißheit eines Neubeginns

Unser soeben skizzierter Vergleich zwischen dem »Optimismus« der vor kurzem entkolonisierten Völker und dem Optimismus der westlichen Künstler hätte ausgedehnt und weiterentwickelt werden können. In der Tat drängen sich noch weitere Vergleiche zwischen einigen Vorstellungen der traditionellen Gesellschaften und gewissen Aspekten der modernen Kultur auf. Wir haben diese Gegenüberstellung jedoch auf später verschoben, um den Fortgang unserer Darlegung nicht zu unterbrechen. Denn wir haben das mythische Thema vom Weltende vor allem deshalb untersucht, weil wir die Beziehungen zwischen Eschatologie und Kosmogonie hervorheben wollten. Im dritten Kapitel haben wir die große Bedeutung des mythisch-rituellen Szenariums der jährlichen Welterneuerung betont. Wir sahen, daß dieses Szenarium das Motiv der »Vollkommenheit der Anfänge« beinhaltet und daß dieses Motiv ab einem bestimmten historischen Augenblick »mobil« wird, so daß es sowohl die Vollkommenheit der Anfänge in der mythischen Vergangenheit als auch die Vollkommenheit zu bezeichnen vermag, die in der Zukunft, nach der Zerstörung dieser Welt eintreten wird. In dem langen Exkurs über die Mythen vom Weltende, die wir im vorigen Kapitel analysierten, wollten wir hervorheben, daß die Hauptsache an den Eschatologien nicht die Tatsache des *Endes* ist, sondern die Gewißheit eines *Neubeginns*. Dieser Neubeginn ist nun aber streng genommen die Replik des absoluten Anfangs, die Kosmogonie. Man könnte sagen, daß wir auch hier der Geisteshaltung begegnet sind, die den archaischen Menschen kennzeichnet, nämlich dem außergewöhnlichen Wert, der der *Kenntnis der Ursprünge* zukommt. Denn für den Menschen der archaischen Gesellschaften verleiht ihm die Kenntnis vom Ursprung jedes Dings (Tier, Pflanze, kosmischer Gegenstand usw.) eine Art magische Herrschaft über es: man weiß, wo es zu finden ist und wie man es in der Zukunft wiedererscheinen lassen kann. Dasselbe ließe sich von den eschatologischen Mythen sagen: die Kenntnis dessen, was *ab origine* stattgefunden hat, verhilft zum Wissen dessen, was in Zukunft geschehen wird. Die »Mobilität« des Weltursprungs bringt die Hoffnung des Menschen zum Ausdruck, daß seine Welt *immer da sein wird*, auch wenn sie periodisch im buchstäblichen Sinn des Wortes zerstört wird. Eine Lösung der Verzweiflung? Sicher nicht, denn die Vorstellung von der Weltzerstörung ist im Grunde keine pessimistische Vorstellung. Aufgrund ihrer Dauer degeneriert die Welt und erschöpft sich; deshalb muß sie jedes Jahr symbolisch neugeschaffen werden. Aber man konnte die Vorstellung von der apokalyptischen Weltzerstörung akzeptieren, weil man die Kosmogonie kannte, d. h. das »Geheimnis« vom Ursprung der Welt.

Freud und das Wissen um den »Ursprung«

Unnötig, den »existentiellen« Wert des Wissens um den Ursprung in den traditionalen Gesellschaften noch nachdrücklich zu betonen. Es ist kein ausschließlich archaisches Verhalten. Der Wunsch, den Ursprung der Dinge zu kennen, charakterisiert auch die westliche Kultur. Im 18. Jahrhundert und vor allem im 19. Jahrhundert mehrten sich die Forschungen sowohl im Hinblick auf den Ursprung des Universums, des Lebens, der Arten oder des Menschen als auch auf den Ursprung der Gesellschaft, der Sprache, der Religion und der menschlichen Einrichtungen. Man bemühte sich, den Ursprung und die Geschichte all dessen zu ergründen, was uns umgibt: den Ursprung des Sonnensystems ebenso wie den Ursprung einer Institution wie die Ehe oder eines Kinderspiels wie das Mühlespiel.

Im 20. Jahrhundert hat die wissenschaftliche Untersuchung der Anfänge eine andere Richtung genommen. Für die Psychoanalyse zum Beispiel ist die wahre Urzeit die »Urzeit des Menschen«, die früheste Kindheit. Das Kind lebt in einer mythischen, paradiesischen Zeit.[1] Die Psychoanalyse hat Techniken entwickelt, die es ermöglichen, uns die »Anfänge« unserer persönlichen Geschichte zu offenbaren und vor allem das präzise Ereignis zu erkennen, das der Glückseligkeit der Kindheit ein Ende bereitet und die künftige Ausrichtung unseres Daseins bestimmt hat. »In Begriffe des archaischen Denkens übersetzt, könnte man sagen, es habe ein ›Paradies‹ gegeben (für die Psychoanalyse das pränatale Stadium oder die Periode bis zur Entwöhnung) und einen ›Bruch‹, eine ›Katastrophe‹ (das infantile Trauma), und welche Haltung der Erwachsene gegenüber diesen uranfänglichen Ereignissen auch einnehme, so seien sie deshalb doch nicht weniger grundlegend für sein Sein.«[2]
Es ist interessant, daß von allen Wissenschaften des Lebens nur die Psychoanalyse zu der Auffassung gelangt, daß die »Anfänge« jedes Menschen glückselig sind und eine Art Paradies darstellen, während die anderen Wissenschaften des Lebens vor allem die Gebrechlichkeit und Unvollkommenheit der Anfänge betonen. Erst der Prozeß, das Werden, die Evolution korrigieren nach und nach die schmerzliche Armut der »Anfänge«.
Zwei Ideen Freuds interessieren uns in diesem Zusammenhang: 1. die Glückseligkeit des »Ursprungs« und der »Anfänge« des Menschen und 2. die Idee, daß man mit Hilfe der Erinnerung oder einer »Rückkehr zum Gewesenen« bestimmte traumatische Vorfälle der frühesten Kindheit noch einmal durchleben kann. Die Glückseligkeit des »Ursprungs« ist, wie wir sahen, ein häufiges Thema in den archaischen Religionen; auch in Indien, Iran, Griechenland sowie im jüdischen Christentum ist es bezeugt. Die Tatsache, daß Freud die Glückseligkeit am Beginn der menschlichen Existenz postuliert, bedeutet nicht, daß die Psychoanalyse eine

mythologische Struktur hat, daß sie ein archaisches mythisches Thema entlehnt oder daß sie den jüdisch-christlichen Mythos vom Paradies und vom Sündenfall akzeptiert. Der einzige Vergleich, der sich zwischen der Psychoanalyse und der archaischen Auffassung der Glückseligkeit ziehen läßt, verdankt sich der Tatsache, daß Freud die entscheidende Rolle der »ursprünglichen und paradiesischen Zeit« der frühesten Kindheit entdeckt hat, die Glückseligkeit vor dem Bruch (der Entwöhnung), d. h. bevor die Zeit für jedes Individuum zur »erlebten Zeit« wird.

Was die zweite Idee Freuds betrifft, die für unsere Zwecke von Interesse ist, nämlich die »Rückkehr zum Gewesenen«, durch die man hofft, bestimmte entscheidende Ereignisse der frühesten Kindheit reaktualisieren zu können, so rechtfertigt auch sie den Vergleich mit archaischen Verhaltensweisen. Wir haben einige Beispiele genannt, die den Glauben verdeutlichen, daß man die primordialen Ereignisse, von denen die Mythen erzählen, reaktualisieren und folglich wiedererleben kann. Doch von wenigen Ausnahmen abgesehen (unter anderen den magischen Heilungen) veranschaulichen diese Beispiele die *kollektive* Rückkehr zum Gewesenen. Die ganze Gemeinschaft oder ein großer Teil dieser Gemeinschaft erlebte auf rituellem Wege die in den Mythen berichteten Ereignisse von neuem. Die psychoanalytische Technik ermöglicht eine *individuelle* Rückkehr zur Zeit des Ursprungs. Diese existentielle Rückkehr ist nun aber auch den archaischen Gesellschaften bekannt und spielt bei bestimmten psycho-physiologischen Techniken des Ostens eine wichtige Rolle. Diesem Problem wollen wir uns jetzt zuwenden.

Traditionelle Techniken der »Rückkehr zum Gewesenen«

Wir haben nicht die Absicht, die Psychoanalyse mit »primitiven« oder orientalischen Glaubensvorstellungen und Techniken zu vergleichen. Mit der hier vorgeschlagenen Gegenüberstellung wollen wir nur zeigen, daß die »Rückkehr zum Gewesenen«, deren Bedeutung für das Verständnis des Menschen und vor allem für seine Heilung Freud deutlich gesehen hat, schon in den außereuropäischen Kulturen praktiziert worden ist. Nach allem, was wir über die Hoffnung gesagt haben, die Welt durch die Wiederholung der Kosmogonie erneuern zu können, ist es nicht schwer, die Grundlage dieser Praktiken zu verstehen: die individuelle Rückkehr zum Ursprung wird als eine Möglichkeit aufgefaßt, die Existenz desjenigen, der sie unternimmt, zu erneuern und zu regenerieren. Doch wie wir noch sehen werden, kann die »Rückkehr zum Ursprung« zu allen möglichen Zwecken vollzogen werden und die verschiedensten Bedeutungen haben.

In erster Linie gibt es den wohlbekannten Symbolismus der Initiationsriten, die einen *regressus ad uterum* beinhalten. Da wir diesen Komplex in unserem Buch *Naissances mystiques* ausführlich untersucht haben, wollen wir uns hier auf einige kurze Hinweise beschränken. Schon auf den archaischen Kulturstufen enthält die Initiation der Heranwachsenden eine Reihe von Riten, deren Symbolismus transparent ist: es handelt sich darum, den Novizen in einen Embryo zu verwandeln, um ihn dann von neuem geboren werden zu lassen. Mittels der Initiation wird der Jüngling sowohl ein gesellschaftlich verantwortliches Wesen als auch kulturell erweckt. Die Rückkehr in den Mutterschoß wird entweder dadurch bezeichnet, daß man den Neophyten in einer Hütte absondert, daß er von einem Ungeheuer symbolisch verschlungen wird oder daß er in ein heiliges Gebiet eindringt, das mit dem Uterus der Mutter Erde identifiziert wird.[3]

Uns interessiert hier die Tatsache, daß es neben diesen für die »primitiven« Gesellschaften charakteristischen Pubertätsriten auch in komplexeren Kulturen Initiationsriten gibt, die einen *regressus ad uterum* enthalten. Um uns im Augenblick auf Indien zu beschränken, so ist dieses Motiv in drei verschiedenen Arten von Initiationszeremonien zu erkennen. Zum einen gibt es die *upanâyama*-Zeremonie, das heißt die

Einführung des Knaben bei seinem Lehrer. Das Motiv der Austragung und Wiedergeburt kommt hier deutlich zum Ausdruck: es heißt, daß der Lehrer den Knaben in einen Embryo verwandelt und ihn drei Nächte lang in seinem Bauch trägt.[4] Wer *upanâyama* hinter sich hat, ist »zweimal geboren« (*dvi-ja*). Sodann gibt es die *dîksâ*-Zeremonie, der sich derjenige unterziehen muß, der sich auf das Opfer des *soma* vorbereitet, und die streng genommen in einer Rückkehr zum fötalen Stadium besteht.[5] Schließlich steht der *regressus ad uterum* auch im Mittelpunkt der *hiranyagarbha*-Zeremonie, wörtlich »goldener Embryo«. Man steckt den Kandidaten in ein goldenes Gefäß in Form einer Kuh, und wenn er aus ihm heraustritt, betrachtet man ihn als ein neugeborenes Kind.[6]

In allen diesen Fällen wird der *regressus ad uterum* mit dem Ziel durchgeführt, den Kandidaten zu einer neuen Seinsweise auf die Welt kommen zu lassen oder ihn zu regenerieren. Hinsichtlich der Struktur entspricht die Rückkehr in den Mutterleib der Regression des Universums in den »chaotischen« oder embryonalen Zustand. Die pränatale Finsternis entspricht der Nacht vor der Schöpfung und der Finsternis der Initiationshütte.

Alle diese Initiationsriten, die eine Rückkehr in den Mutterleib enthalten, sowohl »primitive« als auch indische Rituale, haben selbstverständlich ein mythisches Modell.[7] Noch interessanter als die Mythen in Verbindung mit den Initiationsriten des *regressus ad uterum* sind die Mythen, die von den Abenteuern der Heroen, der Magier oder der Schamanen berichten, die den *regressus* leibhaftig und nicht nur symbolisch vollzogen haben. Im Vordergrund einer großen Anzahl von Mythen steht 1. das Verschlungenwerden eines Helden durch ein Meerungeheuer und sein siegreicher Ausbruch aus dem Bauch des Verschlingers; 2. die initiatorische Durchquerung einer *vagina dentata* oder der gefährliche Abstieg in eine Grotte oder Erdspalte, die dem Muttermund oder dem Uterus der Mutter Erde gleichgesetzt wird. Alle diese Aben-

teuer sind in Wirklichkeit Initiationsprüfungen, nach denen der siegreiche Held eine neue Seinsweise erwirbt.[8]
Die Initiationsmythen und -riten des *regressus ad uterum* veranschaulichen folgendes: Die »Rückkehr zum Ursprung« bereitet eine neue Geburt vor, aber diese Geburt wiederholt nicht die erste, die physische Geburt. Es handelt sich wirklich um eine mystische Wiedergeburt geistiger Art, anders gesagt: um den Zugang zu einer neuen Seinsweise (die die sexuelle Reife, die Teilhabe am Heiligen und an der Kultur enthält, kurz, die »Öffnung« zum Geist). Die Grundidee ist, daß man, um eine höhere Seinsweise zu erreichen, die Austragung und die Geburt wiederholen muß, aber man wiederholt sie rituell, symbolisch; mit anderen Worten: wir haben es mit Handlungen zu tun, die auf geistige Werte abzielen, und nicht mit Verhaltensweisen, die der psycho-physiologischen Tätigkeit unterworfen sind.
Wir mußten diesen Punkt unterstreichen, um nicht den Eindruck zu erwecken, als lägen alle Mythen und Riten der »Rückkehr zum Ursprung« auf derselben Ebene. Gewiß, der Symbolismus ist der gleiche, aber die Kontexte unterscheiden sich, und in jedem besonderen Fall liefert uns die durch den Kontext enthüllte Absicht seine wahre Bedeutung. Wie wir sahen, ist es in struktureller Hinsicht möglich, die pränatale Finsternis oder die Finsternis der Initiationshütte mit der Nacht vor der Schöpfung zu vergleichen. In der Tat symbolisiert die Nacht, aus der jeden Morgen die Sonne geboren wird, das ursprüngliche Chaos, und der Sonnenaufgang ist eine Wiederholung der Kosmogonie. Aber es liegt auf der Hand, daß sich dieser kosmogonische Symbolismus im Fall der Geburt des mythischen Ahnen, der physischen Geburt jedes Individuums und der initiatorischen Wiedergeburt mit neuen Werten anreichert.
Das alles geht noch deutlicher aus den Beispielen hervor, die wir nun diskutieren wollen. Wir werden sehen, daß die »Rückkehr zum Ursprung« Vorbild war für verschiedene physiologische und psycho-mentale Techniken, die sowohl

auf die Regeneration und Langlebigkeit wie auf die Heilung und endliche Erlösung abzielen. Wir haben schon einmal angemerkt, daß der kosmogonische Mythos vielfache Anwendungen zuläßt, darunter die Heilung, die poetische Schöpfung, die Einführung des Kindes in die Gesellschaft und die Kultur usw. Außerdem sahen wir, daß sich der *regressus ad uterum* mit einer Regression in den chaotischen Zustand gleichsetzen läßt, der vor der Schöpfung herrschte. Wir verstehen nun, warum einige archaische Therapien statt der zeremoniellen Rezitation des kosmogonischen Mythos die rituelle Rückkehr in den Mutterschoß verwenden. In Indien beispielsweise bewirkt die traditionelle Medizin noch heute die Verjüngung der Greise und die Regeneration der völlig erschöpften Kranken dadurch, daß sie sie in eine gebärmutterförmige Grube eingräbt. Der Symbolismus der »neuen Geburt« ist evident. Es handelt sich im übrigen um einen Brauch, der auch außerhalb Indiens bezeugt ist: nämlich die Kranken einzugraben, um sie aus dem Schoß der Mutter Erde zur Welt kommen zu lassen.[9]
Auch in China finden wir das therapeutische Prestige der »Rückkehr zum Ursprung«. Der Taoismus mißt der »embryonalen Atmung«, *t'ai-si*, große Bedeutung bei. Sie besteht in einer Atmung im geschlossenen Kreislauf nach Art des Fötus; der Adept bemüht sich, den Blutkreislauf und die Atmung von Mutter zu Kind und von Kind zu Mutter nachzuahmen. Im Vorwort des *T'ai-si k'eou kiue* (»Mündliche Formeln für die embryonale Atmung«) heißt es ausdrücklich: »Indem man zur Grundlage zurückkommt, zum Ursprung zurückkehrt, vertreibt man das Alter, kehrt man in den Zustand des Fötus zurück.«[10] In einem Text des modernen synkretistischen Taoismus heißt es: »Darum hat Jou-lai (Buddha) – der identisch ist mit Tathâgata – in seinem großen Erbarmen das Verfahren der (alchemistischen) Arbeit des Feuers offenbart und die Menschen gelehrt, *von neuem in die Gebärmutter einzugehen*, damit sie ihre (wahre) Natur wiederherstellen und ihr Lebensschicksal (in seiner ganzen Fülle) erneuern.«[11]

Wir haben es also mit zwei verschiedenen, jedoch eng miteinander verbundenen mystischen Techniken zu tun, die beide die »Rückkehr zum Ursprung« erreichen wollen: mit Hilfe der »embryonalen Atmung« und der alchemistischen Arbeit. Bekanntlich gehören diese beiden Techniken zu den zahlreichen Methoden, die die Taoisten verwendeten, um die Jugend und ein sehr langes Leben (die »Unsterblichkeit«) zu erringen. Das alchemistische Experiment muß mit einer angemessenen mystischen Meditation einhergehen. Während der Verschmelzung der Metalle bemüht sich der taoistische Alchemist in seinem eigenen Körper um die Vereinigung der beiden kosmologischen Prinzipien, Himmel und Erde, um in die chaotische Situation des Ursprung einzutauchen, jene, die vor der Schöpfung existierte. Diese ursprüngliche Situation, die übrigens ausdrücklich »chaotischer Zustand« (*houen*) genannt wird, entspricht sowohl der Situation des Eies oder des Embryos als auch dem paradiesischen und unbewußten Zustand der noch unerschaffenen Welt.[12] Der Taoist strebt danach, diesen ursprünglichen Zustand entweder durch die Meditation, die das alchemistische Experiment begleitet, oder durch die »embryonale Atmung« zu erreichen. Aber die »embryonale Atmung« reduziert sich letztlich auf die »Einigung der Atemzüge«, wie die Texte es nennen, eine sehr komplexe Technik, die wir hier nicht erörtern können. Es sei lediglich gesagt, daß die »Einigung der Atemzüge« ein kosmologisches Vorbild hat. Denn nach den taoistischen Überlieferungen waren die »Atemzüge« ursprünglich vermischt und bildeten ein Ei, das Große-Eine, von dem sich Himmel und Erde abgelöst haben.[13]
Das Ideal der Taoisten, d. h. die Erlangung von Glückseligkeit, Jugend und langem Leben (»Unsterblichkeit«) hatte also ein kosmologisches Modell: nämlich den Zustand der ursprünglichen Einheit. Es geht hier nicht mehr um eine Reaktualisierung des kosmogonischen Mythos wie in den Heilungsritualen, die wir oben erwähnten. Es geht nicht mehr darum, die *kosmische Schöpfung* zu wiederholen, sondern

darum, den Zustand wiederzufinden, der der *Kosmogonie vorausging*, das »Chaos«. Doch die Bewegung des Denkens ist die gleiche: Gesundheit und Jugend lassen sich durch eine »Rückkehr zum Ursprung« erlangen, entweder durch die »Rückkehr in den Mutterleib« oder die Rückkehr zum kosmischen Großen-Einen. Wichtig ist also die Feststellung, daß man auch in China meint, daß Krankheit und Alter durch die »Rückkehr zum Ursprung« geheilt werden können, das einzige Mittel, das das archaische Denken für geeignet hielt, das Werk der Zeit zu annullieren. Denn letztlich geht es immer darum, die verstrichene Zeit aufzuheben, »rückwärts zu gehen« und die Existenz mit der vollständigen Summe ihrer Möglichkeiten wiederzubeginnen.

Sich vom Werk der Zeit heilen...

In dieser Hinsicht ist Indien von besonderem Interesse; Yoga und Buddhismus haben hier in einem anderswo unbekannten Ausmaß bestimmte psycho-physiologische Praktiken der »Rückkehr zum Gewesenen« entwickelt. Natürlich ist das Ritual nicht mehr von einem therapeutischen Ziel beherrscht: man praktiziert den *regressus ad uterum* nicht mehr im Hinblick auf eine Heilung oder Verjüngung, auch nicht auf eine symbolische Wiederholung der Kosmogonie, die dazu bestimmt ist, den Patienten durch ein Eintauchen in die urzeitliche Fülle zu heilen. Yoga und Buddhismus liegen auf einer anderen Ebene als die primitiven Therapien. Ihr höchstes Ziel ist nicht Gesundheit oder Verjüngung – sondern geistige Beherrschung und Erlösung. Yoga und Buddhismus sind Soteriologien, mystische Techniken, Philosophien – und verfolgen natürlich andere Zwecke als die magischen Heilungen.
Trotzdem ist nicht zu übersehen, daß diese mystischen Techniken Indiens strukturelle Analogien zu den archaischen Therapien aufweisen. Die Philosophien, die asketischen und kon-

templativen Techniken Indiens verfolgen alle dasselbe Ziel: die Heilung des Menschen vom Leiden des Daseins in der Zeit.[14] Für das indische Denken wird das Leiden durch das *karma* begründet und unbegrenzt in der Welt fortgesetzt, d. h. durch die Zeitlichkeit: das Gesetz des *karma* gebietet die unzähligen Verwandlungen, jene ewige Wiederkehr zum Dasein und somit zum Leiden. Sich vom karmischen Gesetz befreien, bedeutet die »Heilung«. Der Buddha ist der »König der Ärzte«, seine Botschaft wird als eine »neue Arznei« verkündet. Indem man auch den letzten Keim eines zukünftigen Lebens »verbrennt«, hebt man den karmischen Kreislauf endgültig auf und befreit sich von der Zeit. Nun besteht aber eines der Mittel, die karmischen Rückstände zu »verbrennen«, in der Technik der »Rückkehr«, welche die Erkenntnis der vergangenen Existenzen zum Ziel hat. Dies ist eine panindische Technik. Sie ist in den *Yoga-sûtras* (III, 18) bezeugt, sie ist allen Weisen und beschaulichen Geistern bekannt, die zur Zeit des Buddha lebten, und wird auch vom Buddha selbst geübt und empfohlen.

»Es handelt sich darum, von einem bestimmten Zeitpunkt, der dem gegenwärtigen Augenblick am nächsten ist, aufzubrechen und die Zeit in umgekehrter Richtung zu durchlaufen (*pratiloman*, ›gegen den Strich‹), um *ad originem* zu gelangen, da das erste Dasein, in der Welt ›aufbrechend‹, die Zeit entfesselte, und jenen paradoxen Augenblick wieder zu erreichen, jenseits dessen es keine Zeit gab, weil noch nichts in Erscheinung getreten war. Man versteht Sinn und Ziel dieser Technik: wer die Zeit rückwärts geht, muß notwendig wieder zu dem Ausgangspunkt gelangen, der schließlich mit der Kosmogonie zusammenfällt. Seine vergangenen Leben nochmals erleben, heißt auch, sie verstehen und, bis zu einem gewissen Grad, seine ›Sünden verbrennen‹, nämlich die Summe der Handlungen, die unter dem Einfluß der Unwissenheit geschahen und deren Zinsen durch das Gesetz des *karma* von Dasein zu Dasein angehäuft wurden. Aber, noch wichtiger: man gelangt zum Beginn der Zeit und erreicht wieder die Nichtzeit, die ewige Gegenwart, welche der zeitlichen Erfahrung, die durch das erste gefallene menschliche Dasein begründet wurde, vorausging. Anders ausgedrückt: indem man von einem beliebigen Augenblick der zeitlichen Dauer ausgeht und diese Dauer in der umgekehrten Richtung durchläuft, kann man deren *Erschöpfung* erreichen und schließlich in die Nichtzeit, in die Ewigkeit einmünden. Das bedeutet aber das Übersteigen der Bedingtheit der menschlichen Natur und das Wiedergewinnen des unbedingten Zustands, der dem Fall in die Zeit und dem Rad der Wiedergeburten vorausging.«[15]

Der Hatha-yoga sowie einige tantrische Schulen wenden die sogenannte Methode des »gegen den Strom Schwimmens« (*ujâna sâdhana*) oder den Prozeß der »Regression« (*ultâ*) an, um die Umkehrung aller psycho-physiologischen Prozesse zu erreichen. Die »Rückkehr«, die »Regression« drückt sich bei dem, der sie verwirklicht, durch die Vernichtung des Kosmos aus und bewirkt damit das »Heraustreten aus der Zeit«, den Zugang zur »Unsterblichkeit«. Doch in der tantrischen Auffassung ist die Unsterblichkeit nur dadurch zu erreichen, daß man die *Manifestierung zum Stehen bringt* und damit den Prozeß der Desintegration; man muß »gegen den Strom« (*ujâna sâdhana*) gehen und die ursprüngliche Einheit wiederfinden, die *in illo tempore*, vor der Schöpfung bestand.[16] Es geht also darum, in seinem eigenen Sein den Prozeß der kosmischen Resorption zu verwirklichen und zum »Ursprung« zurückzukehren. Die *Shiva-Samhitâ* (I, 160 f.) schlägt eine sehr bezeichnende geistige Übung vor: Nach der Beschreibung der Schöpfung durch Shiva beschreibt der Text den umgekehrten Prozeß der kosmischen Resorption, so wie der Yogin ihn *leben*, *erfahren* muß. Der Yogin sieht, wie die Erde »fein« wird und sich in Wasser auflöst, dann wie das Wasser sich in Feuer auflöst, das Feuer in Luft, die Luft in Äther usw., bis alles sich im Großen Brahman resorbiert.[17] Der Yogin ist bei dem *umgekehrten Prozeß der Schöpfung* zugegen, er »geht rückwärts« bis zum

»Ursprung«. Man kann diese yogische Übung mit der taoistischen Technik der »Rückkehr zum Ei« und mit dem primordialen Großen-Einen vergleichen.
Wiederholen wir es: wir beabsichtigen nicht, die indo-chinesischen mystischen Techniken und die primitiven Therapien auf dieselbe Stufe zu stellen. Es handelt sich um verschiedene kulturelle Erscheinungen. Aber es ist bezeichnend, daß sich zu allen Zeiten und in vielen Kulturen eine gewisse Kontinuität des menschlichen Verhaltens gegenüber der Zeit feststellen läßt. Man kann dieses Verhalten folgendermaßen definieren: Um sich vom Werk der Zeit zu heilen, muß man »rückwärts gehen« und zum »Anfang der Welt« zurückkehren. Wir sahen soeben, daß diese »Rückkehr zum Ursprung« ganz unterschiedlich bewertet wurde. In den archaischen und altorientalischen Kulturen zielte die Wiederholung des kosmogonischen Mythos auf die Aufhebung der verstrichenen Zeit und den Wiederbeginn einer neuen Existenz mit unversehrten Lebenskräften. Für die chinesischen und hinduistischen »Mystiken« bestand das Ziel nicht mehr darin, hier auf Erden eine neue Existenz zu beginnen, sondern »rückwärts zu gehen« und zum urzeitlichen Großen-Einen zurückzufinden. Doch in diesen wie in allen anderen genannten Beispielen war das spezifische und entscheidende Element stets die »Rückkehr zum Ursprung«.

Die Vergangenheit wiedergewinnen

Wir haben an diese Beispiele erinnert, um zwei Kategorien von Techniken miteinander zu vergleichen: 1. die Psychoanalyse und 2. die archaischen und orientalischen Methoden, die verschiedene Verfahren der »Rückkehr zum Ursprung« enthalten, wenn auch mit unterschiedlichen Zielen. Es lag nicht in unserer Absicht, diese Verfahren ausführlich zu erörtern, wir wollten vielmehr zeigen, daß die existentielle Rückkehr zum Ursprung, obwohl für die archaische Mentalität spezifisch, kein Verhalten darstellt, das dieser Mentalität eigentümlich ist. Freud hat eine analoge Technik erarbeitet, die es einem modernen Individuum ermöglicht, den Inhalt bestimmter »ursprünglicher« Erfahrungen wiederzugewinnen. Wir haben gesehen, daß es mehrere Möglichkeiten gibt, rückwärts zu gehen, doch die wichtigsten sind: 1. die sofortige und unmittelbare Rückkehr zur ersten Situation (sei es zum Chaos oder zum präkosmischen Zustand, sei es zum Augenblick der Schöpfung); 2. die allmähliche Rückkehr zum »Ursprung«, indem man ausgehend vom gegenwärtigen Augenblick die Zeit zurückgeht bis zum »absoluten Anfang«. Im ersten Fall handelt es sich um eine schwindelerregende, plötzliche Aufhebung des Kosmos (oder des Menschen als des Resultats einer bestimmten Zeitdauer) und die Wiederherstellung der Ursprungssituation (des Chaos oder – auf anthropologischer Ebene – des »Samens«, des »Embryos«). Die Ähnlichkeit zwischen der Struktur dieser Methode und der Struktur der mythisch-rituellen Szenarien der überstürzten Regression ins »Chaos« und der Wiederholung der Kosmogonie ist evident.

Im zweiten Fall – der allmählichen Rückkehr zum Ursprung – haben wir es mit einer minutiösen und erschöpfenden Kommemoration der persönlichen und historischen Ereignisse zu tun. Gewiß besteht auch in diesem Fall das letzte Ziel darin, diese Erinnerungen zu »verbrennen«, sie gewissermaßen aufzuheben, indem man sie nochmals durchlebt und sich von ihnen löst. Aber es geht nicht mehr darum, sie augenblicklich auszulöschen, um so schnell wie möglich zum urzeitlichen Augenblick zurückzukehren. Es kommt im Gegenteil darauf an, sich auch an die unbedeutendsten Einzelheiten der (gegenwärtigen oder früheren) Existenz zu erinnern, denn nur durch diese Erinnerung kann es gelingen, seine eigene Vergangenheit zu »verbrennen«, sie zu beherrschen, sie daran zu hindern, in die Gegenwart einzugreifen.

Man sieht den Unterschied zum ersten Typus, dessen Modell die augenblickliche Aufhebung der Welt und ihre Neuschöpfung ist. Hier spielt das *Gedächtnis* die Hauptrolle. Man befreit sich vom Werk der Zeit durch die Wiedererinnerung, die *anamnesis*. Wesentlich ist, sich an alle Ereignisse zu erinnern, deren Zeuge man in der zeitlichen Dauer gewesen ist. Diese Technik hängt also eng mit der archaischen Auffassung zusammen, die wir ausführlich diskutiert haben: daß es nämlich sehr wichtig ist, den Ursprung und die Geschichte eines Dings zu erkennen, um es beherrschen zu können. Gewiß impliziert das Zurückgehen in der Zeit eine Erfahrung, die vom persönlichen Gedächtnis abhängt, während sich die Kenntnis des Ursprungs auf das Erfassen einer exemplarischen Urgeschichte, eines Mythos beschränkt. Aber die Strukturen sind vergleichbar: immer handelt es sich darum, sich in allen Einzelheiten genau an das zu erinnern, *was in den Anfängen und seither geschehen ist*.

Hier rühren wir an ein Problem, das nicht nur für das Verständnis des Mythos, sondern vor allem für die spätere Entwicklung des mythischen Denkens von entscheidender Bedeutung ist. Die Kenntnis des Ursprungs und der exemplarischen Geschichte der Dinge verleiht den Menschen eine Art magische Herrschaft über die Dinge. Doch diese Kenntnis bahnt auch systematischen Spekulationen über den Ursprung und die Struktur der Welt den Weg. Wir werden auf dieses Problem noch zurückkommen. Doch wir müssen schon an dieser Stelle präzisieren, daß das Gedächtnis als die Kenntnis *par excellence* gilt. Wer fähig ist, sich *zurückzuerinnern*, besitzt eine magisch-religiöse Kraft, die noch kostbarer ist als die Kraft desjenigen, der den Ursprung der Dinge *kennt*. Im alten Indien zum Beispiel sieht man deutlich den Unterschied zwischen der »objektiven« Kenntnis vom Ursprung der verschiedenen Realitäten und der »subjektiven« Kenntnis, die auf dem Gedächtnis der früheren Existenzen beruht. »Wir kennen, o Traum, die Stätte deiner Geburt (*janitram*)«, ruft der Autor eines Mythos des *Atharva-Veda* (VI, 46, 2). »Wir wissen, o Agni, daß die Stätte deiner Geburt dreifach ist« (ebd. XIII, 3, 21). Dank dieser Kenntnis des Ursprungs (»der

Geburtsstätte«) gelingt es dem Menschen, sich gegen den Traum zu schützen, und er ist fähig, ungestraft mit dem Feuer umzugehen.

Aber die Kenntnis der eigenen früheren Existenzen, d. h. der persönlichen »Geschichte«, verleiht noch mehr: ein soteriologisches Wissen sowie die Herrschaft über sein eigenes Schicksal. Wer sich seiner »Geburten« (= Ursprung) und seiner früheren Leben (= durch eine lange Reihe erlebter Ereignisse konstituierte Zeitdauer) erinnert, der kann sich von den karmischen Bedingtheiten befreien; mit anderen Worten: er wird Herr über sein Schicksal. Daher kommt das »absolute Gedächtnis« – das Gedächtnis Buddhas zum Beispiel – der Allmacht gleich und verleiht dem, der es besitzt, die Macht eines Kosmokraten. Ananda und andere Jünger Buddhas »erinnerten sich der Geburten«, sie gehörten zu jenen, »die sich der Geburten erinnern«. Vâmadeva, der Verfasser eines berühmten Hymnus des *Rig-Veda* (IV, 27, 1), sagte von sich: »Als ich mich im Mutterschoß befand, habe ich alle Geburten der Götter erkannt.« Auch Krishna »kennt alle Existenzen« (*Bhagavad-Gîtâ* IV, 5).[18] Alle – Götter, Buddhas, Weise, Yogins – gehören zu denen, *die wissen*.

Das Erkennen der früheren Existenzen ist keine ausschließlich indische Technik. Sie ist auch bei den Schamanen bezeugt. Wir werden noch sehen, daß sie in den philosophischen Spekulationen der Griechen eine wichtige Rolle gespielt hat. Im Augenblick ist hervorzuheben, daß das außergewöhnliche Ansehen, das die Kenntnis der »Ursprünge« und der alten »Geschichte« (d. h. der früheren Existenzen) genießt, in letzter Instanz von der Bedeutung abhängt, die der Kenntnis der »existentiellen« und »historischen« Mythen zukommt, der Mythen, die von der Konstituierung der menschlichen Verfassung erzählen. Wie wir schon sagten, hat diese Verfassung eine »Geschichte«: bestimmte entscheidende Ereignisse haben in der mythischen Zeit stattgefunden; erst danach ist der Mensch zu dem geworden, was er heute ist. Aber diese primordiale Geschichte muß nicht nur *bekannt* sein, sie muß auch immer wieder *in Erinnerung gerufen* werden. Wir werden später sehen, welche Folgen diese Entscheidung hatte, die der archaische Mensch in einem bestimmten Augenblick seiner Geschichte traf – die Entscheidung, die Krisen und Tragödien seiner mythischen Vergangenheit immer wieder von neuem zu durchleben.

KAPITEL VI
MYTHOLOGIE, ONTOLOGIE, GESCHICHTE

Das Wesentliche geht der Existenz voraus

Für den *homo religiosus* liegt das Wesentliche vor der Existenz. Das gilt sowohl für den Menschen der »primitiven« und orientalischen Gesellschaften wie für den Juden, den Christen und den Mohammedaner. Der Mensch ist so, wie er heute ist, weil *ab origine* eine Reihe von Ereignissen stattgefunden hat. Die Mythen erzählen ihm diese Ereignisse und erklären ihm damit, wie und warum er auf diese Weise beschaffen ist. Für den *homo religiosus* beginnt die wirkliche, authentische Existenz in dem Augenblick, da ihm diese urzeitliche Geschichte mitgeteilt wird und er ihre Folgen auf sich nimmt. Es handelt sich immer um eine göttliche Geschichte, denn die Personen sind die übernatürlichen Wesen und die mythischen Ahnen. Ein Beispiel: der Mensch ist sterblich, weil ein mythischer Ahne törichterweise die Unsterblichkeit verloren hat, oder weil ein übernatürliches Wesen beschlossen hat, sie ihm zu rauben, oder weil er infolge eines bestimmten mythischen Ereignisses Sexualität und Sterblichkeit erlangt hat, usw. Einige Mythen erklären den Ursprung des Todes mit einem Unfall oder einer Unachtsamkeit: der Bote Gottes, ein Tier, vergißt die Botschaft oder ist faul und kommt zu spät, usw. Das ist zwar eine pittoreske Art, die Absurdität des Todes zu erklären, aber auch in diesem Fall bleibt die Geschichte eine »heilige Geschichte«, weil der Verfasser der Botschaft ein übernatürliches Wesen ist und letzten Endes den Irrtum seines Boten hätte annullieren können, wenn er gewollt hätte.

Wenn es auch stimmt, daß die wesentlichen Ereignisse *ab origine* stattgefunden haben, so sind diese Ereignisse doch nicht in allen Religionen die gleichen. Für das jüdische Christentum ist das »Wesentliche« das Drama des Paradieses, das die heutige Verfassung des Menschen begründet hat. Für den Mesopotamier ist das Wesentliche die Entstehung der Welt aus dem zerstückelten Körper des Meerungeheuers Tiamat und die Erschaffung des Menschen aus dem Blut des Erzdämons Kingu, vermischt mit etwas Erde (d. h. einer unmittelbar aus Tiamats Leib stammenden Substanz). Für einen Australier besteht das »Wesentliche« in einer Reihe von Handlungen, die die übernatürlichen Wesen in der »Zeit der Träume« vollbracht haben.

Es ist hier nicht möglich, alle mythischen Themen vorzustellen, die in den verschiedenen Religionen das »Wesentliche«, das ursprüngliche Drama bilden, das den Menschen zu dem gemacht hat, was er heute ist. Es genügt, die wichtigsten Typen in Erinnerung zu rufen. So interessiert uns an diesem Punkt der Untersuchung, welche Haltungen der *homo religiosus* gegenüber diesem »Wesentlichen«, das ihm vorausgeht, eingenommen hat. Wir vermuten *a priori*, daß es wohl mehrere Haltungen gab, weil der Inhalt dieses »Wesentlichen«, das sich in den mythischen Zeiten entschieden hat, wie wir soeben sahen, von einer religiösen Anschauung zur anderen variiert.

Deus otiosus

Eine große Anzahl primitiver Stämme, vor allem jene, die auf der Stufe des Sammelns und der Jagd stehengeblieben sind, kennen ein Höchstes Wesen: aber es spielt im religiösen Leben fast keine Rolle. Im übrigen weiß man wenig über es, es hat nur wenige und im allgemeinen recht einfache Mythen. Dieses Höchste Wesen soll die Welt und den Menschen erschaffen haben, aber es hat seine Schöpfungen ziemlich schnell im Stich gelassen und sich in den Himmel zurückgezogen. Manchmal hat es die Schöpfung nicht einmal vollendet, und ein anderes göttliches Wesen, sein Sohn oder sein Stellvertreter, hat die Aufgabe übernommen. Da wir die Verwandlung des Höchsten Wesens in einen *deus otiosus* an anderer Stelle diskutiert haben, wollen wir uns hier auf einige wenige Beispiele beschränken.[1] Bei den Selk'nam auf Feuerland ist der Gott, der »Himmelsbewohner« heißt, ewig, allwissend und allmächtig, aber die Schöpfung wurde vollendet von den mythischen Vorfahren, die der höchste Gott ebenfalls geschaffen hatte, bevor er sich hinter die Sterne zurückzog. Jetzt lebt dieser Gott von den Menschen abgesondert und gleichgültig gegen die Dinge der Welt. Er hat keine Bilder, keinen Priester. Nur im Krankheitsfall richtet man Gebete an ihn (»Du dort oben, nimm mir mein Kind nicht weg; es ist noch klein!«) und bringt ihm besonders bei Unwettern Opfer dar.

Die Yoruba der Sklavenküste glauben an einen Himmelsgott namens Olorun (wörtlich »Eigentümer des Himmels«), der, nachdem er die Weltschöpfung begonnen hatte, deren Vollendung und Lenkung einem niederen Gott, Obatala, anvertraute. Er selbst zog sich für immer von den irdischen und menschlichen Dingen zurück, und es gibt für diesen höchsten Gott, der zum *deus otiosus* geworden ist, weder Tempel noch Statuen, noch Priester. Trotzdem wird er in Unglückszeiten als letzte Zuflucht angerufen.

Ndyambi, der höchste Gott der Herero, hat sich in den Himmel zurückgezogen und die Menschheit niederen Gottheiten überlassen. »Wozu sollten wir ihm Opfer darbringen?« erklärt ein Eingeborener. »Wir müssen ihn nicht fürchten, denn im Gegensatz zu unseren Toten tut er uns nichts Böses.«[2] Das höchste Wesen der Tumbuka ist zu groß, um »sich um die gewöhnlichen Angelegenheiten der Menschen zu kümmern«. Dzinge (»der Allvater«), das höchste Wesen der Ewe, wird bei Trockenheit angerufen: »O Gott, dem wir Dank schuldig sind! Es ist sehr dürre; gib deswegen, daß es wieder regnet und die Erde wieder kühl werde, damit die Feldgewächse gedeihen!«[3] Entfernung und Unbeteiligtheit des höchsten Wesens sind in einem Wort der ostafrikanischen Gyriama wunderbar ausgedrückt: »Mulugu (Gott) ist oben, die Manen sind unten!« Die Bantu sagen: »Nachdem Gott den Menschen geschaffen hat, kümmert er sich nicht mehr um ihn.« Und die Zwergvölker wiederholen es: »Gott hat sich von uns entfernt!«[4]

Wie man aus diesen Beispielen ersieht, scheint das Höchste Wesen seine *religiöse Aktualität* verloren zu haben; im Kultus fehlt es, und die Mythen zeigen, daß es weit von den Menschen entfernt ist, es ist zum *deus otiosus* geworden. Dieses Phänomen bestätigt sich im übrigen in den komplexeren Religionen des antiken Ostens und der indo-mediterranen Welt: an die Stelle des schöpferischen, allwissenden und allmächtigen Himmelsgottes tritt ein Fruchtbarkeitsgott, der Gefährte der Großen Göttin, eine Epiphanie der Zeugungskräfte des Universums.[5]

In gewisser Hinsicht kann man sagen, daß der *deus otiosus* das erste Beispiel für den »Tod Gottes« ist, den Nietzsche so frenetisch verkündete. Ein schöpferischer Gott, der sich aus dem Kultus entfernt, wird am Ende vergessen. Das Vergessen Gottes ist, wie seine absolute Transzendenz, ein plastischer Ausdruck für seine religiöse Inaktualität oder, was auf dasselbe hinausläuft, für seinen »Tod«. Das Verschwinden des Höchsten Wesens drückte sich nicht durch eine Verarmung des religiösen Lebens aus. Im Gegenteil, man könnte sogar sagen, daß die wahren »Religionen« *nach* seinem Verschwinden auftauchen: die reichsten und dramatischsten Mythen, die extravagantesten Rituale, die Götter und Göttinnen aller Art, die Vorfahren, die Masken und die Geheimgesellschaften, die Tempel, die Heiligtümer usw. – das alles findet man in den Kulturen, die das Stadium des Sammelns und der Jagd überwunden haben und in denen das Höchste Wesen entweder abwesend (vergessen?) oder so stark mit anderen göttlichen Gestalten amalgamiert ist, daß es unkenntlich geworden ist.

Die »Gottesfinsternis«, von der Martin Buber spricht, die Entfernung und das Schweigen Gottes, die einige zeitgenössische Theologen quälen, sind keine modernen Erscheinungen.

Die »Transzendenz« des Höchsten Wesens hat schon immer der Gleichgültigkeit des Menschen ihm gegenüber als Entschuldigung gedient. Selbst wenn man sich seiner noch erinnert, so rechtfertigt die Tatsache, daß Gott *so fern* ist, jede Art von Nachlässigkeit, wenn nicht sogar die totale Gleichgültigkeit. Die Fang aus Äquatorialafrika sagen schlicht, aber sehr mutig:

> »Gott (Nazame) ist oben, der Mensch unten.
> Gott ist Gott, der Mensch ist Mensch.
> Jeder bei sich, jeder in seinem Haus.«[6]

Dies war übrigens auch Giordano Brunos Standpunkt: Gott, »come assoluto, no ha che far con noi« (*Spaccio della bestia trionfante*).

Dennoch ist folgendes anzumerken: es kommt vor, daß man sich des vergessenen oder vernachlässigten Höchsten Wesens erinnert, besonders bei einem schweren Unglück, das vom Himmel kommt (Trockenheit, Sturm, Seuchen usw. – siehe die oben genannten Beispiele). Im allgemeinen ruft man diesen vergessenen Gott als letzte Instanz an, wenn alle Schritte bei den anderen Göttern und Göttinnen vergebens waren. Der Höchste Gott der Oraon ist Dharmesh. In Krisenzeiten opfert man ihm einen weißen Hahn und ruft: »Wir haben alles versucht, aber wir haben noch Dich zu unserer Hilfe ... O Gott! Du bist unser Schöpfer. Hab Mitleid mit uns!«[7] Ebenso entfernten sich die Hebräer von Jahwe und näherten sich den Baalen und Astarten, immer wenn die *Geschichte* es ihnen erlaubte, immer wenn sie eine Epoche relativen Friedens und Wohlstands erlebten, doch die historischen Katastrophen brachten sie gewaltsam zu Gott zurück: »Da schrien sie zum Herrn und sagten: Wir haben gesündigt; denn wir haben den Herrn verlassen und den Baalen und Astarten gedient. Befrei uns jetzt aus der Gewalt unserer Feinde; wir wollen wieder dir dienen« (1. *Samuel*, 12, 10).

Aber auch wenn der höchste Gott völlig aus dem Kultus verschwunden und »vergessen« ist, lebt die Erinnerung an ihn weiter, verdeckt und abgesunken in den Mythen und Märchen vom ursprünglichen Paradies, in den Initiationen und Erzählungen der Schamanen und der Medizinmänner, im religiösen Symbolismus (in den Symbolen des Weltzentrums, des magischen Flugs und der Auffahrt, den Symbolen des Himmels und des Lichts usw.) sowie in einigen kosmogonischen Mythen. Es wäre viel zu sagen über das Problem des Vergessens eines Höchsten Wesens auf der »bewußten« Ebene des kollektiven religiösen Lebens und seines maskierten Überlebens auf der Ebene des »Unbewußten«, oder auf der Ebene des Symbols, oder schließlich in den ekstatischen Erfahrungen einiger Privilegierter. Doch die Erörterung dieses Problems würde uns zu weit von unserem Vorhaben abbringen. Merken wir lediglich an, daß das Überleben eines Höchsten Wesens in Symbolen oder in individuellen ekstatischen Erfahrungen nicht ohne Folgen für die religiöse Geschichte der archaischen Menschheit bleibt. Zuweilen genügt eine derartige Erfahrung oder die Erfahrung der anhaltenden Meditation über eines der Himmelssymbole, damit eine starke religiöse Persönlichkeit das Höchste Wesen wiederentdeckt. Dank solchen Erfahrungen oder Reflexionen erneuert in manchen Fällen die ganze Gemeinschaft ihr religiöses Leben von Grund auf.

Kurz, für alle diese primitiven Kulturen, die ein Höchstes Wesen gekannt, es jedoch mehr oder weniger vergessen haben, besteht das »Wesentliche« in folgenden charakteristischen Elementen: 1. Gott hat die Welt und den Menschen geschaffen und sich dann in den Himmel zurückgezogen; 2. die Entfernung geht zuweilen mit einer Unterbrechung der Kommunikation zwischen Himmel und Erde oder mit der beträchtlichen Entfernung des Himmels einher; in einigen Mythen bilden die anfängliche Nähe des Himmels und die Gegenwart Gottes auf der Erde ein paradiesisches Syndrom (zu dem die ursprüngliche Unsterblichkeit des Menschen, seine freundschaftlichen Beziehungen zu den Tieren und die fehlende Notwendigkeit zur Arbeit hinzukommt); 3. der Platz dieses mehr oder weniger vergessenen *deus otiosus* ist

von diversen Gottheiten eingenommen worden, deren gemeinsames Merkmal darin besteht, daß sie den Menschen näher sind und ihnen unmittelbarer und hartnäckiger helfen oder zusetzen.
Es ist bemerkenswert, daß der Mensch der archaischen Gesellschaften, der im allgemeinen sehr darauf bedacht ist, die Taten der übernatürlichen Wesen nicht zu vergessen, die ihm die Mythen erzählen, den zum *deus otiosus* gewordenen Schöpfergott vergessen hat. Der Schöpfer lebt nur dann im Kultus fort, wenn er sich in Gestalt eines Demiurgen oder eines übernatürlichen Wesens zeigt, das die vertraute Landschaft (die »Welt«) geformt hat; das ist in Australien der Fall. Anläßlich der Welterneuerungszeremonien wird dieses übernatürliche Wesen rituell vergegenwärtigt. Der Grund dafür ist einsehbar: hier ist der »Schöpfer« auch der Urheber der Nahrung. Er hat nicht nur die Welt und die Vorfahren geschaffen, sondern auch die Tiere und die Pflanzen, die es den Menschen ermöglichen, zu leben.[8]

Die ermordete Gottheit

Neben den höchsten Göttern und Schöpfern, die zu *dei otiosi* werden und sich verdunkeln, kennt die Religionsgeschichte auch Götter, die deshalb von der Erdoberfläche verschwinden, weil die Menschen (genauer die mythischen Vorfahren) sie getötet haben. Im Gegensatz zum »Tod« des *deus otiosus*, der nur eine Leere hinterläßt, die von anderen religiösen Gestalten schnell gefüllt wird, ist der gewaltsame Tod dieser Gottheiten *schöpferisch*. Infolge ihres Todes ereignet sich etwas für das menschliche Dasein sehr Wichtiges. Mehr noch: diese Schöpfung hat teil an der Substanz der ermordeten Gottheit und verlängert damit gleichsam das Dasein. *In illo tempore* ermordet, überlebt die Gottheit in den Riten, durch die der Mord periodisch reaktualisiert wird; in anderen Fällen überlebt sie vor allem in den lebendigen Formen (Tieren,

Pflanzen), die ihrem Körper entsprungen sind. Die ermordete Gottheit wird *niemals* vergessen, auch wenn man bestimmte Details ihres Mythos vergessen kann. Man kann sie um so weniger vergessen, als sie vor allem nach ihrem Tod den Menschen unerläßlich wird. Wir werden in Kürze sehen, daß sie in vielen Fällen im Körper des Menschen selbst gegenwärtig ist, besonders durch die Nahrung, die er verzehrt. Noch besser: der Tod der Gottheit verändert die Seinsweise des Menschen von Grund auf. In einigen Mythen wird auch der Mensch sterblich und sexualisiert. In anderen Mythen inspiriert der Mord das Szenarium eines Initiationsrituals, d. h. der Zeremonie, die den »natürlichen« Menschen (das Kind) in einen kulturellen Menschen verwandelt.
Die Morphologie dieser Gottheit ist sehr reich, und ihre Mythen sind zahlreich. Dennoch haben sie einige wichtige gemeinsame Züge: diese Gottheiten *sind keine kosmogonischen Gottheiten*; sie sind *nach* der Schöpfung auf der Erde erschienen und haben nicht lange auf ihr geweilt; obwohl von den Menschen ermordet, haben sie sich nicht gerächt und hegen nicht einmal Groll gegenüber den Mördern; im Gegenteil, sie haben ihnen gezeigt, aus ihrem Tod Nutzen zu ziehen. Die Existenz dieser Gottheiten ist geheimnisvoll und dramatisch zugleich. Meist kennt man ihren Ursprung nicht: man weiß nur, daß sie auf die Erde gekommen sind, um den Menschen nützlich zu sein, und daß ihr Hauptwerk unmittelbar von ihrem gewaltsamen Tod herrührt. Man kann auch sagen, daß diese Gottheiten die ersten sind, deren Geschichte die menschliche Geschichte antizipiert: einerseits ist ihre Existenz zeitlich begrenzt; andererseits ist ihr tragischer Tod konstitutiv für die menschliche Verfassung.
Beim augenblicklichen Stand der Forschung läßt sich kaum näher angeben, auf welcher Kulturstufe sich dieser Typus von Gottheiten deutlich artikuliert hat. Wie Jensen zeigte und wie wir gleich sehen werden, sind die spezifischsten Beispiele bei den frühen Pflanzern anzutreffen, d. h. bei den Knollenfruchtpflanzern. Doch ist diese Art Gottheit auch in Austra-

lien und, wie es scheint sehr selten, bei den afrikanischen Jägern bezeugt. Hier ein australischer Mythos: »Ein anthropomorpher Riese, Lumaluma, der gleichzeitig ein Walfisch war, kam von der Küste und fraß auf seinem Weg gen Westen alle Menschen, denen er begegnete. Die Überlebenden fragten sich, warum ihre Zahl sich verringerte. Sie legten sich auf die Lauer und entdeckten den Walfisch am Strand mit vollem Bauch. Nachdem sie Alarm geschlagen hatten, versammelten sie sich und griffen am nächsten Morgen den Walfisch mit Lanzen an. Sie öffneten ihm den Bauch und zogen die Skelette heraus. Der Walfisch sagte zu ihnen: ›Tötet mich nicht, vor meinem Tod will ich euch alle Initiationsrituale zeigen, die ich kenne.‹ Der Walfisch vollzog das *ma'raiin*-Ritual und zeigte den Menschen, wie man tanzen muß, und alles andere. ›Wir machen dies‹, sagte er zu ihnen, ›und ihr macht jenes: das alles gebe ich euch, und ich zeige euch das alles.‹ Nachdem der Walfisch ihnen das *ma'raiin*-Ritual beigebracht hatte, zeigte er ihnen andere. Schließlich zog er sich ins Meer zurück und sagte zu ihnen: ›Nennt mich nicht mehr Lumaluma, ich ändere meinen Namen. Ihr sollt mich *nauwulnauwul* nennen, weil ich jetzt im Salzwasser leben werde.‹«[9]
Der anthropomorphe Walfisch-Riese verschlang die Menschen, um sie zu initiieren. Die Menschen wußten es nicht, und sie haben ihn getötet, aber bevor er »starb« (d. h. bevor er sich endgültig in einen Walfisch verwandelte), offenbarte Lumaluma ihnen die Initiationsrituale. Diese Rituale symbolisieren nun aber mehr oder weniger deutlich einen Tod, dem eine Auferstehung folgt.
Bei den australischen Karadjeri haben die beiden Bagadjimbiri-Brüder ein ähnliches Schicksal gehabt. In der »Zeit der Träume« entstiegen sie dem Erdboden in Gestalt von Dingos, wurden dann aber zu zwei Riesenmenschen. Sie haben die Landschaft verändert und die Karadjeri zivilisiert, indem sie ihnen unter anderem die Initiationsrituale enthüllten. Doch ein Mensch (ein mythischer Ahne) tötete sie mit einer Lanze. Durch die Milch ihrer Mutter auferstanden, verwandelten

sich die Bagadjimbiri in Wasserschlangen, während ihre Geister sich in den Himmel erhoben und zu dem wurden, was die Europäer Magellansche Wolken nennen. Seither verhalten sich die Karadjeri genau wie die beiden mythischen Brüder und ahmen alles genaustens nach, was diese ihren Vorfahren offenbart haben, an erster Stelle die Initiationszeremonien.[10]

Bei dem nun folgenden afrikanischen Beispiel handelt es sich um eine Geheimgesellschaft der Mandja und der Banda, aber es besteht Anlaß zu der Vermutung, daß das gleiche Szenarium auch auf archaischeren Kulturstufen bezeugt ist. Die Gesellschaft heißt Ngakola, und die Initiationsrituale reaktualisieren folgenden Mythos: Ngakola lebte einst auf der Erde. Sein Körper war sehr dunkel und mit langen Haaren bedeckt. Niemand wußte, woher er kam, aber er lebte im Busch. Er hatte die Macht, einen Menschen zu töten und ihm danach neues Leben einzuhauchen. Er sprach zu den Menschen: »Schickt Leute zu mir, ich werde sie essen und sie als Erneuerte wieder erbrechen!« Man befolgte seinen Rat; doch da Ngakola nur die Hälfte derer, die er verschlungen hatte, wieder von sich gab, beschlossen die Menschen, sich zu rächen: sie gaben ihm »große Mengen von Maniok, in den Steine gemischt waren, zu essen, wodurch es gelang, den Unhold so zu schwächen, daß man ihn mit Messer- und Speerstichen umbringen konnte«. Dieser Mythos ist Grundlage und Rechtfertigung der Rituale des Geheimbundes. In den Initiationsritualen spielt ein heiliger flacher Stein eine besondere Rolle: nach der Überlieferung ist er aus Ngakolas Bauch herausgeholt worden. Der Neophyt wird in eine Hütte geführt, die den Leib des Ungeheuers symbolisiert. Dort vernimmt er Ngakolas schaurige Stimme, dort wird er ausgepeitscht und gemartert; denn man sagt ihm, daß »er jetzt in Ngakolas Bauch« eingegangen sei und nunmehr verdaut werde. Die anderen Eingeweihten singen im Chor: »Ngakola, nimm unsere Eingeweide für alle; Ngakola, nimm unsere Leber für alle!« Nach weiteren Prüfungen verkündet schließlich der Initiationsmeister, daß Ngakola, der den Neophyten verzehrte, ihn wieder von sich gegeben habe.[11]

Wie wir schon sagten, ähneln dieser Mythos und dieses Ritual anderen afrikanischen Initiationen archaischen Typs. In der Tat lassen sich die afrikanischen Pubertätsriten, die die Beschneidung enthalten, auf folgende Elemente zurückführen: die Initiationsmeister verkörpern die göttlichen wilden Tiere und »töten« die Novizen durch Beschneidung; dieser Initiationsmord gründet auf einem Mythos, in dem ein Untier auftritt, das die Menschen tötete, um sie »verwandelt« wiederzuerwecken; das Tier war dann schließlich selbst erschlagen worden, und dieses mythische Ereignis wird durch die Beschneidung der Novizen rituell wiederholt; von dem wilden Tier (das der Initiationsmeister darstellt) »getötet«, erwacht der Novize dann zu neuem Leben, indem er dessen Haut anlegt.[12]
Das mythisch-rituelle Thema läßt sich wie folgt restituieren: »1. Ein übernatürliches Wesen tötet die Menschen (um sie zu initiieren); 2. da die Menschen den Sinn dieses Initiationstodes nicht verstehen, rächen sie sich, indem sie es töten; aber sie begründen dann Geheimzeremonien, die mit dem Urdrama in Zusammenhang stehen; 3. das übernatürliche Wesen wird in diesen Zeremonien durch ein Bild oder einen heiligen Gegenstand vergegenwärtigt, die seinen Körper oder seine Stimme darstellen sollen.«[13]

Hainuwele und die Dema

Die Mythen dieser Kategorie sind dadurch gekennzeichnet, daß der Urmord an einem übernatürlichen Wesen Initiationsriten entstehen ließ, dank denen die Menschen zu einer höheren Existenz gelangen. Bemerkenswert ist außerdem, daß dieser Mord nicht als Verbrechen gilt; sonst wäre er nicht in den Ritualen periodisch reaktualisiert worden. Dies geht noch deutlicher aus der Untersuchung des spezifischen mythisch-rituellen Komplexes der frühen Pflanzer hervor. Ad. E. Jensen hat gezeigt, daß das religiöse Leben der Knol-

lenfruchtpflanzer der tropischen Gebiete um Gottheiten kreist, die er *dema*-Gottheiten nennt, wobei er den Terminus *dema* den Marind-anim aus Neuguinea entlehnt. Mit diesem Wort bezeichnen die Marind-anim die göttlichen Schöpfer und die Urwesen, die in den mythischen Zeiten existierten. Die *dema* werden bald in menschlicher Gestalt, bald in der Gestalt von Tieren oder Pflanzen beschrieben. Der zentrale Mythos erzählt von der Tötung der *dema*-Gottheit durch die *dema*.[14] Berühmt ist vor allem der Mythos von dem jungen Mädchen Hainuwele, den Jensen auf Ceram, einer der Inseln Neuguineas aufgezeichnet hat. Hier die Zusammenfassung: In den mythischen Zeiten stieß ein Mann namens Ameta während der Jagd auf ein Wildschwein. Als es zu entkommen versuchte, ertrank das Schwein in einem Teich. An seinem Hauer fand Ameta eine Kokosnuß. In der Nacht träumte er von der Nuß und erhielt den Befehl, sie in die Erde zu pflanzen, was er am nächsten Morgen tat. Nach drei Tagen wuchs eine Kokospalme, und nach drei weiteren Tagen trug sie Blüten. Ameta kletterte hinauf, um die Blüten zu schneiden, aus denen er sich ein Getränk bereiten wollte. Aber er schnitt sich dabei in den Finger, und es tropfte Blut auf die Palmblüte. Nach neun Tagen sah er, daß ein kleines Mädchen auf der Blüte war. Ameta nahm es ab und wickelte es in Kokospalmblätter. Schon nach drei Tagen war es eine heiratsfähige junge Frau, und er nannte sie Hainuwele (»Kokospalmzweig«). Bei dem großen Maro-Fest stand Hainuwele in der Mitte des Tanzplatzes und reichte den Tänzern neun Nächte lang Geschenke. Doch am neunten Tag gruben die Männer ein tiefes Loch auf dem Platz, und während des Tanzes warfen sie Hainuwele hinein. Man schüttete Erde auf sie, und die Männer stampften die Erde fest.
Am nächsten Tag, als Hainuwele nicht nach Hause kam, wußte Ameta, daß sie ermordet worden war. Er fand ihren Leichnam, grub ihn aus und zerschnitt ihn in viele Stücke, die er in dem ganzen Gebiet vergrub, mit Ausnahme der Arme. Die vergrabenen Leichenteile verwandelten sich in bisher

unbekannte Pflanzen, vor allem in Knollenfrüchte, von denen die Menschen seitdem hauptsächlich leben. Ameta trug Hainuweles Arme zu Satene, einer anderen *dema*-Gottheit. An einem Tanzplatz baute Satene eine neunfache Spirale und stellte sie in die Mitte. Aus Hainuweles Armen machte sie ein Tor, versammelte alle Tänzer und sagte zu ihnen: »Ich will nicht mehr hier leben, weil ihr getötet habt. Ich werde heute nacht von euch gehen. Jetzt müßt ihr alle durch dieses Tor hindurch zu mir kommen.« Wer durch das Tor kam, blieb Mensch. Die anderen wurden Tiere (Schweine, Vögel, Fische) oder Geister. Satene sagte, daß die Menschen sie erst nach dem Tod wiedersehen würden, und sie verschwand von der Erde.[15]

Ad. E. Jensen hat auf die Bedeutung dieses Mythos zum Verständnis der Religion und des Weltbildes der frühen Pflanzer hingewiesen. Die Ermordung einer *dema*-Gottheit durch die *dema*-Vorfahren der gegenwärtigen Menschheit setzt einer Epoche ein Ende (die man nicht als »paradiesisch« bezeichnen kann) und leitet die Epoche ein, in der wir heute leben. Die *dema* wurden Menschen, d.h. sexualisierte und sterbliche Wesen. Was die ermordete *dema*-Gottheit betrifft, so lebt sie sowohl in ihren eigenen »Schöpfungen« (Nahrungspflanzen, Tieren usw.) als auch im Haus der Toten fort, in das sie sich verwandelt, oder in der »Seinsweise des Todes«, die sie durch ihren eigenen Tod gegründet hat. Man könnte sagen, daß die *dema*-Gottheit ihre Existenz in den verschiedenen Erscheinungsweisen »verbirgt«, die sie durch ihren gewaltsamen Tod eingeführt hat: im unterirdischen Reich der Toten, in den ihrem zerstückelten Körper entsprungenen Pflanzen und Tieren, in der Sexualität, in der neuen Form, auf der Erde zu existieren (d.h. sterblich zu sein). Der gewaltsame Tod der *dema*-Gottheit ist nicht nur ein »schöpferischer« Tod, sondern auch ein Mittel, im Leben, ja selbst im Tod der Menschen stets gegenwärtig zu sein. Denn indem man sich von den Pflanzen und Tieren ernährt, die dem eigenen Körper entsprungen sind, ernährt man sich in Wahrheit von der Substanz der *dema*-Gottheit selbst. Hainuwele zum Beispiel überlebt in den Kokosnüssen, in den Knollenfrüchten und in den Schweinen, die die Menschen essen. Aber wie Jensen deutlich gezeigt hat[16], ist das Töten des Schweins eine »Darstellung« des Mordes an Hainuwele. Und seine Wiederholung bedeutet nichts anderes, als sich stets von neuem an jenes göttliche Geschehen zu erinnern, von dem sich alles ableitet, was heute auf Erden ist.

Für die frühen Pflanzer konzentriert sich das »Wesentliche« also auf diesen urzeitlichen Mord. Und da das religiöse Leben in der Erinnerung dieses Akts besteht, ist die schwerste Sünde das »Vergessen« irgendeiner Episode des urzeitlichen göttlichen Dramas. Die verschiedenen Momente des religiösen Lebens rufen ständig das Ereignis in Erinnerung, das *in illo tempore* stattgefunden hat, und helfen dadurch den Menschen, das Bewußtsein des göttlichen Ursprungs der heutigen Welt zu bewahren. Wie Jensen schreibt[17], deuten die *Reifezeremonien* darauf, daß die Zeugungsfähigkeit der Menschen in Verbindung mit dem ersten mythischen Tötungsakt entstand, aber auch darauf, daß die Sterblichkeit damit untrennbar verbunden ist. Die Totenzeremonien, die sich auf die Reise der Verstorbenen ins Totenreich beziehen, erinnern daran, daß diese Reise nur eine Wiederholung der ersten Totenreise der *dema*-Gottheit ist. Aber das wesentliche Element ist die stete Wiederholung der Tötung selbst. *Menschen*- und *Tieropfer* sind nichts anderes als die festliche Erinnerung an den Urmord. Auch der *Kannibalismus* erklärt sich durch dieselbe Idee, die dem Essen der Knollenfrüchte zugrundeliegt, nämlich daß man auf die eine oder andere Weise immer die Gottheit ißt.

Die religiösen Zeremonien sind folglich Erinnerungsfeste. »Wissen« heißt, den zentralen Mythos lernen (den Mord an der Gottheit und seine Folgen) und sich bemühen, ihn nicht mehr zu vergessen. Das »Vergehen«, die »Sünde«, der »Frevel« besteht darin, sich nicht »erinnert zu haben«, daß die gegenwärtige Form der menschlichen Existenz auf ein göttliches Geschehen zurückgeht. Beispielsweise ist bei den Wemale der Mond eine *dema*-Gottheit; da sie ihre Menstruation während der Neumondzeit hat und drei Nächte lang unsichtbar bleibt, werden die menstruierenden Frauen in gesonderten Hütten isoliert. Jede Verletzung dieser Vorschrift zieht eine Sühnezeremonie nach sich. Die Frau bringt ein Tier zum Versammlungshaus, wo sich die einflußreichen Männer aufhalten, bekennt sich schuldig und entfernt sich wieder. Die Männer töten, rösten und verspeisen das Opfertier. Dieses Tötungsritual ist eine festlich gestaltete Erinnerung an das erste Blutopfer, d. h. den urzeitlichen Mord. »*Sich nicht erinnert haben* als menschliches Vergehen, als Frevel, wird sinnvoll dadurch gesühnt, das man sich *in besonderem Maße erinnert*. Eine solche besonders eindringliche ›Erinnerung‹ aber ist seinem ursprünglichen Sinne nach das blutige Opfer.«[18]

Nicht mehr »Ontologie«, sondern »Geschichte«

Der Struktur nach sind alle diese Mythen Ursprungsmythen. Sie offenbaren uns den Ursprung der gegenwärtigen Verfassung des Menschen, der Nutzpflanzen und der Tiere, des Todes, der religiösen Einrichtungen (Pubertätsweihen, Geheimgesellschaften, Blutopfer usw.) sowie der Regeln des menschlichen Verhaltens. Für alle diese Religionen ist das »Wesentliche« nicht bei der Schöpfung der Welt, sondern später, zu einem bestimmten Zeitpunkt der mythischen Epoche entschieden worden. Es handelt sich zwar immer noch um eine mythische Zeit, aber nicht mehr um die »erste« Zeit, die man die »kosmogonische« Zeit nennen kann. Das »Wesentliche« hängt nicht mehr mit einer *Ontologie* zusammen (wie die Welt – das *Reale* – zum Sein gekommen ist), sondern mit einer *Geschichte*. Einer sowohl göttlichen wie menschlichen Geschichte, weil sie das Ergebnis eines Dramas ist, das die Vorfahren der Menschen sowie übernatürliche

Wesen von anderer Art als die allmächtigen und unsterblichen Schöpfergötter gespielt haben. Diese göttlichen Wesen können ihre Beschaffenheit verändern; sie »sterben« und verwandeln sich in etwas anderes, aber dieser »Tod« ist keine Vernichtung, sie gehen nicht endgültig unter, sondern überleben in ihren Schöpfungen. Mehr noch: ihr Tod durch die Hand der mythischen Vorfahren hat nicht nur ihre Seinsweise, sondern auch die der Menschen modifiziert. Seit dem Urmord hat sich eine unlösbare Verbindung zwischen den göttlichen Wesen vom *dema*-Typ und den Menschen hergestellt. Es besteht nun eine Art »Kommunion« zwischen ihnen: der Mensch nährt sich von dem Gott, und sterbend trifft er ihn im Reich der Toten wieder.

Das sind die ersten pathetischen und tragischen Mythen. In den nachfolgenden Kulturen – der sogenannten »Herrenkultur« und später in den Stadtkulturen des antiken Nahen Ostens – entwickelten sich andere pathetische und gewaltsame Mythologien. Sie alle zu untersuchen, würde den Rahmen dieser kleinen Schrift sprengen. Erinnern wir jedoch daran, daß das höchste himmlische und schöpferische Wesen seine religiöse Tätigkeit lediglich in einigen Hirtenkulturen wiedererhält (besonders bei den Turko-Mongolen) sowie im Monotheismus Moses, in der Reform Zarathustras und im Islam. Doch auch wenn man sich seines Namens noch erinnert – Anu der Mesopotamier, El der Kanaaniter, Dyaus der vedischen Inder, Uranos der Griechen –, spielt das Höchste Wesen im religiösen Leben keine wichtige Rolle mehr und ist in der Mythologie kaum vertreten (und fehlt manchmal ganz, z. B. Dyaus). Die »Passivität« und Entfernung des Uranos wird auf plastische Weise durch seine Kastration ausgedrückt: er ist »ohnmächtig« geworden und unfähig, in die Welt einzugreifen. Im vedischen Indien hat Varuna den Platz von Dyaus eingenommen, aber auch er weicht einem jungen und kriegerischen Gott, Indra, bevor er völlig hinter Vishnu und Shiva zurücktritt. El überläßt Ba'al den Vorrang, so wie Anu Marduk. Mit Ausnahme Marduks sind alle höchsten

Götter keine »Schöpfer« in der starken Bedeutung des Wortes mehr. Sie haben die Welt nicht geschaffen, sie haben sie nur organisiert, und sie haben die Verantwortung übernommen, ihre Ordnung und Fruchtbarkeit zu erhalten. In erster Linie sind sie Befruchter, so Zeus oder Ba'al, die durch ihre Hierogamien mit den Göttinnen der Erde für die Fruchtbarkeit der Felder und den Reichtum der Ernten sorgen.[19] Marduk selbst ist nur der Schöpfer *dieser* Welt, des Universums, wie es heute besteht. Eine andere »Welt« – für uns fast undenkbar, da flüssiger Natur, ein Ozean und kein Kosmos – existierte vor ihr: es war die Welt, über die Tiamat und ihr Gatte herrschten und die von drei Göttergenerationen bewohnt war.

Diese kurzen Hinweise mögen genügen. Hervorzuheben ist, daß die großen Mythologien des euro-asiatischen Polytheismus, die den ersten historischen Zivilisationen entsprechen, sich mehr und mehr für das interessieren, was sich nach der Erschaffung der Erde und sogar erst nach der Erschaffung (oder dem Auftauchen) des Menschen zugetragen hat. Der Akzent liegt jetzt auf dem, was den Göttern *widerfahren ist*, und nicht mehr auf dem, was sie *geschaffen* haben. Gewiß hat jedes göttliche Abenteuer noch immer einen mehr oder weniger deutlichen »schöpferischen« Aspekt; doch immer wichtiger wird nicht das Resultat dieses Abenteuers, sondern die Reihe der dramatischen Ereignisse, aus denen es besteht. Die zahllosen Abenteuer Ba'als, Zeus', Indras – oder die ihrer Kollegen in den jeweiligen Götterhimmeln – sind die »volkstümlichen« mythologischen Themen.

Erwähnen wir noch die pathetischen Mythen der jungen Götter, die durch Mord oder Unfall umkommen (Osiris, Tammuz, Attis, Adonis usw.) und manchmal auferstehen, oder die Mythen einer Göttin, die in die Hölle hinabsteigt (Ishtar), oder eines göttlichen Mädchens, das hinabzusteigen gezwungen wird (Persephone). Diese »Tode« sind, wie der Tod Hainuweles, insofern »schöpferisch«, als sie in einer bestimmten Beziehung zur Vegetation stehen. Um einen dieser gewaltsamen Tode oder um den Abstieg einer Gottheit in

die Hölle bilden sich später die Mysterien-Religionen. Aber diese Tode haben, wiewohl pathetisch, keine reichen und mannigfaltigen Mythologien hervorgerufen. Wie Hainuwele haben diese Götter, die sterben und (manchmal) auferstehen, ihr dramatisches Schicksal in dieser zentralen Episode ausgeschöpft. Und wie bei Hainuwele ist ihr Tod signifikant für die menschliche Verfassung: infolge dieses tragischen Ereignisses sind Zeremonien entstanden, Zeremonien in Verbindung mit der Vegetation (Osiris, Tammuz, Persephone usw.) oder Einweihungsinstitutionen (Mysterien).
Die großen Mythologien – jene, die von Dichtern wie Homer und Hesiod und von den anonymen Barden des *Mahâbhârata* geheiligt oder von den Ritualisten und Theologen (Ägyptens, Indiens und Mesopotamiens) erarbeitet wurden – werden immer stärker durch die Erzählung der göttlichen *gesta* angereichert. Und in einem bestimmten Augenblick der Geschichte – vor allem in Griechenland und in Indien, aber auch in Ägypten – beginnt eine Elite das Interesse an dieser *göttlichen Geschichte* zu verlieren, bis sie schließlich (wie in Griechenland) nicht mehr an die Mythen glaubt, auch wenn sie behauptet, noch an die *Götter* zu glauben.

Der Beginn der »Entmythisierung«

Es ist das erste in der Religionsgeschichte bekannte Beispiel eines bewußten und ausgeprägten »Entmythisierungs«prozesses. Zwar kam es auch in den archaischen Kulturen vor, daß ein Mythos seiner religiösen Bedeutung entleert wurde und zur Legende oder zum Kindermärchen herabsank, doch andere Mythen behielten weiterhin ihre Kraft. Jedenfalls ging es nicht wie im Griechenland der Vorsokratiker und im Indien der *Upanischaden* um ein kulturelles Phänomen ersten Ranges, dessen Folgen sich als unübersehbar erwiesen. Denn nach diesem »Entmythisierungs«prozeß konnten die griechische und die brahmanische Mythologie für die jeweiligen

Eliten nicht mehr das repräsentieren, was sie für ihre Vorfahren repräsentiert hatten.

Für diese Eliten war das »Wesentliche« nicht mehr in der Geschichte der Götter zu suchen, sondern in einer »urzeitlichen Situation«, die dieser Geschichte vorausging. Wir haben es hier mit dem Bemühen zu tun, die Mythologie als göttliche Geschichte zu überschreiten und zur Urquelle zu gelangen, der das Reale entsprungen war, um die Mutter allen Seins zu erkennen. Indem die philosophische Spekulation nach der Quelle, dem Prinzip, der *arche* suchte, hat sie für kurze Zeit die Kosmogonie wiedergefunden; es war nicht mehr der kosmogonische Mythos, sondern ein ontologisches Problem.

Man gelangt zum »Wesentlichen« also durch eine wunderbare Rückkehr zum Gewesenen: nicht mehr durch einen *regressus* mit Hilfe ritueller Mittel, sondern durch ein »Rückwärtsgehen« mittels gedanklicher Anstrengung. In diesem Sinne könnte man sagen, daß die ersten philosophischen Spekulationen sich von den Mythologien herleiten; das systematische Denken bemüht sich, den »absoluten Anfang«, von dem die Kosmogonien sprechen, zu erkennen und zu verstehen, das Geheimnis der Weltschöpfung, also der Entstehung des Seins zu ergründen.

Aber wir werden sehen, daß die »Entmythisierung« der griechischen Religion und, mit Sokrates und Platon, der Sieg der strengen und systematischen Philosophie das mythische Denken nicht endgültig beseitigt haben. Zudem ist es schwierig, die radikale Überschreitung des mythischen Denkens zu konzipieren, solange das Prestige der »Ursprünge« intakt bleibt und das *Vergessen* dessen, was sich *in illo tempore* – oder in einer transzendentalen Welt – ereignet hat, als Haupthindernis für die Erkenntnis oder das Heil angesehen wird. Wir werden noch sehen, wie stark Platon dieser archaischen Denkweise verhaftet bleibt. Und auch in der Kosmologie des Aristoteles überleben noch ehrwürdige mythologische Themen.

Sehr wahrscheinlich wäre der griechische Geist außerstande gewesen, das mythische Denken aus eigener Kraft auszutreiben, selbst wenn der letzte Gott entthront worden und seine Mythen auf das Niveau von Kindermärchen abgesunken wären. Denn einerseits akzeptierte der philosophische Geist der Griechen den Kern des mythischen Denkens, die ewige Wiederkehr der Dinge, die zyklische Auffassung des kosmischen und des menschlichen Lebens, und andererseits glaubte er nicht, daß die Geschichte Gegenstand der Erkenntnis werden könne. Die griechische Physik und Metaphysik haben einige Themen entwickelt, die für das mythische Denken konstitutiv sind: die Bedeutung des Ursprungs, der *arche*; das Wesentliche, das der menschlichen Existenz vorausgeht; die entscheidende Rolle des Gedächtnisses, usw. Das soll natürlich nicht heißen, daß zwischen dem griechischen Mythos und der Philosophie kein Bruch besteht. Aber es läßt sich leicht verstehen, daß das philosophische Denken die mythische Sicht der kosmischen Realität und der menschlichen Existenz benutzen und fortsetzen konnte.
Erst mit der Entdeckung der Geschichte, genauer mit dem Erwachen des historischen Bewußtseins im jüdischen Christentum und seiner höchsten Entfaltung bei Hegel und seinen Nachfolgern, erst durch die radikale Assimilierung dieser neuen Weise des In-der-Welt-Seins, die die menschliche Existenz darstellt, konnte der Mythos überwunden werden. Aber man zögert zu behaupten, daß das mythische Denken überwunden worden ist. Wie wir bald sehen werden, ist es ihm gelungen, zu überleben, wenn auch von Grund auf verändert (ja sogar gänzlich vermummt). Und das Pikanteste dabei ist, daß es vor allem in der Geschichtsschreibung überlebt.

KAPITEL VII
MYTHOLOGIE DES GEDÄCHTNISSES UND DES VERGESSENS

Wenn ein Yogin sich in eine Königin verliebt...

Matsyendranâth und Gorakhnât zählen zu den populärsten Yogi-Meistern des indischen Mittelalters. Um ihre magischen Großtaten rankt sich eine sehr reiche epische Literatur. Eine der zentralen Episoden dieser mythologischen Folklore ist der Gedächtnisschwund Matsyendranâths. Nach einer der bekanntesten Versionen verliebte sich dieser Yogin, als er in Ceylon weilte, in die Königin, richtete sich in ihrem Palast ein und vergaß seine Identität. Nach einer nepalesischen Variante erlag Matsyendranâth der Versuchung unter folgenden Umständen: während sein Körper unter der Obhut seines Schülers blieb, drang sein Geist in den Leichnam des Königs ein, der soeben gestorben war, und belebte ihn wieder. Es ist das bekannte yogische Wunder des »Übergangs in den Körper eines anderen«; die Heiligen benützen zuweilen dieses Mittel, um die Wollust kennenzulernen, ohne sich zu beflecken. Im *Goraksha-Vijaya* schließlich geriet Matsyendranâth in Gefangenschaft der Frauen von Kadalî.

Als Gorakhnâth erfährt, daß sich Matsyendranâth in Gefangenschaft befindet, begreift er, daß sein Meister dem Tod geweiht ist. Er steigt nun in das Reich Yamas hinab, prüft das Buch der Schicksale, findet das Blatt, das sich auf das Schicksal seines *guru* bezieht, retouchiert es und tilgt seinen Namen von der Liste der Toten. »Dann zeigt er sich in Kadalî in Gestalt einer Tänzerin vor Matsyendranâth und beginnt zu tanzen, indem er rätselhafte Lieder singt. Allmählich erinnert sich Matsyendranâth seiner wahren Identität und begreift, daß der ›Weg des Fleisches‹ zum Tode führt, daß sein ›Vergessen‹ im Grunde ein Vergessen seiner wahren unsterblichen Natur gewesen ist und daß die ›Zauber von Kadalî‹ die Trugbilder des profanen Lebens darstellen.«[1] Gorakhnâth drängt ihn, wieder den Weg des Yoga einzuschlagen und durch das *kâya-sâdhana* seinen Körper »vollkommen« zu machen. Er erklärt ihm, daß Durgâ es war, der das »Vergessen« hervorgerufen hat, das ihn beinahe seine Unsterblichkeit gekostet hätte. Dieser Zauber symbolisiert, wie Gorakhnâth hinzufügt, den ewigen Fluch der Unwissenheit, den die »Natur« (= Durgâ) auf den Menschen wirft.[2]

Dieses mythische Thema läßt sich auf folgende Elemente zurückführen: 1. ein geistiger Lehrer verliebt sich in eine Königin oder wird von den Frauen gefangengenommen; 2. in beiden Fällen hat eine körperliche Liebe augenblicklich den Gedächtnisverlust des Lehrers zur Folge; 3. sein Schüler findet ihn wieder und hilft ihm durch verschiedene Symbole (Tänze, Geheimzeichen, rätselhafte Sprache), das Gedächtnis wiederzuerlangen, d. h. das Wissen um seine Identität; 4. das »Vergessen« des Lehrers wird dem Tod gleichgesetzt, und umgekehrt erscheint das »Erwachen«, die *anamnesis*, als eine Bedingung der Unsterblichkeit.

Das Hauptmotiv – die durch ein Eintauchen ins Leben hervorgerufene Amnesie oder Gefangenschaft sowie die durch die Zeichen und rätselhaften Worte eines Schülers bewirkte *anamnesis* – erinnert in gewissem Maße an den berühmten gnostischen Mythos vom »erlösten Erlöser«, wie ihn das *Perlenlied* zeigt. Weiter unten werden wir sehen, daß es noch weitere Analogien zwischen einigen Aspekten des indischen Denkens und dem Gnostizismus gibt. Aber es ist gar nicht nötig, im vorliegenden Fall einen gnostischen Einfluß zu vermuten. Matsyendranâths Gefangenschaft und Vergessen sind ein panindisches Motiv. Beide Mißgeschicke bringen auf plastische Weise den Fall des Geistes (des Selbst; *âtman, purusha*) im Kreislauf der Existenzen und folglich den Verlust des Selbstbewußtseins zum Ausdruck. Die indische Literatur verwendet unterschiedslos die Bilder des Fesselns, des Ankettens, der Gefangenschaft zur Charakterisierung der menschlichen Verfassung; und im Gegensatz dazu die Bilder der

Befreiung von den Banden und des Zerreißens der Schleier (oder des Abnehmens der Binde, die die Augen verdeckte), oder des Gedächtnisses, des Wiedererinnerns, des Erwachens usw., als Ausdruck für die Überwindung (oder die Transzendenz) der menschlichen Verfassung, der Freiheit und der Erlösung (*moksa, mukti, nirvâna* usw.).

Indischer Symbolismus des Vergessens und der Wiedererinnerung

Der *Dîgha-Nikâya* (I, 19-22) behauptet, daß die Götter vom Himmel fallen, wenn »ihr Gedächtnis aussetzt und ihr Gedächnis sich trübt«; diejenigen Götter dagegen, die nicht vergessen, sind unwandelbar, ewig, und ihre Natur kennt keine Veränderung. Das »Vergessen« kommt dem »Schlaf« gleich, aber auch dem Verlust seiner selbst, d. h. der Orientierungslosigkeit, dem »Erblinden« (Augenbinde). In der *Châdogya-Upanishad* (VI, 14, 1-2) ist von einem Mann die Rede, den Räuber mit verbundenen Augen aus seiner Stadt entführt und an einem einsamen Ort zurückgelassen haben. Der Mann ruft: »Ich bin mit verbundenen Augen hierher gebracht worden; ich bin hier zurückgelassen worden mit verbundenen Augen!« Dann nimmt ihm jemand die Binde ab und weist ihm die Richtung in seine Stadt. Indem der Mann in jedem Dorf nach dem Weg fragt, gelingt es ihm, zu seinem Haus zurückzufinden. Ebenso gelingt es dem, der einen kundigen Lehrer hat, so fügt der Text hinzu, sich von den Binden der Unwissenheit zu befreien und schließlich die Vollkommenheit zu erreichen.
Shanakara hat diese Passage der *Chândogya-Upanishad* in einigen berühmt gewordenen Seiten kommentiert. So geschehen die Dinge, erklärt Shanakara, mit dem Mann, der von den Räubern weit weg vom Sein (weit weg vom *âtman-Brahman*) entführt und in der Falle seines Körpers gefangen worden ist. Die Räuber sind die falschen Vorstellungen von »Verdienst, Schuld« und andere. Seine Augen sind mit der Binde der

Illusion zugebunden, und der Mann wird gehemmt durch die Begierde nach seiner Frau, seinem Sohn, seinem Freund, seiner Herde usw. »Ich bin der Sohn dieses oder jenes Mannes, ich bin glücklich oder unglücklich, ich bin klug oder dumm, ich bin fromm, usw. Wie soll ich leben? Wo gibt es einen Fluchtweg? Wo ist mein Heil?« So grübelt er, gefangen in einem monströsen Netz, bis zu dem Augenblick, da er demjenigen begegnet, der sich des wahren Seins bewußt ist (*Brahman-âtman*), von der Sklaverei erlöst, glücklich und zudem voll Zuneigung für die anderen. Er lernt von ihm den Weg der Erkenntnis und die Eitelkeit der Welt. Auf diese Weise wird der Mensch, der Gefangener seiner eigenen Illusionen war, von seiner Abhängigkeit von den irdischen Dingen befreit. Dann erkennt er sein wahres Sein, er begreift, daß er nicht der umherirrende Vagabund ist, der er zu sein wähnte. Im Gegenteil, er versteht, daß das, was das Sein ist, auch er ist. So fällt ihm die Binde der Illusion von den Augen, die die Unwissenheit (*avidyâ*) schuf, und er ist wie der Mann aus Gandhāra, der in sein Haus zurückkehrt, d. h. das *âtman* wiederfindet, voll Freude und Heiterkeit.[3]
Man erkennt die Klischees, mit deren Hilfe die indische Spekulation versucht, die paradoxe Situation des Selbst verständlich zu machen: in die von seiner zeitlichen Existenz geschaffenen und genährten Illusionen verstrickt, leidet das Selbst (*âtman*) unter den Folgen dieser »Unwissenheit« bis zu dem Tag, da es entdeckt, daß es nur *scheinbar* in die Welt verwikkelt war. Sâmkhya und Yoga zeigen eine ähnliche Interpretation: das Selbst (*purusha*) ist nur scheinbar geknechtet, und die Befreiung (*mukti*) ist nur eine *Bewußtwerdung* seiner ewigen Freiheit. »Ich glaube zu leiden, ich glaube geknechtet zu sein, ich sehne mich nach der Befreiung. In dem Augenblick, wo ich – ›erwacht‹ – begreife, daß dieses ›Ich‹ ein Produkt der Materie (*prakrti*) ist, begreife ich auch, daß die Existenz nur eine Kette schmerzvoller Augenblicke gewesen ist und daß der wirkliche Geist ›empfindungslos‹ die Tragödie der ›Persönlichkeit‹ betrachtete.«[4]

Hervorzuheben ist, daß sowohl für den Sâmkhya-Yoga wie für den Vedânta die Befreiung mit einem »Erwachen« oder mit der Bewußtwerdung einer Situation verglichen werden kann, die zwar seit Anbeginn existierte, die man jedoch nicht zu *verwirklichen* vermochte. In gewisser Hinsicht läßt sich die »Unwissenheit« – die in letzter Instanz eine *Unwissenheit seiner selbst* ist – einem »Vergessen« des wahren Selbst (*âtman, purusha*) gleichsetzen. Die »Weisheit« (*jñâya, vidyâ* usw.), die den Schleier der *mâyâ* zerreißt oder die Unwissenheit beseitigt und die damit Befreiung ermöglicht, ist ein »Erwachen«. Der Erwachte *par excellence*, der Buddha, besitzt das absolute Wissen. Wir sahen es bereits in einem vorangegangenen Kapitel: wie andere Weise und Yogins erinnert sich Buddha an seine früheren Existenzen. Aber, so erläutern die buddhistischen Texte, während es den Weisen und Yogins nur gelingt, eine gewisse, wenn auch zuweilen beträchtliche Anzahl von Existenzen zu kennen, war Buddha der einzige, der sie *alle* kannte. Damit ist gesagt, daß nur der Buddha allwissend ist.

»Vergessen« und »Gedächtnis« im antiken Griechenland

»Die Erinnerung ist für die, die vergessen haben«, schrieb Plotin (*Enneaden* 4, 6, 7). Es ist eine Platonische Lehre. »Für den, der vergessen hat, ist die Wiedererinnerung eine Tugend, doch der Vollkommene verliert die Wahrheit niemals aus den Augen und braucht sich ihrer nicht wiederzuerinnern« (*Phaidros* 249 *c*, *d*). Es besteht also ein Unterschied zwischen Gedächtnis (*mneme*) und Erinnerung (*anamnesis*). Die Götter, von denen Buddha im *Dîgha-Nykâya* sprach und die vom Himmel fielen, als ihr Gedächtnis sich trübte, reinkarnieren sich als Menschen. Einige von ihnen übten sich in der Askese und in der Meditation und konnten sich dank ihrer yogischen Disziplin an ihre früheren Existenzen erinnern. Ein vollkommenes Gedächtnis steht also höher als die Fähigkeit, sich zu

erinnern. Auf die eine oder andere Weise beinhaltet die Erinnerung ein »Vergessen«, und das Vergessen kommt, wie wir sahen, in Indien der Unwissenheit, der Knechtschaft (= Gefangenschaft) und dem Tod gleich.
Einer ähnlichen Situation begegnet man in Griechenland. Wir brauchen hier nicht alle Tatsachen vorzustellen, die in den Anschauungen und Spekulationen der Griechen auf das »Vergessen« und die *anamnesis* Bezug haben. Wir wollen lediglich den verschiedenen Veränderungen der »Mythologie des Gedächtnisses und des Vergessens« nachgehen, die, wie wir sahen, in den Gesellschaften der frühen Pflanzer eine entscheidende Rolle gespielt haben. In Indien wie in Griechenland sind Glaubensvorstellungen, die denen der frühen Pflanzer mehr oder weniger analog sind, von den Dichtern, den Denkern und den ersten Philosophen analysiert, neuinterpretiert und umgewertet worden. Wir haben es in Indien und in Griechenland nicht mehr nur mit religiösen Verhaltensweisen und mythologischen Ausdrucksformen zu tun, sondern vor allem mit Anfangsgründen der Psychologie und der Metaphysik. Dennoch besteht Kontinuität zwischen den »volkstümlichen« Vorstellungen und den »philosophischen« Spekulationen. Uns interessiert vor allem diese Kontinuität.
Die Göttin Mnemosyne, Personifizierung des »Gedächtnisses«, Schwester des Kronos und Okeanos, ist die Mutter der Musen. Sie ist allwissend: nach Hesiod (*Theogonie* 32, 38) weiß sie »was ist, was sein wird und was vorher war«. Wenn der Dichter von den Musen besessen ist, trinkt er direkt am Wissen der Mnemosyne, d. h. vor allem an der Kenntnis der »Ursprünge«, der »Anfänge«, der Genealogien. »Denn die Musen besingen, von Anfang an – *ex arkhes* (*Theogonie* 45, 115) –, das Erscheinen der Welt, die Entstehung der Götter, die Geburt der Menschheit. Die so enthüllte Vergangenheit ist mehr als die Vorstufe der Gegenwart: sie ist deren Quelle. Indem die Erinnerung bis zu ihr zurückgeht, versucht sie nicht, die Ereignisse in einen zeitlichen Rahmen zu stellen, sondern zum Grund des Seins zu gelangen, das Ursprüngli-

che zu entdecken, die primordiale Realität, aus der der Kosmos hervorgegangen ist und die es ermöglicht, das Werden in seiner Gesamtheit zu verstehen.«[5]
Dank dem ursprünglichen Gedächtnis, das sich wiedergewinnen läßt, erlangt der von den Musen inspirierte Dichter Zugang zu den ursprünglichen Realitäten. Diese Realitäten haben sich in den mythischen Zeiten des Anfangs manifestiert und bilden die Grundlagen dieser Welt. Aber gerade weil diese Realitäten *ab origine* erschienen sind, lassen sie sich nicht mehr in der gewöhnlichen Erfahrung erfassen. Zu Recht vergleicht J.-P. Vernant die Inspiration des Dichters mit der »Heraufbeschwörung« eines Toten aus der Unterwelt oder einem *descensus ad infernos*, den ein Lebender unternimmt, um zu *lernen, was er wissen will.* »Das Privileg, das Mnemosyne dem Sänger verleiht, ist das Privileg eines Vertrags mit der anderen Welt, die Möglichkeit, sie frei zu betreten und wieder zu verlassen. Die Vergangenheit erscheint als eine Dimension des Jenseits.«[6]
Daher wird die – historische oder primordiale – »Vergangenheit«, insofern sie »vergessen« wurde, dem Tod gleichgesetzt. Lethe, der Strom des »Vergessens«, ist integraler Bestandteil des Totenreichs. Die Verstorbenen sind diejenigen, die das Gedächtnis verloren haben. Dagegen bewahren einige Privilegierte wie Teiresias oder Amphiaraos ihr Gedächtnis nach dem Ableben. Um seinen Sohn Ethalides unsterblich zu machen, gewährt ihm Hermes »ein unwandelbares Gedächtnis«. Wie Apollonios Rhodios schreibt: »Auch als er den Acheron überquerte, überflutete das Vergessen nicht seine Seele; und wiewohl er bald im Reich der Schatten, bald im Reich des Sonnenlichts weilt, bewahrt er doch immer die Erinnerung dessen, was er gesehen hat.«[7]
Aber die »Mythologie des Gedächtnisses und des Vergessens« modifiziert sich und reichert sich mit eschatologischer Bedeutung an, sobald sich eine Lehre der Seelenwanderung abzeichnet. Nicht mehr die primordiale Vergangenheit gilt es zu kennen, sondern die Reihe der *persönlichen früheren Exi-*

stenzen. Lethes Funktion hat sich umgekehrt: seine Wasser nehmen die Seele, die den Körper verlassen hat, nicht mehr auf, um sie die irdische Existenz vergessen zu machen. Im Gegenteil, Lethe löscht die Erinnerung an die himmlische Welt in der Seele aus, die auf die Erde zurückkehrt, um sich zu reinkarnieren. Das »Vergessen« symbolisiert nicht mehr den Tod, sondern die Rückkehr zum Leben. Die Seele, die so unvorsichtig war, aus Lethes Brunnen zu trinken (»schwer durch die Last von Vergeßlichkeit und Schlechtigkeit«, wie Platon sie beschreibt, *Phaidros* 248 *c*), reinkarniert sich und wird von neuem in den Zyklus des Werdens geworfen. Auf den Goldtäfelchen, die die Eingeweihten der orphisch-pythagoreischen Bruderschaft tragen, wird die Seele ermahnt, sich Lethes Quelle nicht auf dem Weg zur Linken zu nähern, sondern den Weg zur Rechten zu nehmen, wo sie auf die Quelle stoßen wird, die dem See der Mnemosyne entspringt. Man gibt der Seele den Rat, die Wächter der Quelle mit folgenden Worten anzuflehen: »›Gebt mir schnell frisches Wasser, das aus dem See des Gedächtnisses quillt.‹ Und von sich aus werden sie dir von der heiligen Quelle zu trinken geben, und dann wirst du unter den anderen Helden der Herr sein.«[8] Pythagoras, Empedokles und andere glaubten an die Metempsychose und behaupteten, sich ihrer früheren Existenzen zu erinnern. »Ein Irrender, von Gott Gebannter«, so stellte Empedokles sich vor, »denn ich wurde bereits Knabe, Mädchen, Pflanze, Vogel und flutentauchender stummer Fisch« (*Reinigungen*, Frg. 117). Er sagte auch: »Ich bin für immer vom Tod befreit« (ebd., Frg. 112). Den Pythagoras beschreibt Empedokles als einen »Mann von überragendem Wissen«, denn »wenn er mit allen seinen Geisteskräften sich reckte, schaute er leicht jedes einzelne von allem Seienden in seinen zehn und zwanzig Menschenleben« (ebd. Frg. 129). Andererseits spielten die Übung und Kultivierung des Gedächtnisses in den pythagoreischen Bruderschaften eine wichtige Rolle (Diodoros X, 5; Iamblichos, *De vita Pythagorae* 78 f.). Dieses Training erinnert an die yogische Technik des »Rückwärtsgehens«, die wir in Kapitel V untersucht haben. Fügen wir noch hinzu, daß auch die Schamanen behaupten, sich an ihre früheren Existenzen zu erinnern[9], was auf den Archaismus dieser Praxis hinweist.

»Ursprüngliches« Gedächtnis und »historisches« Gedächtnis

Es gibt also in Griechenland zwei Wertungen des Gedächtnisses: 1. dasjenige, das sich auf die urzeitlichen Ereignisse bezieht (Kosmogonie, Theogonie, Genealogie), und 2. das Gedächtnis der früheren Existenzen, d. h. der historischen und persönlichen Ereignisse. Lethe, das »Vergessen«, stellt sich diesen beiden Arten von Gedächtnis mit gleicher Wirksamkeit entgegen. Aber Lethe ist ohnmächtig gegenüber einigen Privilegierten: 1. denjenigen, denen es, von den Musen inspiriert oder dank einer »Sehergabe gegen den Strich«, gelingt, das Gedächtnis der urzeitlichen Ereignisse wiederzuerlangen; 2. denjenigen, die sich wie Pythagoras oder Empedokles an ihre früheren Existenzen zu erinnern vermögen. Diese beiden Kategorien von Privilegierten besiegen das »Vergessen« und damit in gewisser Weise den Tod. Die einen gelangen zur Kenntnis der »Ursprünge« (Ursprung des Kosmos, der Götter, der Völker, der Dynastien); die anderen erinnern sich ihrer »Geschichte«, d. h. ihrer Seelenwanderungen. Für die ersteren ist das Wichtige das, was sich *ab origine* zugetragen hat. Es sind primordiale Ereignisse, in die sie nicht persönlich verwickelt waren. Doch diese Ereignisse – die Kosmogonie, die Theogonie, die Genealogie – haben sie in gewisser Weise konstituiert: sie sind, was sie sind, weil diese Ereignisse stattgefunden haben. Überflüssig, zu zeigen, wie stark diese Haltung an die des Menschen der archaischen Gesellschaften erinnert, der von sich sagt, er sei durch eine Reihe von Urereignissen konstituiert, von denen die Mythen in gebührender Weise berichten.
Diejenigen dagegen, denen es gelingt, sich ihrer früheren

Existenzen zu erinnern, beschäftigen sich in erster Linie damit, ihre eigene »Geschichte« zu entdecken, die in ihren zahllosen Inkarnationen verstreut ist. Sie bemühen sich, diese isolierten Bruchstücke zu vereinigen, sie in ein einziges Raster zu integrieren, um sich über den Sinn ihres Schicksals klarzuwerden. Denn die durch die *anamnesis* bewirkte Vereinigung der Bruchstücke der Geschichte, die keinerlei Verbindung miteinander haben, lief darauf hinaus, »den Anfang mit dem Ende zu verknüpfen«; anders gesagt: es kam darauf an, herauszufinden, wie die erste irdische Existenz den Prozeß der Seelenwanderung ausgelöst hatte. Eine solche Beschäftigung und eine solche Disziplin erinnern an die indischen Techniken des »Rückwärtsgehens« und der Wiedererinnerung an die früheren Existenzen.

Platon kennt und verwendet zwar diese beiden Traditionen hinsichtlich des Vergessens und des Gedächtnisses, aber er verwandelt sie und deutet sie um, damit sie sich in sein philosophisches System einfügen. Für Platon heißt lernen letztlich sich erinnern (vgl. vor allem *Menon* 81 *c*, *d*). Zwischen zwei irdischen Leben schaut die Seele die Ideen: sie hat teil an der reinen und vollkommenen Erkenntnis. Doch indem sie sich reinkarniert, trinkt sie an Lethes Quelle und vergißt die durch die unmittelbare Anschauung der Ideen erworbene Kenntnis. Trotzdem ist diese Kenntnis im inkarnierten Menschen latent vorhanden und läßt sich durch die philosophische Arbeit aktualisieren. Die physikalischen Gegenstände helfen der Seele, sich in sich selbst zu versenken und durch eine Art des »Rückwärtsgehens« die ursprüngliche Kenntnis wiederzufinden, die sie in ihrer außerirdischen Verfassung besaß. Der Tod ist folglich die Rückkehr zu einem primordialen und vollkommenen Zustand, der durch die Reinkarnation der Seele periodisch verlorengeht.

Wir hatten bereits Gelegenheit, die Philosophie Platons mit der »archaischen Ontologie«, wie man es nennen könnte, zu vergleichen.[10] Nun müssen wir zeigen, inwiefern die Ideenlehre und die Platonische *anamnesis* mit dem Verhalten des

Menschen der archaischen und traditionsgebundenen Gesellschaften vergleichbar sind. Dieser findet in den Mythen die exemplarischen Modelle aller seiner Taten. Die Mythen versichern ihm, daß alles, was er tut oder zu tun vorhat, im Anfang der Zeit, *in illo tempore, schon einmal getan worden ist*. Die Mythen bilden also die Summe des nützlichen Wissens. Eine individuelle Existenz wird und bleibt in dem Maße eine völlig menschliche, verantwortliche und bedeutsame Existenz, als sie aus diesem Vorrat bereits vollbrachter Taten und bereits formulierter Gedanken schöpft. Den Inhalt dieses von der Tradition gebildeten »kollektiven Gedächtnisses« nicht kennen oder vergessen, kommt einem Rückfall in den »natürlichen« Zustand (dem akulturellen Zustand des Kindes), einer »Sünde« oder einem Unheil gleich.

Auf intelligente Weise leben, d. h. das Wahre, Schöne und Gute lernen und verstehen, heißt für Platon vor allem, sich einer entkörperten, rein geistigen Existenz wiederzuerinnern. Das »Vergessen« dieser pleromatischen Verfassung ist nicht notwendig eine »Sünde«, sondern die Folge des Reinkarnationsprozesses. Es ist bemerkenswert, daß für Platon das »Vergessen« kein integraler Bestandteil der Tatsache des Todes ist, sondern im Gegenteil mit dem Leben, der Reinkarnation in Zusammenhang gebracht wird. Indem die Seele zum irdischen Leben zurückkehrt, »vergißt« sie die Ideen. Es handelt sich nicht um ein Vergessen der früheren Existenzen – d. h. der Summe der persönlichen Erfahrungen, der »Geschichte« –, sondern um das Vergessen der überpersönlichen und ewigen Wahrheiten, die die Ideen bilden. Die philosophische *anamnesis* gewinnt nicht die Erinnerung an die *Ereignisse* wieder, die zu den vorhergehenden Existenzen gehören, sondern an die *Wahrheiten*, die Strukturen des Realen. Man kann diese philosophische Position mit der der traditionalen Gesellschaften vergleichen: die Mythen sind paradigmatische Modelle, die von übernatürlichen Wesen begründet wurden, und nicht eine Reihe von persönlichen Erfahrungen des einzelnen Individuums.[11]

In der griechischen Mythologie sind Schlaf und Tod, Hypnos und Thanatos, Zwillingsbrüder. Erinnern wir daran, daß auch für die Juden, zumindest seit der Zeit nach dem Exil, der Tod mit dem Schlaf vergleichbar war. Schlaf im Grab (*Ijob* 3, 13f.; 3, 17), im Sheol (*Sirach* 9, 3; 9, 10) oder in beidem zugleich (*Psalm*, 88, 87). Die Christen haben die Gleichsetzung von Tod und Schlaf akzeptiert und weiterentwickelt: *in pace bene dormit, dormit in somno pacis, in pace somni, in pace Domini dormias* gehören zu den volkstümlichen Formeln der Grabinschriften.[12]
Da Hypnos der Bruder von Thanatos ist, versteht man, warum in Griechenland sowie in Indien und in den Gnostizismen das »Aufwecken« (im weitesten Sinn des Wortes) eine »soteriologische« Bedeutung hatte. Sokrates weckt seine Gesprächspartner auf, zuweilen gegen ihren Willen. »Wie zudringlich du bist, Sokrates!« ruft Kallikles (*Gorgias* 505 *d*). Aber Sokrates ist sich völlig bewußt, daß seine Aufgabe, die Menschen aufzuwecken, göttlicher Ordnung ist. Unaufhörlich erinnert er daran, daß er »im Dienst« Gottes steht (*Apologie* 23 *c*; vgl. auch 30 *e*, 31 *a*, 33 *c*). »Athener, ein zweiter solcher Art wird euch nicht leicht wiedererstehen, darum, wenn ihr auf mich hört, werdet ihr mich schonen. Vielleicht aber schlagt ihr *wie die Schlaftrunkenen, wenn sie geweckt werden*, verdrießlich nach mir und tötet mich, leichtfertig dem Antyos folgend, um dann *euer Leben hinfort zu verschlafen*, wenn nicht der sorgende Gott euch einen anderen sendet« (*Apologie* 30 *e*).
Halten wir diese Idee fest: Gott sendet den Menschen aus Liebe zu ihnen einen Lehrmeister, damit er sie aus ihrem Schlaf »weckt«, der Unwissenheit, Vergessen und »Tod« zugleich ist. Man findet dieses Motiv, natürlich bearbeitet und umgedeutet, im Gnostizismus wieder. Der zentrale gnostische Mythos, das in den *Thomasapokryphen* erhaltene *Perlenlied*, kreist um das Thema der *amnesis* und der *anamnesis*.

Ein Prinz kommt aus dem Orient, um in Ägypten »die eine Perle« zu holen, »welche sich mitten in dem von der laut zischenden Schlange umringten See befindet«. In Ägypten wird er von den Menschen des Landes eingefangen. Sie geben ihm ihre Speisen zu essen, und der Prinz vergißt, wer er ist. »Ich vergaß, daß ich ein Königssohn war, und diente ihren Königen, und ich vergaß die Perle, um deretwillen meine Eltern mich gesandt hatten, und unter der Last ihres Druckes lag ich in tiefem Schlaf.« Aber die Eltern erfuhren, was ihm widerfahren war, und schrieben ihm einen Brief. »Von deinem Vater, dem König der Könige, und deiner Mutter, der Herrscherin des Ostens, und deinem Bruder, unserm zweiten, dir unserm Sohn in Ägypten Gruß! Wach' auf und erhebe dich von deinem Schlafe, und höre auf die Worte dieses Briefes. Bedenke, daß du ein Sohn von Königen bist. Sieh, in wessen Sklaverei du geraten bist. Erinnere dich der Perle, um derentwillen du nach Ägypten gesendet worden bist.« Der Brief flog wie ein Adler, kam zu ihm herab und wurde Sprache. »Bei seiner Stimme und seinem lauten Rauschen erwachte ich und erhob mich von meinem Schlafe. Ich hob ihn auf und küßte ihn und erbrach sein Siegel und las ihn, und die Worte meines Briefes stimmten überein mit dem, was in mein Herz eingeprägt war. Ich erinnerte mich, daß ich ein Sohn königlicher Eltern war, und meine vornehme Geburt behauptete ihre Natur. Ich erinnerte mich der Perle, um derentwillen ich nach Ägypten gesandt war, und ich begann, die lautzischende Schlange zu bezaubern. Ich wiegte sie in Schlaf und lullte sie in Schlummer, denn ich nannte den Namen meines Vaters über sie . . ., und ich nahm die Perle weg und wendete mich, um heimzukehren zu meines Vaters Haus.«[13] Das *Perlenlied* hat eine Fortsetzung (»Das glänzende Kleid«, das der Prinz vor seiner Abreise abgelegt hatte und das er bei seiner Heimkehr wiederfindet), die unser Vorhaben nicht unmittelbar berührt. Fügen wir hinzu, daß das Thema des Exils, der Gefangenschaft in einem fremden Land, der Bote, der den Gefangenen aufweckt und ihn auffordert, sich auf den Weg zu machen, in einem kleinen Werk von

Sohrawardî, *Récit de l'exil occidental*, erneut auftaucht.[14] Unabhängig von dem (wahrscheinlich iranischen) Ursprung des Mythos kommt dem *Perlenlied* das Verdienst zu, daß es einige der populärsten gnostischen Motive in dramatisierter Form vorstellt. Bei seiner Analyse der spezifisch gnostischen Symbole und Bilder hat Hans Jonas die Bedeutung der Motive wie »Fall, Gefangenschaft, Verlassenheit, Heimweh, Taumel, Schlaf, Trunkenheit« hervorgehoben.[15] Wir wollen nur einige besonders eindrucksvolle Beispiele aus dieser umfangreichen Sammlung aufgreifen.

Wenn sich die Seele der Materie zuwendet, »brennend vor Verlangen, die Freuden des Körpers zu erfahren«, vergißt sie ihre Identität. »Sie vergißt ihre ursprüngliche Wohnstatt, ihr wahres Zentrum, ihr ewiges Sein.« Mit diesen Worten stellt El Châtîbî die zentrale Glaubensvorstellung der Harraniter vor.[16] Nach den Gnostikern schlafen die Menschen nicht nur, sie schlafen auch gern. »Warum wollt ihr den Schlaf lieben und mit den Strauchelnden straucheln?« fragt der *Ginza*.[17] »Wer hören kann, soll aus schwerem Schlaf erwachen«, heißt es in der *Johannesapokryphe* . . .[18] Dasselbe Motiv findet sich in der manichäischen Kosmogonie, wie sie von Theodor bar Konai überliefert wurde: »Es nahte der lichtstrahlende Jesus zu dem sündlosen Adam und weckte ihn auf vom Schlafe des Todes, damit er erlöst würde . . .«[19] Unwissenheit und Schlaf werden auch als »Trunkenheit« beschrieben. Das *Evangelium der Wahrheit* vergleicht den, »der die Gnosis besitzt«, mit »jemandem, der, nachdem er betrunken war, nüchtern wird und, zu sich gekommen, wieder versichert, was wirklich das Seine ist«.[20] Und der *Ginza* erzählt, wie Adam »aus dem Schlaf aufwachte und sein Antlitz zum Ort des Lichtes erhob«.[21]

Zu Recht bemerkt Jonas, daß die irdische Existenz einerseits als »Verlassenheit«, »Furcht«, »Heimweh« definiert und andererseits als »Trunkenheit«, »Schlaf« und »Vergessen« beschrieben wird, »das heißt, daß sie (mit Ausnahme der Trunkenheit) alle Merkmale angenommen hat, die man in früherer Zeit dem Zustand des Toten in der Unterwelt zuschrieb«.[22] Der »Bote«, der den Menschen aus seinem Schlaf »weckt«, bringt ihm sowohl das »Leben« wie das »Heil«. »Ich bin die Stimme, die aus dem Schlaf erweckt in der Äone der Nacht«, beginnt ein gnostisches Fragment, das Hippolytos überliefert hat (*Refutatio* V, 14, 1). Das »Erwachen« impliziert die *anamnesis*, das Wiedererkennen der wirklichen Identität der Seele, d. h. das Wiedererkennen ihres himmlischen Ursprungs. Erst nachdem der »Bote« den Menschen aufgeweckt hat, offenbart er ihm das Versprechen der Erlösung und lehrt ihn schließlich, wie er sich in der Welt verhalten muß.[23]

»Schüttle ab die Trunkenheit, in die du entschlummert bist, wach auf und sieh auf mich!« heißt es in einem manichäischen Text aus Turfan. Und in einem anderen: »Erwache, Glanz-Seele, aus dem Schlummer der Trunkenheit, worin du entschlummert bist . . ., folge mir zur Stätte der gebetgepriesenen Erde, wo du gewesen bist von Anbeginn.«[25] Ein mandäischer Text erzählt, wie der Himmelsbote Adam aufgeweckt hat, und fährt fort: »Ich bin gekommen und will dich belehren, Adam, und dich aus dieser Welt erlösen. Horche und höre und laß dich belehren, und steig siegreich zum Lichtort empor.«[26] Die Belehrung enthält auch das Gebot, sich nicht mehr vom Schlaf überwältigen zu lassen. »Schlummere nicht und schlafe nicht und vergiß nicht, was dein Herr dir aufgetragen.«[27]

Freilich sind diese Formeln nicht das Monopol der Gnostiker. Der *Brief an die Epheser* (5, 14) enthält folgendes anonyme Zitat: »Wach auf, du Schläfer, und steh auf von den Toten, und Christus wird dein Licht sein.« Das Motiv des Schlafs und des Erwachens findet sich auch in der hermetischen Literatur. Im *Poimandres* heißt es: »O ihr Erdgeborenen, die ihr euch der Trunkenheit und dem Schlaf und der Unwissenheit Gottes ergeben habt, werdet nüchtern! Laßt ab von eurer Trunkenheit, von der Verzauberung eures unvernünftigen Schlafs!«[28]

Erinnern wir daran, daß der Sieg über den Schlaf und das lange Wachen eine recht typische Initiationsprüfung darstellen. Man begegnet ihnen schon auf den archaischen Kulturstufen. Bei einigen australischen Stämmen dürfen die Novizen, die sich auf dem Wege der Initiation befinden, drei Tage lang nicht schlafen, oder man untersagt ihnen, sich vor der Morgenröte hinzulegen.[29]

Auf seiner Suche nach der Unsterblichkeit gelangt der mesopotamische Heros Gilgamesch auf die Insel des mythischen Ahnen Ut-napishtin. Dort muß er sechs Tage und sechs Nächte wachen, aber es gelingt ihm nicht, diese Initiationsprüfung zu bestehen, und er verpaßt seine Chance, die Unsterblichkeit zu erlangen. In einem nordamerikanischen Mythos vom Typus »Orpheus und Euridike« gelingt es einem Mann, der soeben seine Frau verloren hat, in die Unterwelt hinabzusteigen und sie wiederzufinden. Der Herr der Unterwelt verspricht ihm, daß er seine Frau mit auf die Erde nehmen kann, wenn er es fertigbringt, die ganze Nacht zu wachen. Aber der Mann schläft vor der Morgenröte ein. Der Herr der Unterwelt gibt ihm noch einmal eine Chance, und der Mann schläft den ganzen Tag, um in der folgenden Nacht nicht müde zu sein. Trotzdem vermag er nicht bis zum Morgengrauen wachzubleiben und muß allein auf die Erde zurückkehren.[30]

Nicht schlafen heißt also nicht nur, die körperliche Müdigkeit überwinden, sondern vor allem, geistige Kraft beweisen: »wachbleiben«, bei vollem Bewußtsein sein, in der Welt des Geistes gegenwärtig sein. Jesus befahl seinen Jüngern immer wieder, mit ihm zu wachen (vgl. zum Beispiel *Matthäus*, 23, 42). Und die Nacht in Gethsemane wird besonders tragisch durch die Unfähigkeit der Jünger, mit Jesus zu wachen. »Meine Seele ist zu Tode betrübt. Bleibt hier und wacht mit mir« (*Matthäus* 26, 38). Doch als er zurückkam, fand er sie schlafend. Er sagte zu Petrus: »Könnt ihr nicht einmal eine Stunde mit mir wachen?« (26, 40). »Wachet und betet«, wiederholte er. Vergeblich; als er zurückkam, »fand er sie wieder

schlafend, denn die Augen waren ihnen zugefallen« (26, 41-43; vgl. *Markus* 14, 34 f.; *Lukas* 22, 46).
Auch hier hat das »initiatorische Wachbleiben« die menschlichen Kräfte überstiegen.

Gnostizismus und indische Philosophie

Es fällt nicht in den Rahmen dieses kleinen Buches, das Problem des Gnostizismus in seiner Gesamtheit zu erörtern. Unser Vorhaben beschränkte sich darauf, die Entwicklung der »Mythologie des Vergessens und der Erinnerung« in einigen höheren Kulturen zu verfolgen. Die gnostischen Texte, die wir soeben zitierten, betonen einerseits den Fall der Seele in die Materie (das Leben) und den tödlichen »Schlaf«, der darauf folgt, und andererseits den außerirdischen Ursprung der Seele. Der Fall der Seele in die Materie ist nicht das Ergebnis einer einseitigen Sünde, wie die philosophische Spekulation der Griechen zuweilen die Seelenwanderung erklärte. Die Gnostiker geben zu verstehen, daß die Sünde einem anderen gehört.[31] Als geistige Wesen außerirdischer Herkunft halten sich die Gnostiker für nicht von dieser Welt. Wie H. Ch. Puech bemerkt, ist das Schlüsselwort der technischen Sprache der Gnostiker der »Andere«, der »Fremde«.[32] Die entscheidende Offenbarung ist, daß »er (der Gnostiker), obwohl er auf der Welt, in der Welt ist, nicht von der Welt ist, daß er ihr nicht gehört, daß er von anderswo kommt und ist«.[33] Der rechte Teil des mandäischen *Ginza* offenbart ihm: »Du warest nicht von hier, und deine Wurzel war nicht von der Welt« (XV, 20); und der linke Teil des *Ginza* (III, 4): »Du kamest nicht von hier, und nicht von hier ist deine Pflanzung gepflanzet. Dein Ort ist der Ort des Lebens.« Und im *Johannesbuch* (S. 67) heißt es: »Ich bin der Mensch der *Anderen Welt*.«[34]
Wie wir sahen, vertritt die philosophische Welt Indiens, vor allem der *Sâmkhya-Yoga* eine ähnliche Position. Das Selbst

(*purusha* ist schlechthin ein »Fremdes«, es hat nichts mit der Welt (*prakrti*) zu tun. Wie Ishvarakrishna schreibt (*Sâmkhya-Kârikâ* 19), ist das Selbst (der Geist) »abgesondert, gleichgültig, bloßer passiver Zuschauer« im Drama des Lebens und der Geschichte. Mehr noch: wenn es stimmt, daß sich der Zyklus der Seelenwanderung durch die Unwissenheit und die »Sünden« verlängert, dann sind die Ursachen für den »Fall des Selbst« ins Leben sowie der Ursprung der (im übrigen illusorischen) Beziehung zwischen dem Selbst (*purusha*) und der Materie (*prakrti*) unlösbare Probleme; genauer gesagt: unlösbar in der gegenwärtigen Verfassung des Menschen. In jedem Fall, und wie für die Gnostiker, war es keine Erbsünde (d. h. keine menschliche Sünde), die das Selbst ins Rad der Existenzen geworfen hat.

Für den Zweck unserer Untersuchung besteht die Bedeutung des gnostischen Mythos sowie der philosophischen Spekulation Indiens vor allem darin, daß sie das Verhältnis des Menschen zum Urdrama, das ihn konstituiert hat, neu interpretieren. Wie in den archaischen Religionen, die wir in den vorigen Kapiteln untersuchten, kommt es auch den Gnostikern darauf an, das Drama, das in den mythischen Zeiten stattgefunden hat, zu kennen – oder besser, sich seiner zu erinnern. Doch anders als ein Mensch der archaischen Gesellschaften, der, indem er die Mythen lernt, die Folgen auf sich nimmt, die sich aus diesen primordialen Ereignissen herleiten, lernt der Gnostiker den Mythos, um sich von dessen Folgen loszusagen. Sobald der Gnostiker aus seinem Todesschlaf erwacht ist, versteht er (wie der Schüler des *Sâmkhya-Yoga*), daß er an der Urkatastrophe, von der ihm der Mythos erzählt, keinerlei Verantwortung trägt und daß er folglich keine *reale* Beziehung zum Leben, zur Welt und zur Geschichte hat.

Wie der Schüler des *Sâmkhya-Yoga* ist auch der Gnostiker für die »Sünde«, *sein wahres Selbst vergessen zu haben*, schon bestraft worden. Die Leiden, aus denen das ganze menschliche Dasein besteht, verschwinden im Augenblick des Erwachens. Das Erwachen, das gleichzeitig eine *anamnesis* ist, drückt sich in einer Gleichgültigkeit gegenüber der Geschichte, namentlich der zeitgenössischen Geschichte aus. Nur der Urmythos ist wichtig. Nur die Ereignisse, die in der sagenhaften Vergangenheit stattgefunden haben, verdienen es, bekannt zu sein; denn indem der Mensch sie lernt, wird er sich seiner wirklichen Natur bewußt – und erwacht. Die historischen Ereignisse im eigentlichen Sinn (z. B. der Trojanische Krieg, die Feldzüge Alexanders des Großen, die Ermordung Julius Cäsars) haben keine Bedeutung, da sie keinerlei soteriologische Botschaft tragen.

Anamnesis und Historiographie

Auch für die Griechen trugen die historischen Ereignisse keine soteriologischen Botschaften. Und doch beginnt die Geschichtsschreibung in Griechenland – mit Herodot. Herodot gesteht uns, warum er sich die Mühe genommen habe, seine *Historien* zu schreiben: sie sollen dazu dienen, die menschlichen Geschehnisse nicht in Vergessenheit versinken zu lassen. Er will das *Gedächtnis* an die großen Taten der Griechen und der Barbaren *bewahren*. Andere Historiographen der Antike sollten ihre Werke aus anderen Gründen schreiben: Thukydides beispielsweise tat es, um den Kampf um die Macht zu veranschaulichen, für ihn ein charakteristischer Zug der menschlichen Natur; Polybios, um zu zeigen, daß die ganze Weltgeschichte dem römischen Reich zustrebte, und auch deshalb, weil die durch das Studium der Geschichte erworbene Erfahrung die beste Einführung ins Leben darstellt; Titus Livius, um in der Geschichte »Modelle für uns und für unser Land« zu entdecken – und so fort.[35] Keiner dieser Autoren – nicht einmal Herodot, der sich für die Götter und die exotischen Theologien begeisterte –, schrieb seine *Geschichte* (wie die Verfasser der ältesten historischen Erzählungen Israels), um die Existenz eines höheren göttlichen Plans und das Eingreifen des Höchsten Gottes ins

Leben eines Volkes zu beweisen. Das soll nicht heißen, daß es den griechischen und lateinischen Geschichtsschreibern notwendig an religiösen Gefühlen gefehlt hätte. Aber ihre religiöse Anschauung sah das Eingreifen eines einzigen und persönlichen Gottes in die Geschichte nicht vor; sie maßen den historischen Ereignissen also nicht die religiöse Bedeutung bei, die diese Ereignisse für die Israeliten hatte. Im übrigen war für die Griechen die Geschichte lediglich ein Aspekt des kosmischen Prozesses, bedingt durch das Gesetz des Werdens. Wie jede kosmische Erscheinung zeigte die Geschichte, daß die menschlichen Gesellschaften entstehen, sich entwikkeln, absinken und untergehen. Aus diesem Grunde konnte die Geschichte kein Gegenstand der Erkenntnis sein. Dennoch war die Historiographie nicht nutzlos, da sie den Prozeß des ewigen Werdens im Leben der Nationen veranschaulichte und vor allem die großen Taten der verschiedenen Völker und die Namen und Abenteuer außergewöhnlicher Persönlichkeiten im Gedächtnis bewahrte.
Es liegt nicht in der Absicht dieses Essays, die verschiedenen Geschichtsphilosophien seit Augustin und Joachim von Flores bis zu Vico, Hegel, Marx und den zeitgenössischen Historizisten zu untersuchen. Alle diese Systeme beabsichtigen, den *Sinn* und die *Richtung* der Weltgeschichte zu finden. Und das ist nicht unser Problem. Uns interessiert hier nicht die Bedeutung, die die *Geschichte* haben kann, sondern die *Geschichtsschreibung*; anders gesagt: das Bemühen, die zeitgenössischen Ereignisse im Gedächtnis zu bewahren, und der Wunsch, die Vergangenheit der Menschheit so genau wie möglich zu kennen.
Eine ähnliche Wißbegier hat sich seit dem Mittelalter und vor allem seit der Renaissance entwickelt. Zwar suchte man schon zur Zeit der Renaissance in der Geschichte des Altertums vor allem nach Modellen für das Verhalten des »vollkommenen Menschen«; man könnte sagen, daß Titus Livius und Plutarch, indem sie exemplarische Modelle für das staatsbürgerliche und moralische Leben lieferten, bei der Erziehung der

europäischen Eliten die Rolle erfüllten, die in den traditionalen Gesellschaften den Mythen zukam. Doch erst seit dem 19. Jahrhundert hat die Historiographie eine vorrangige Rolle gespielt. Die westliche Kultur leistet so etwas wie eine gewaltige Anstrengung historiographischer *anamnesis*. Sie bemüht sich, die Vergangenheit auch der exotischsten und periphersten Gesellschaften zu entdecken, zu »erwecken« und wiederzugewinnen, die Vorgeschichte des Nahen Ostens ebenso wie die Kulturen der »Primitiven«, die im Begriff sind zu verlöschen. Man will die *gesamte Vergangenheit der Menschheit* auferstehen lassen. Wir erleben eine schwindelerregende Erweiterung des geschichtlichen Horizonts.
Das ist eines der wenigen ermutigenden Syndrome der modernen Welt. Der kulturelle Provinzialismus des Westens – für den die Geschichte mit Ägypten, die Literatur mit Homer und die Philosophie mit Thales begann – ist auf dem Wege, überwunden zu werden. Mehr noch: durch die historiographische *anamnesis* steigt man tief in sich selbst hinab. Indem es gelingt, einen Australier unserer Tage oder sein Homolog, einen paläolithischen Jäger zu verstehen, gelingt es auch, in der Tiefe des eigenen Selbst die existentielle Situation einer prähistorischen Menschheit sowie die sich daraus ergebenden Verhaltensweisen zu »wecken«. Es geht nicht nur um eine bloß »äußere« Kenntnis, zum Beispiel den Namen der Hauptstadt eines Landes oder das Datum des Untergangs Konstantinopels zu lernen und zu behalten. Eine wahre historiographische *anamnesis* drückt sich in der Entdeckung einer engen Verbundenheit mit diesen verschwundenen oder peripheren Völkern aus. Es handelt sich um eine wirkliche Wiedererlangung der Vergangenheit, sogar der »primordialen« Vergangenheit, die durch die prähistorischen Funde oder die ethnologischen Forschungen ans Licht kommt. In letzterem Fall wird man mit »Lebensformen«, Verhaltensweisen, Kulturtypen konfrontiert, d. h. letztlich mit den Strukturen der archaischen Existenz.
Jahrtausendelang hat der Mensch die Analogien zwischen

dem Makrokosmos und dem Mikrokosmos rituell bearbeitet und mythisch reflektiert. Es war eine der Möglichkeiten, sich der Welt zu »öffnen« und damit an der Sakralität des Kosmos teilzuhaben. Seit der Renaissance, seitdem sich das Universum als unendlich erwiesen hat, ist uns diese kosmische Dimension, die der Mensch auf rituelle Weise seiner Existenz hinzufügte, versagt. Es war normal, daß der moderne Mensch, unter den Einfluß der Zeit geraten und von seiner eigenen Geschichtlichkeit besessen, bestrebt war, sich der Welt zu »öffnen«, indem er eine neue Dimension in den Tiefen der Zeit erwarb. Unbewußt wehrte er sich gegen den Druck der zeitgenössischen Geschichte durch eine historiographische *anamnesis*, die ihm Perspektiven zeigte, die er unmöglich hätte ahnen können, wenn er sich, dem Beispiel Hegels folgend, darauf beschränkt hätte, »mit dem Weltgeist zu kommunizieren«, indem er jeden Morgen seine Zeitung las.

Gewiß ist das keine neue Entdeckung: seit dem Altertum tröstete sich der Mensch über den Schrecken der Geschichte, indem er die Geschichtsschreiber der vergangenen Epochen las. Aber beim modernen Menschen gibt es noch etwas anderes: da sein historiographischer Horizont beträchtlich ist, kann er, mittels der *anamnesis*, Kulturen entdecken, die auf wunderbare Weise schöpferisch gewesen sind, obzwar sie »die Geschichte sabotierten«. Wie wird wohl ein moderner Abendländer reagieren, wenn er beispielsweise erfährt, daß Indien, obwohl es von Alexander dem Großen überfallen und besetzt worden ist und obwohl diese Eroberung seine spätere Geschichte beeinflußt hat, nicht einmal den Namen des großen Eroberers behalten hat? Wie andere traditionale Gesellschaften interessiert sich auch Indien für die exemplarischen Modelle und die paradigmatischen Ereignisse und nicht für das Besondere und Individuelle.

Die historiographische *anamnesis* der westlichen Welt steht erst in ihren Anfängen. Man wird noch mindestens ein paar Generationen warten müssen, um ihre kulturellen Auswirkungen beurteilen zu können. Jedoch könnte man sagen, daß diese *anamnesis* die religiöse Bewertung des Gedächtnisses und der Erinnerung, wenn auch auf anderer Ebene, fortsetzt. Es handelt sich nicht mehr um Mythen oder religiöse Übungen. Aber ein gemeinsames Element besteht weiter: die Wichtigkeit der exakten und totalen Wiedererinnerung der Vergangenheit: Wiedererinnerung der *mythischen Ereignisse* in den traditionalen Gesellschaften; Wiedererinnerung *all dessen, was in historischer Zeit geschehen ist*, im modernen Abendland. Der Unterschied ist zu offenkundig, als daß wir ihn hervorheben müßten. Aber beide Arten von *anamnesis* reißen den Menschen aus seinem »historischen Augenblick« heraus. Und auch die wirklich historiographische *anamnesis* mündet in eine Urzeit, die Zeit, da die Menschen ihr kulturelles Verhalten begründeten und gleichzeitig glaubten, daß ihnen dieses Verhalten von übernatürlichen Wesen offenbart wurde.

KAPITEL VIII
GRÖSSE UND VERFALL DER MYTHEN

Die Welt offen halten

Auf den archaischen Kulturstufen hält der religiöse Mensch die »Öffnung« zu einer übermenschlichen Welt aufrecht, zur Welt der axiologischen Werte. Diese sind »transzendent«, da von göttlichen Wesen oder mythischen Ahnen offenbart. Sie sind auch absolute Werte, Paradigmata aller menschlichen Tätigkeiten. Wie wir gesehen haben, werden diese Vorbilder von den Mythen transportiert, denen es vor allem obliegt, das Bewußtsein einer anderen Welt – eines Jenseits, einer göttlichen Welt oder Welt der Ahnen – zu wecken und zu erhalten. Diese »andere Welt« stellt eine übermenschliche, »transzendente« Ebene dar, die Ebene der *absoluten Realitäten*. In der Erfahrung des Heiligen, in der Begegnung mit einer transhumanen Wirklichkeit entsteht die Vorstellung, daß etwas *wirklich existiert*, daß es absolute Werte gibt, die den Menschen leiten und dem menschlichen Dasein Bedeutung verleihen können. Durch die Erfahrung des Heiligen also tauchen die Vorstellungen von *Realität*, *Wahrheit*, *Bedeutung* auf, die später von metaphysischen Spekulationen verarbeitet und systematisiert worden sind.

Der apodiktische Wert des Mythos wird periodisch durch die Rituale bekräftigt. Die Wiedererinnerung und Reaktualisierung des Urereignisses helfen dem »primitiven« Menschen, das *Reale* zu erkennen und festzuhalten. Dank der kontinuierlichen Wiederholung einer paradigmatischen Geste offenbart sich etwas als *fest* und *dauerhaft* im universellen Fluß. Durch die periodische Wiederholung dessen, was *in illo tempore* getan worden ist, drängt sich die Gewißheit auf, daß etwas *auf absolute Weise existiert*. Dieses »Etwas« ist »heilig«, d. h. übermenschlich und überweltlich, jedoch der menschlichen Erfahrung zugänglich. Die »Realität« enthüllt sich und läßt sich dank einer »transzendenten« Ebene konstruieren, eines »Transzendenten« jedoch, das rituell erlebt werden kann und schließlich zum integralen Bestandteil des menschlichen Lebens wird.

Diese »transzendente« Welt der Götter, Heroen und mythischen Ahnen ist zugänglich, weil der archaische Mensch die Unumstößlichkeit der Zeit nicht akzeptiert. Wir haben es schon oft festgestellt: das Ritual hebt die profane, chronologische Zeit auf und gewinnt die heilige Zeit des Mythos zurück. Man wird wieder zum Zeitgenossen der großen Taten, die die Götter *in illo tempore* vollbracht haben. Die Revolte gegen die Unumstößlichkeit der Zeit hilft dem Menschen, »die Realität zu konstruieren«, und befreit ihn andererseits von der Last der toten Zeit, gibt ihm die Gewißheit, daß er imstande ist, die Vergangenheit aufzuheben, sein Leben von vorn zu beginnen und seine Welt neu zu schaffen.

Die Nachahmung der paradigmatischen Gesten der Götter, Heroen und mythischen Ahnen drückt sich nicht durch eine »ewige Wiederholung desselben« aus. Der Ethnologie ist kein einziges Volk bekannt, das sich im Laufe der Zeit nicht verändert und keine »Geschichte« gehabt hat. Auf den ersten Blick wiederholt der Mensch der archaischen Gesellschaft nur ständig dieselbe archetypische Geste. In Wirklichkeit erobert er unermüdlich die Welt, organisiert sie, verwandelt die natürliche Landschaft in eine kulturelle Umwelt. Dank dem exemplarischen Modell, das der kosmogonische Mythos offenbart hat, wird der Mensch seinerseits zum Schöpfer. Obwohl es so aussieht, als seien die Mythen dazu bestimmt, die menschliche Initiative zu lähmen, indem sie sich als unberührbare Vorbilder darstellen, spornen sie den Menschen in Wirklichkeit an, schöpferisch tätig zu sein, und öffnen seinem Erfindergeist ständig neue Perspektiven.

Der Mythos garantiert dem Menschen, daß das, was zu tun er sich anschickt, *schon einmal getan worden ist*, er hilft ihm, die Zweifel zu verscheuchen, die er im Hinblick auf das Ergebnis seines Unternehmens hegen könnte. Warum vor einer Seefahrt zurückschrecken, da doch der mythische Heros sie in sagenhafter Zeit schon einmal unternommen hat? Man braucht nur seinem Beispiel zu folgen. Weshalb Angst haben, sich in einem unbekannten und wilden Gebiet niederzulassen, wenn man weiß, was man tun muß? Man braucht nur das kosmogonische Ritual zu wiederholen, und das unbekannte Gebiet (= das »Chaos«) verwandelt sich in »Kosmos«, wird eine *imago mundi*, eine rituell legitimierte »Wohnstatt«. Das Vorhandensein eines exemplarischen Modells hemmt nicht die schöpferische Arbeit. Das mythische Modell läßt sich unbegrenzt anwenden.

Der Mensch der Gesellschaften, in denen der Mythos etwas Lebendiges ist, lebt in einer »offenen«, wenngleich »chiffrierten« und geheimnisvollen Welt. Die Welt »spricht« zum Menschen, und um diese Sprache zu verstehen, genügt es, die Mythen zu kennen und die Symbole zu entziffern. Über die Mythen und die Symbole des Monds erfaßt der Mensch den geheimnisvollen Zusammenhang zwischen Zeitlichkeit, Geburt, Tod und Auferstehung, Sexualität, Fruchtbarkeit, Regen, Vegetation und so fort. Die Welt ist keine undurchdringliche Masse willkürlich zusammengeworfener Dinge mehr, sondern ein lebendiger, gegliederter und bedeutsamer Kosmos. In letzter Analyse *offenbart sich die Welt als Sprache*. Sie spricht zum Menschen durch ihre eigene Seinsweise, ihre Strukturen und ihre Rhythmen.

Die Existenz der Welt ist das Resultat eines göttlichen Schöpfungsaktes, ihre Strukturen und ihre Rhythmen sind das Produkt der Ereignisse, die im Anfang der Zeit stattgefunden haben. Der Mond hat eine mythische Geschichte, aber auch die Sonne und das Wasser, die Pflanzen und die Tiere. Jedes kosmische Ding hat eine »Geschichte«. Das heißt, daß es fähig ist, zum Menschen zu »sprechen«. Und weil es von sich selbst »spricht«, in erster Linie von seinem »Ursprung«, dem Urereignis, in dessen Folge es zum Sein gelangt ist, wird es *real* und *bedeutsam*. Es ist nichts »Unbekanntes« mehr, kein

undurchsichtiges, ungreifbares und bedeutungsloses, kurz, »irreales« Ding. Es hat teil an derselben »Welt« wie der Mensch.
Eine solche gemeinsame Teilhabe macht die Welt nicht nur »vertraut« und intelligibel, sondern auch transparent. An den Dingen dieser Welt erkennt man die Spuren der Wesen und Mächte einer anderen Welt. Aus diesem Grunde sagten wir oben, daß für den archaischen Menschen die Welt »offen« und geheimnisvoll zugleich sei. Indem sie von sich selbst spricht, verweist sie auf ihre Urheber und Beschützer und erzählt ihre »Geschichte«. Der Mensch befindet sich nicht in einer leblosen und undurchsichtigen Welt, und andererseits ist er, indem er die Sprache der Welt entziffert, mit dem Geheimnis konfrontiert. Denn die »Natur« entschleiert das »Übernatürliche« und verhüllt es zugleich, und eben darin liegt für den archaischen Menschen das grundlegende und irreduzible Geheimnis der Welt. Die Mythen offenbaren alles, was sich seit der Kosmogonie und der Gründung der soziokulturellen Einrichtungen ereignet hat. Aber diese Offenbarungen bilden keine »Kenntnis« im strengen Sinn des Wortes, sie erschöpfen nicht das Geheimnis der kosmischen und menschlichen Realitäten. Nicht dadurch, daß man den Ursprungsmythos lernt, gelingt es, verschiedene kosmische Realitäten zu beherrschen (das Feuer, die Ernten, die Schlangen usw.) und in »Objekte der Erkenntnis« zu verwandeln. Diese Realitäten bewahren auch weiterhin ihre ursprüngliche ontologische Dichte.

Der Mensch und die Welt

In einer solchen Welt fühlt sich der Mensch nicht in seiner eigenen Seinsweise vermauert. Auch er ist »offen«. Er kommuniziert mit der Welt, weil er dieselbe Sprache verwendet: das Symbol. Wenn die Welt durch ihre Sterne, ihre Pflanzen und Tiere, ihre Bäche und Felsen, ihre Jahreszeiten und

Nächte zum Menschen spricht, antwortet er ihr durch seine Träume und sein imaginäres Leben, durch seine Ahnen oder seine Totems – die »Natur«, Übernatur und menschliche Wesen zugleich sind –, durch seine Fähigkeit, zu sterben und rituell in den Initiationszeremonien aufzuerstehen (ebenso wie der Mond und die Vegetation), durch seine Kraft, einen Geist zu verkörpern, indem er eine Maske aufsetzt, usw. Und da die Welt für den archaischen Menschen transparent ist, spürt er auch, daß er von der Welt »angeschaut« und verstanden wird. Das Wild schaut ihn an und versteht ihn (oft läßt das Tier sich fangen, weil es weiß, daß der Mensch Hunger hat), aber auch der Fels, der Baum oder der Fluß. Jeder hat ihm seine »Geschichte« zu erzählen, ihm einen Rat zu geben.

Wenn der Mensch der archaischen Gesellschaften auch weiß, daß er ein menschliches Wesen ist und sich als solches akzeptiert, so weiß er doch, daß er noch etwas mehr ist. Zum Beispiel, daß sein Ahne ein Tier war oder daß er sterben und zum Leben zurückkehren kann (Initiation, schamanistische Trance), daß er die Ernten durch seine Orgien beeinflussen kann (daß er fähig ist, sich mit seiner Gattin so zu gebärden wie der Himmel mit der Erde, oder daß er die Rolle der Hacke und seine Frau die Rolle der Furche spielen kann). In komplexeren Kulturen weiß der Mensch, daß seine Atemzüge Winde sind, seine Knochen wie Berge, daß ein Feuer in seinem Magen brennt, daß sein Nabel ein »Zentrum der Welt« zu werden vermag, usw.

Man darf sich nun nicht vorstellen, diese »Öffnung« zur Welt äußere sich in einer bukolischen Auffassung des Daseins. Die Mythen der »Primitiven« und die dazugehörenden Rituale zeigen uns kein archaisches Arkadien. Wie wir sahen, haben die Urpflanzer, die die Verantwortung übernahmen, die Pflanzenwelt gedeihen zu lassen, auch die Marterung der Opfer zugunsten der Ernten, die sexuelle Ausschweifung, den Kannibalismus, die Kopfjagd akzeptiert. Es ist dies eine tragische Auffassung des Daseins, Resultat der religiösen

Wertung der Folter und des gewaltsamen Todes. Ein Mythos wie der von Hainuwele sowie der gesamte sozioreligiöse Komplex, den er artikuliert und begründet, zwingt den Menschen, seine Verfassung auf sich zu nehmen, sich als sterbliches und sexualisiertes Wesen zu akzeptieren, das dazu verurteilt ist, zu töten und zu arbeiten, um sich ernähren zu können. Die Welt der Pflanzen und Tiere »spricht« zu ihm von ihrem Ursprung, das heißt in letzter Instanz von Hainuwele; der frühe Ackerbauer versteht diese Sprache und entdeckt daher eine religiöse Bedeutung in allem, was ihn umgibt und was er tut. Doch das zwingt ihn, die Grausamkeit und den Mord als integralen Bestandteil seiner Seinsweise hinzunehmen. Gewiß sind Grausamkeit, Folter und Mord keine spezifisch und ausschließlich »primitiven« Verhaltensweisen. Man begegnet ihnen überall in der Geschichte, manchmal mit einem den archaischen Gesellschaften unbekannten Paroxysmus. Der Unterschied besteht vor allem darin, daß dieses gewalttätige Verhalten für die Primitiven einen religiösen Wert besitzt und den übermenschlichen Modellen nachgebildet ist. Diese Auffassung hat sich in der Geschichte lange gehalten, so fanden zum Beispiel noch die Massenausrottungen eines Dschingis-Khan eine religiöse Rechtfertigung.
Der Mythos als solcher ist weder eine Garantie für »Güte« noch für Moral. Seine Funktion besteht darin, Modelle zu offenbaren und damit der Welt und dem menschlichen Dasein eine Bedeutung zu verleihen. Daher spielt er bei der Konstituierung des Menschen eine immense Rolle. Dank dem Mythos, so sagten wird, tauchen langsam die Vorstellungen von *Realität*, *Wert*, *Transzendenz* auf. Dank dem Mythos läßt die Welt sich als vollkommen gegliederter, intelligibler und signifikanter Kosmos erfassen. Indem die Mythen erzählen, wie die Dinge gemacht worden sind, enthüllen sie, durch wen und warum und unter welchen Umständen sie gemacht worden sind. Alle diese »Offenbarungen« betreffen den Menschen mehr oder weniger unmittelbar, denn sie bilden eine »heilige Geschichte«.

Kurz, die Mythen erinnern ständig daran, daß grandiose Ereignisse auf der Erde stattgefunden haben und daß diese »ruhmvolle Vergangenheit« sich teilweise zurückgewinnen läßt. Die Nachahmung der paradigmatischen Gesten hat auch einen positiven Aspekt: der Ritus zwingt den Menschen, seine Grenzen zu transzendieren, sich neben die Götter und die mythischen Heroen zu stellen, um ihre Taten zu vollbringen. Direkt oder indirekt führt der Mythos zu einer »Erhöhung« des Menschen. Dies wird noch deutlicher, wenn man berücksichtigt, daß in den archaischen Gesellschaften das Rezitieren der mythologischen Überlieferungen das Erbe einiger weniger Individuen bleibt. In einigen Gesellschaften rekrutieren sich die Vortragenden aus den Schamanen und Medizinmännern oder aus den Mitgliedern der Geheimen Bruderschaften. Jedenfalls muß derjenige, der die Mythen rezitiert, seine Berufung unter Beweis gestellt haben und von alten Meistern unterwiesen worden sein. Er zeichnet sich immer entweder durch Gedächtnisstärke, Einbildungskraft oder literarische Begabung aus.

Die Rezitation ist nicht notwendig stereotyp. Manchmal weichen die Varianten merklich vom Prototyp ab. Zweifellos können sich die heutigen Forschungen der Ethnologen und Volkskundler nicht rühmen, den Prozeß der mythologischen Schöpfung aufzudecken. Zwar konnte man die Varianten eines Mythos oder eines folkloristischen Themas verzeichnen, nicht jedoch die Erfindung eines neuen Mythos. Immer handelt es sich um mehr oder weniger kenntliche Modifizierungen eines bereits bestehenden Textes.

Zumindest haben diese Forschungen die Rolle ins Licht gerückt, die schöpferische Individuen bei der Erarbeitung und Übermittlung der Mythen spielen. Sehr wahrscheinlich war diese Rolle in der Vergangenheit noch wichtiger, während die »poetische Schöpferkraft«, wie man heute sagen würde, mit einer ekstatischen Erfahrung zusammenhing.

Man kann nun aber die »Inspirationsquellen« einer solchen schöpferischen Persönlichkeit in einer archaischen Gesellschaft erahnen: es sind die »Krisen«, »Begegnungen«, »Offenbarungen«, kurz, privilegierte religiöse Erfahrungen, begleitet und bereichert von einer Flut von Bildern und besonders lebendigen und dramatischen Szenarien. Es sind die Spezialisten der Ekstase, die in den phantastischen Welten Heimischen, die die traditionellen mythologischen Motive nähren, vermehren und erarbeiten.
Letztlich wird das überlieferte mythologische Material durch Kreativität auf der Ebene der religiösen Imagination erneuert. Daran ist zu sehen, daß die Rolle der schöpferischen Persönlichkeiten größer gewesen sein muß, als man vermutet. Die verschiedenen Spezialisten des Heiligen, von den Schamanen bis zu den Barden, haben am Ende zumindest einige ihrer imaginären Visionen in den jeweiligen Gemeinschaften durchgesetzt. Gewiß hing der »Erfolg« solcher Visionen von den bereits bestehenden Schemata ab: eine Vision, die zu den traditionellen Bildern und Szenarien in krassem Widerspruch stand, konnte wohl nicht leicht akzeptiert werden. Doch wir erkennen die Rolle der Medizinmänner, Schamanen und alten Lehrmeister im religiösen Leben der archaischen Gesellschaften. Bei allen handelt es sich um Individuen, die auf unterschiedliche Weise in der ekstatischen Erfahrung spezialisiert sind. Die Beziehungen zwischen den traditionellen Schemata und den individuellen Neuwertungen sind nicht starr: unter dem Einfluß einer starken religiösen Persönlichkeit verändert sich schließlich das traditionelle Muster.
Mit einem Wort, sobald privilegierte religiöse Erfahrungen mit Hilfe eines phantastischen und eindrucksvollen Szenariums mitgeteilt werden, können sie sich der ganzen Gemeinschaft als Modelle oder Inspirationsquellen aufdrängen. Wie überall bildet und erneuert sich die Kultur auch in den archaischen Gesellschaften anhand der schöpferischen Erfahrungen einiger weniger. Aber weil die archaische Kultur um Mythen kreist und weil diese Mythen von den Spezialisten des Heili-

gen immer wieder uminterpretiert und vertieft werden, wird die Gesellschaft insgesamt zu den Werten und den Bedeutungen hingeführt, die diese wenigen Individuen entdeckt und weitergetragen haben. In diesem Sinne hilft der Mythos dem Menschen, seine eigenen Grenzen zu überschreiten, sie regen ihn an, sich »zu den Größten« emporzuschwingen.

Homer

Es wäre lohnend, die Beziehungen zwischen den großen religiösen Persönlichkeiten, vor allem den Reformatoren und Propheten, und den traditionellen mythologischen Schemata zu untersuchen. Die messianischen und chiliastischen Bewegungen der Völker in den ehemaligen Kolonien stellen ein fast unbegrenztes Forschungsfeld dar. Zumindest teilweise läßt sich der Einfluß Zarathustras auf die iranische Mythologie oder der Einfluß Buddhas auf die traditionelle Mythologie Indiens rekonstruieren. Und was das Judentum betrifft, so wissen wir seit langem, welch gewaltige »Entmythisierung« die Propheten bewirkt haben.

Der Rahmen dieses kleinen Buches erlaubt es uns nicht, diese Probleme mit der Aufmerksamkeit zu erörtern, die sie verdienen. Wir wollen dagegen ein wenig bei der griechischen Mythologie verweilen; weniger bei dem, was sie als solche darstellt, als vielmehr bei ihrem Verhältnis zum Christentum.

Nicht ohne Zögern wenden wir uns dem Problem des griechischen Mythos zu. Nur in Griechenland hat der Mythos sowohl die epische Dichtung, die Tragödie und die Komödie als auch die bildenden Künste inspiriert und geleitet; aber auch nur in der griechischen Kultur ist der Mythos einer langen und gründlichen Analyse unterzogen worden, aus der er völlig »entmythisiert« hervorging. Der Aufschwung des ionischen Rationalismus fällt mit einer immer ätzenderen Kritik der »klassischen« Mythologie zusammen, wie sie in den Werken Homers und Hesiods Ausdruck fand. Daß das Wort »Mythos« in allen europäischen Sprachen eine »Fiktion« bezeichnet, rührt daher, daß es die Griechen schon vor fünfundzwanzig Jahrhunderten so verkündet haben. Ob man will oder nicht, jeder Versuch, den griechischen Mythos zu interpretieren, zumindest innerhalb einer Kultur westlichen Typs, ist mehr oder minder durch die Kritik der griechischen Rationalisten bedingt. Wie wir sehen werden, richtete sich diese Kritik nur selten gegen das, was man das »mythische Denken« nennen könnte, oder gegen das Verhalten, das daraus folgt. Die Kritik zielte vor allem auf die Taten der Götter, so wie Homer und Hesiod sie erzählt hatten. Natürlich kann man sich fragen, was ein Xenophanes vom kosmogonischen Mythos der Polynesier oder von einem spekulativen vedischen Mythos wie dem des *Rig-Veda* (X, 129) gehalten hätte. Aber wie soll man es wissen? Es muß betont werden, daß vor allem die Abenteuer und willkürlichen Entscheidungen der Götter, ihr launisches und ungerechtes Verhalten, ihre »Unmoral«, den rationalistischen Angriffen als Zielscheibe gedient haben. Und die Hauptkritik erfolgte im Namen einer immer höheren Gottesidee: ein wahrer Gott konnte nicht ungerecht, unmoralisch, eifersüchtig, rachsüchtig, ahnungslos usw. sein. Dieselbe Kritik wurde später von den christlichen Apologeten aufgegriffen und verschärft. *Diese* These – daß die von den Dichtern dargestellten göttlichen Mythen nicht wahr sein können – hat anfangs bei den griechischen Eliten und am Ende, nach dem Sieg des Christentums, in der ganzen griechisch-römischen Welt die Oberhand gewonnen.

Es muß jedoch daran erinnert werden, daß Homer weder ein Theologe noch ein Mythograph war. Er hatte nicht den Ehrgeiz, die gesamte griechische Religion und Mythologie systematisch und erschöpfend darzustellen. Wenn es auch stimmt, wie Platon sagt, daß Homer ganz Griechenland erzogen hat, so widmete er seine Gedichte doch einem besonderen Publikum: den Mitgliedern einer feudalen und militärischen Aristokratie. Sein literarisches Genie hat eine nie wieder erreichte Faszination ausgeübt; daher haben seine Werke in starkem Maße dazu beigetragen, die griechische Kultur zu vereinen und zu artikulieren. Doch da er kein Handbuch der Mythologie schrieb, verzeichnete er nicht alle mythischen Themen, die in der griechischen Welt in Umlauf waren. Ebensowenig beabsichtigte er, fremde religiöse und mythologische Anschauungen zu evozieren, oder solche, die für seine höchst patriarchalische und kriegerische Zuhörerschaft ohne Interesse waren. Den gesamten Komplex dessen, was man das nächtliche, chthonische, mit dem Tod verbundene Element der griechischen Mythologie nennen könnte, erwähnt Homer fast überhaupt nicht. Die Bedeutung, die die religiösen Vorstellungen über Sexualität und Fruchtbarkeit, Tod und jenseitiges Leben hatten, wurde uns erst von späteren Autoren und durch die archäologischen Funde enthüllt. Es hat sich also die Homerische Auffassung der Götter und ihrer Mythen überall in der Welt durchgesetzt und ist von den großen Künstlern der klassischen Zeit endgültig fixiert worden, gleichsam in einem zeitlosen Universum von Archteypen. Auf ihre Größe, ihren Adel und ihre Rolle bei der Herausbildung des abendländischen Geistes brauchen wir hier nicht einzugehen. Es genügt, die *Götter Griechenlands* von Walter Otto nochmals zu lesen, um mit dieser leuchtenden Welt der »vollkommenen Formen« in Verbindung zu treten.

Daß Homers Genie und die klassische Kunst dieser göttlichen Welt zu einem unvergleichlichen Glanz verholfen haben, bedeutet jedoch nicht, daß alles, was vernachlässigt wurde, finster, obskur, minderwertig oder mittelmäßig ist. Da gab es zum Beispiel Dionysos, ohne den Griechenland sich nicht vorstellen läßt und den Homer nur in einer Anspielung auf einen Vorfall seiner Kindheit erwähnt. Andererseits führen uns mythologische Fragmente, die von Historikern und Gebildeten gerettet wurden, in eine geistige Welt, der es nicht an Größe fehlt. Diese nicht Homerischen und im allgemeinen nicht-klassischen Mythologien waren eher »volkstümlich«.

Sie sind nicht von der Erosion der rationalistischen Kritik betroffen worden und haben sehr wahrscheinlich am Rande der Kultur der Gebildeten viele Jahrhunderte lang fortgelebt. Es ist nicht ausgeschlossen, daß Überreste dieser volkstümlichen Mythologie noch heute – vermummt, »christianisiert« – in den griechischen und mediterranen Vorstellungen unserer Tage weiterbestehen. Wir werden auf dieses Problem zurückkommen.

Theogonie und Genealogie

Hesiod warb um ein ganz anderes Publikum. Er erzählte Mythen, die in den Homerischen Epen nicht vorkommen oder nur angedeutet werden. Er sprach als erster von Prometheus. Aber er konnte nicht wissen, daß der zentrale Prometheus-Mythos auf einem Mißverständnis beruhte, genauer, auf dem »Vergessen« der ursprünglichen religiösen Bedeutung. Zeus rächt sich nämlich an Prometheus, weil dieser, mit der Aufteilung des ersten Opfertiers beauftragt, die Knochen in Fett gehüllt und das Fleisch und die Eingeweide mit dem Magen bedeckt hatte. Von dem Fett angelockt, hatte Zeus den magersten Anteil für die Götter gewählt und damit den Menschen das Fleisch und die Eingeweide überlassen (*Theogonie* 534 f.). Karl Meuli[1] hat nun aber dieses olympische Opferritual mit den Ritualen der archaischen Jäger Nordasiens verglichen: diese ehrten ihre höchsten Himmelswesen dadurch, daß sie ihnen die Knochen und den Schädel des Tieres opferten. Derselbe rituelle Brauch hat sich bei den Hirtenvölkern Zentralasiens erhalten. Was auf einer archaischen Kulturstufe als die höchste Ehrung eines Himmelsgottes betrachtet wurde, war in Griechenland zur exemplarischen Gaunerei, zum Verbrechen der Majestätsbeleidigung des höchsten Gottes Zeus geworden. Wir wissen nicht, zu welchem Zeitpunkt diese Verfälschung des ursprünglichen rituellen Sinns aufkam und auf welchen Umwegen Prometheus dieses Verbrechens

bezichtigt wurde. Wir haben dieses Beispiel nur deshalb herangezogen, weil wir zeigen wollten, daß Hesiod sehr archaische Mythen erwähnt, deren Wurzeln in die Vorgeschichte reichen; aber diese Mythen hatten bereits einen langen Prozeß der Transformation und Modifizierung durchgemacht, bevor der Dichter sie aufzeichnete.
Hesiod begnügt sich nicht damit, die Mythen aufzuzeichnen. Er systematisiert sie und führt damit bereits ein rationales Prinzip in diese Schöpfungen des mythischen Denkens ein. Er versteht die Genealogie der Götter als eine lange Reihe aufeinanderfolgender Zeugungen. Die Zeugung ist für ihn die ideale Form des Zur-Existenz-Kommens. W. Jaeger hat zu Recht den rationalen Charakter dieser Auffassung hervorgehoben, in der das mythische Denken sich durch das kausale Denken artikulieren läßt.[2] Hesiods Idee, daß Eros der erste Gott gewesen ist, der nach Chaos und Erde auftauchte (*Theogonie* 116f.), ist später von Parmenides und Empedokles weiterentwickelt worden.[3] Platon hat im *Gastmahl* (178 *b*) die Bedeutung dieser Auffassung für die griechische Philosophie unterstrichen.

Die Rationalisten und der Mythos

Es kann hier nicht darum gehen, den langen Erosionsprozeß zusammenzufassen, der schließlich die Homerischen Mythen und Götter ihrer ursprünglichen Bedeutung beraubt hat. Herodot zufolge (1, 32) soll schon Solon gesagt haben, daß »das göttliche Walten von Neid geleitet wird und keine Stetigkeit kennt«. Jedenfalls weigerten sich die ersten milesischen Philosophen, in den Beschreibungen Homers die Gestalt der wahren Gottheit zu sehen. Als Thales sagte, daß »alles voll von Göttern« sei (A 22), lehnte er sich gegen die Auffassung Homers auf, der die Götter in bestimmten kosmischen Regionen ansiedelte. Anaximander schlägt eine totale Konzeption des Universums vor, ohne Götter und ohne Mythen.

Und Xenophanes (geb. um 565) scheut sich nicht, den Homerischen Götterhimmel offen anzugreifen. Er weigert sich zu glauben, daß Gott so handelt, wie Homer erzählt (B 26). Er verwirft die Unsterblichkeit der Götter, wie sie aus Homers und Hesiods Beschreibungen hervorgeht: »Homer und Hesiod haben den Göttern alles angehängt, was bei Menschen Schimpf und Tadel ist: Stehlen und Ehebrechen und einander Betrügen« (B 11, B 12).[4] Ebensowenig akzeptiert er die Vorstellung der göttlichen Zeugung: »Doch wähnen die Sterblichen, die Götter würden geboren und hätten Gewand und Gestalt wie sie« (B 14).[5] Vor allem kritisiert er den Anthropomorphismus der Götter: »Doch wenn die Ochsen und Rosse und Löwen Hände hätten oder malen könnten mit ihren Händen und Werke bilden wie die Menschen, so würden die Rosse roßähnliche, die Ochsen ochsenähnliche Göttergestalten malen und solche Körper bilden, wie jede Art gerade selbst ihre Form hätte« (B 15).[6] Für Xenophanes gibt es »einen einzigen Gott, unter allen Göttern und Menschen den größten, weder an Gestalt den Sterblichen ähnlich noch an Gedanken« (B 23).
Man erkennt in dieser Kritik der »klassischen« Mythologie das Bemühen, diesen Begriff des Göttlichen aus den anthropomorphischen Worten der Dichter herauszukristallisieren. Ein so tief religiöser Autor wie Pindar weist die »unglaublichen« Mythen zurück (*Olympiade* 28 f.). Der Gottesbegriff des Euripides wurde von Xenophanes' Kritik nachhaltig beeinflußt. Zur Zeit des Thukydides bedeutete das Adjektiv *mythodes* soviel wie »märchenhaft und ohne Beweis« im Gegensatz zu irgendeiner Wahrheit oder Realität.[7] Als Platon (*Staat* 378 f.) die Dichter wegen ihrer Darstellung der Götter tadelte, wandte er sich wahrscheinlich an ein von vornherein überzeugtes Publikum.
Die Kritik der mythologischen Überlieferungen ist von den alexandrischen Rhetorikern bis zur Pendanterie getrieben worden. Wie wir noch sehen werden, haben sich die christlichen Apologeten von diesen Autoren anregen lassen, als es

darum ging, die historischen Elemente der Evangelien zu erkennen. Der Alexandriner Aelius Theon (etwa 2. Jahrhundert v. Chr.) erörtert ausführlich die Argumente, mit denen sich die Unmöglichkeit eines Mythos oder einer historischen Erzählung beweisen läßt, und veranschaulicht seine Methode durch die kritische Analyse des Medea-Mythos. Theon meint, daß eine Mutter ihre eigenen Kinder nicht töten könne. Die Geschichte sei als erstes deshalb »unglaubwürdig«, weil Medea ihre Kinder nicht in derselben Stadt (Korinth) hätte umbringen können, in denen ihr Vater Jason lebte. Außerdem sei die Art, wie das Verbrechen begangen wurde, unwahrscheinlich: Medea hätte versucht, ihre Untat zu verbergen und, da sie eine Zauberin war, Gift statt des Schwertes benutzt. Schließlich sei die Rechtfertigung ihrer Tat höchst unwahrscheinlich: Der Zorn auf ihren Gatten hätte sie nicht so weit treiben können, ihre Kinder zu erstechen, die gleichzeitig auch die ihren waren; mit einer solchen Tat hätte sie sich selbst das größte Leid zugefügt, da Frauen Gefühlsregungen stärker unterworfen sind als Männer.[8]

Allegorismus und Euhemerismus

Mehr als eine mythenzerstörende Kritik war es eine Kritik an jeder imaginären Welt, im Namen einer simplistischen Psychologie und eines elementaren Rationalismus. Trotzdem interessierten sich die Eliten der hellenistischen Welt auch weiterhin für die Mythologie Homers und Hesiods. Doch wurden die Mythen nicht mehr wörtlich verstanden: man suchte jetzt in ihnen nach »geheimen Bedeutungen«, »Anspielungen«, *hyponoiai* (der Terminus *allegoria* wurde erst später verwendet). Schon Theagenes von Rhegion (um 525) hatte nahegelegt, daß bei Homer die Namen der Götter entweder menschliche Fähigkeiten oder natürliche Elemente darstellen. Aber es waren vor allem die Stoiker, die die allegorische Interpretation der Homerischen Mythologie und ganz allgemein aller religiösen Überlieferungen entwickelten. Chrysippos führte die griechischen Götter auf physikalische oder ethische Grundsätze zurück. In den *Questiones Homericae* von Pseudo-Heraklit (1. Jahrhundert n. Chr.) findet sich eine ganze Sammlung allegorischer Interpretationen: die mythische Episode zum Beispiel, in der Zeus Hera bindet, bedeutet in Wirklichkeit, daß der Äther die Grenze der Lust ist, usw. Die allegorische Methode wurde von Philon auf die Entzifferung und Veranschaulichung der »Rätsel« des Alten Testaments ausgedehnt. Wie wir noch sehen werden, wurde ein bestimmter Allegorismus, nämlich die Typologie, die Entsprechung der beiden Testamente, von den Kirchenvätern, vor allem von Origenes reichlich verwendet.

Einigen Gelehrten zufolge ist die Allegorie in Griechenland nie sehr populär gewesen, während sie in Alexandrien und Rom mehr Erfolg hatte. Tatsache bleibt, daß Homer und Hesiod dank den verschiedenen allegorischen Interpretationen in den Augen der griechischen Eliten »gerettet« worden sind und daß die Homerischen Götter einen großen kulturellen Wert behalten konnten. Die Rettung des Pantheons und der Homerischen Mythologie ist aber nicht allein das Werk der allegorischen Methode. Zu Beginn des 3. Jahrhunderts v. Chr. veröffentlichte Euhemeros einen Roman in Form der philosophischen Reise, seine *Heilige Schrift* (*Hiera anagraphe*), die augenblicklich großen Erfolg hatte. Ennius übersetzte sie in Lateinische; es war übrigens der erste griechische Text, der in diese Sprache übertragen wurde. Euhemeros glaubte, den Ursprung der Götter entdeckt zu haben: sie waren ehemalige vergöttlichte Könige. Das war eine weitere »rationale« Möglichkeit, die Götter Homers zu bewahren. Diese Götter hatten nun eine »Realität«: eine historische (genauer prähistorische) Realität; ihre Mythen stellten die dunkle oder durch die Einbildung verklärte Erinnerung an die Taten der vorzeitlichen Könige dar.

Dieser Allegorismus wider den Strich hatte erhebliche Nachwirkungen, wie sie weder Euhemeros noch Ennius, nicht einmal Laktanz und die anderen christlichen Apologeten ahnen konnten, als diese sich auf Euhemeros stützten, um die Menschlichkeit und folglich die Irrealität der griechischen Götter zu beweisen. Dank dem Allegorismus und dem Euhemerismus, vor allem dank der Tatsache, daß die gesamte Literatur und bildende Kunst sich um die göttlichen und heroischen Mythen entwickelt hatten, sind diese Götter und Heroen weder nach dem langen Prozeß der Entmythisierung noch nach dem Sieg des Christentums in Vergessenheit geraten.

Ganz im Gegenteil: wie Jean Seznec in seinem schönen Buch *The Survival of the Pagan Gods* zeigte, haben die euhemerisierten griechischen Götter das ganze Mittelalter überdauert, auch wenn sie ihre klassischen Formen verloren hatten und in den unerwartetsten Verkleidungen auftraten. Die »Wiederentdeckung« der Renaissance besteht vor allem in der Restauration der reinen, »klassischen« Formen.[9] Und am Ende der Renaissance wurde dem Abendland bewußt, daß es keine Möglichkeit mehr gab, das griechisch-römische »Heidentum« mit dem Christentum zu versöhnen, während man im Mittelalter das Altertum noch nicht als ein distinktes historisches Milieu und als vergangene Epoche betrachtete.

So kommt es, daß eine säkularisierte Mythologie und ein euhemerisierter Götterhimmel überlebt haben und seit der Renaissance Gegenstand wissenschaftlicher Forschung geworden sind, gerade weil die sterbende Antike nicht mehr an die Götter Homers und an den ursprünglichen Sinn ihrer Mythen glaubte. Dieses mythologische Erbe konnte vom Christentum akzeptiert und assimiliert werden, weil es nicht mehr von lebendigen religiösen Werten durchdrungen war. Es war ein »Kulturgut« geworden. Letzten Endes wurde das klassische Erbe von den Dichtern, Künstlern und Philosophen gerettet. Die Götter und ihre Mythen sind seit dem Ende der Antike – als kein Gebildeter sie mehr ernst nahm – bis zur Renaissance und bis ins 17. Jahrhundert von den

Werken, den literarischen und künstlerischen Schöpfungen befördert worden.

Schriftliche Dokumente und mündliche Überlieferung

Durch die *Kultur* haben ein entsakralisiertes religiöses Universum und eine entmythisierte Mythologie die abendländische Zivilisation geformt, die einzige, der es gelungen ist, exemplarisch zu werden. Das ist mehr als nur ein Sieg des *logos* über den *mythos*. Es ist vielmehr der Sieg des *Buchs* über die *mündliche Überlieferung*, des Dokuments – vor allem des schriftlichen Dokuments – über eine erlebte Erfahrung, die nur über die Mittel des vorliterarischen Ausdrucks verfügte. Zwar sind viele schriftliche Texte und Kunstwerke der Antike verschollen; aber es bleiben genug von ihnen übrig, um die wunderbare Zivilisation des Mittelmeerraums in ihren großen Zügen zu restituieren. Für die vorliterarischen Formen der Kultur, sowohl in Griechenland wie im alten Europa, trifft das nicht zu. Wir wissen sehr wenig über die volkstümlichen Religionen und Mythologien des Mittelmeerraums, und dieses Wenige verdanken wir den Denkmälern und einigen wenigen schriftlichen Dokumenten. Zuweilen – z. B. bei den eleusinischen Mysterien – erklärt sich unsere geringe Kenntnis durch ein zu gut gehütetes Initiationsgeheimnis. In anderen Fällen hat uns ein glücklicher Zufall über volkstümliche Kulte und Glaubensvorstellungen unterrichtet. Hätte nicht Pausanias seine persönlichen Erlebnisse beim Orakel des Trophonios in Lebadeia erzählt (IX, 39), dann hätten wir uns mit ein paar vagen Andeutungen bei Hesiod, Euripides und Aristophanes begnügen müssen. Wir hätten die Bedeutung und Wichtigkeit dieses religiösen Zentrums nicht einmal geahnt.

Schon die »klassischen« griechischen Mythen stellen den Sieg des literarischen *Werks* über den religiösen *Glauben* dar. Wir kennen keinen griechischen Mythos, der zusammen mit sei-

nem kultischen Kontext übermittelt wurde. Wir kennen die Mythen nur im Zustand literarischer und künstlerischer »Dokumente«, nicht als Quellen oder Ausdrucksformen einer mit einem Ritus verbundenen religiösen Erfahrung. Ein ganzer Bereich, ein *lebendiger*, volkstümlicher Bereich der griechischen Religion entgeht uns, eben weil er nicht systematisch und schriftlich beschrieben worden ist.
Man darf die Lebendigkeit der griechischen Religiosität nicht nur danach beurteilen, wie stark die Zustimmung zu den olympischen Mythen und Kulten gewesen ist. Die Kritik an den Homerischen Mythen setzt nicht notwendig Rationalismus oder Atheismus voraus. Daß die *klassischen Formen* des mythischen Denkens von der rationalistischen Kritik »kompromittiert« worden sind, heißt nicht, daß dieses Denken endgültig außer Kraft gesetzt war. Die intellektuellen Eliten hatten andere Mythologien entdeckt, die neue religiöse Anschauungen zu begründen und zu artikulieren vermochten. Es gab die Religionen der eleusinischen Mysterien und der orphisch-pythagoreischen Bruderschaften bis hin zu den griechisch-orientalischen Mysterien, die im kaiserlichen Rom und in den Provinzen so populär waren. Außerdem gab es die Mythologien der Seele, wenn man so sagen darf, die Soteriologien, die von den Neupythagoreern und den Gnostikern entwickelt worden waren. Hinzu kommen die Ausbreitung der Sonnenkulte und -mythologien, die astralen und die Totenmythologien sowie alle Arten von volkstümlichem »Aberglauben« und »Vulgärmythologie«.
Wir haben diese Tatsachen in Erinnerung gerufen, damit man nicht meint, die Entmythisierung Homers und der klassischen Religion hätte in der mediterranen Welt eine religiöse Leere verursacht, die das Christentum fast widerstandslos gefüllt habe. In Wirklichkeit ist das Christentum auf mehrere Arten von Religiosität gestoßen. Der wahre Widerstand ging nicht von der »klassischen«, allegorisierten und euhemerisierten Religion und Mythologie aus; ihre Kraft war vor allem politischer und kultureller Natur; die Stadt, der Staat, das

Reich, das Ansehen der unvergleichlichen griechisch-römischen Kultur – das alles war ein starkes Bollwerk. Doch hinsichtlich der lebendigen Religion war dieses Gebäude brüchig und konnte in jedem Augenblick unter dem Anprall einer authentischen religiösen Erfahrung zusammenbrechen.

Dem wirklichen Widerstand begegnete das Christentum in den Religionen der Mysterien und den Soteriologien (die das Heil des Individuums verfolgten und die Formen der Staatsreligion nicht kannten oder verachteten), und vor allem in den Volksreligionen und -mythologien des Römischen Reichs. Über diese Religionen wissen wir noch weniger als über die griechische und mediterrane Volksreligion. Wir wissen etwas über Zalmoxis, den Gott der Geten, weil Herodot einige bei den Griechen vom Hellespont gesammelte Informationen über ihn aufgezeichnet hat. Ohne dieses Zeugnis hätten wir uns mit Anspielungen bescheiden müssen, wie es bei anderen thrakischen Gottheiten der Balkanländer der Fall ist: Darzales, Bendis, Koty usw. Doch sobald weniger dürftige Informationen über die vorchristlichen Religionen Europas zur Verfügung stehen, wird man sich ihrer Komplexität und ihres Reichtums bewußt. Da aber diese Völker während ihrer heidnischen Zeit keine *Bücher* hervorgebracht haben, werden wir ihre ursprünglichen Religionen und Mythologien niemals von Grund auf kennen.

Dennoch bestand damals ein religiöses Leben und eine Mythologie, die stark genug waren, um zehn Jahrhunderten Christentum und unzähligen Angriffen seitens der kirchlichen Autoritäten zu trotzen. Diese Religion hatte eine kosmische Struktur, und wir werden sehen, daß sie zuletzt von der Kirche toleriert und assimiliert wurde. In der Tat zeigt das bäuerliche Christentum, besonders in Süd- und Südosteuropa, eine kosmische Dimension.

Fassen wir zusammen: Wenn die griechische Religion und Mythologie, radikal säkularisiert und entmythisiert, in der europäischen *Kultur* überlebt haben, so gerade deshalb, weil sie in literarischen und künstlerischen *Meisterwerken* ausgedrückt worden waren; während die volkstümlichen Religionen und Mythologien, die einzigen *lebendigen* heidnischen Formen zur Zeit des Siegs des Christentums (von denen wir jedoch fast nichts wissen, weil sie keinen schriftlichen Ausdruck gefunden haben), in christianisierter Form in den Überlieferungen der Landbevölkerungen überdauert haben. Da es sich im wesentlichen um eine Religion agrarischer Struktur handelte, deren Wurzeln bis ins Neolithikum reichen, ist es wahrscheinlich, daß die religiöse Folklore Europas noch ein prähistorisches Erbe bewahrt.

Auf kultureller Ebene haben diese Überlebsel der Mythen und der archaischen religiösen Verhaltensweisen, wiewohl sie ein wichtiges geistiges Phänomen darstellen, nur bescheidene Folgen gehabt. Die Revolution, die die Schrift hervorgerufen hatte, war irreversibel. Von nun an wird die Kulturgeschichte nur archäologische Dokumente und schriftliche Texte berücksichtigen. Ein Volk, dem *diese* Art von Dokumenten fehlt, wird als geschichtsloses Volk angesehen. Die volkstümlichen Schöpfungen und die mündlichen Überlieferungen werden erst sehr spät, in der deutschen Romantik, aufgewertet; es handelt sich bereits um ein antiquarisches Interesse. Die volkstümlichen Schöpfungen, in denen das mythische Verhalten und das mythische Universum noch überleben, waren zuweilen einigen großen europäischen Künstlern eine Quelle der Inspiration. Aber solche Schöpfungen haben in der Kultur nie eine wichtige Rolle gespielt. Schließlich wurden sie als »Dokumente« behandelt, und als solche erregen sie die Neugier einiger Spezialisten. Um einen modernen Menschen zu interessieren, muß dieses mündliche traditionelle Erbe in Form des *Buchs* vorgelegt werden . . .

KAPITEL IX
ÜBERBLEIBSEL UND VERMUMMUNG DER MYTHEN

Christentum und Mythologie

Es ist schwierig, auf wenigen Seiten die Beziehungen zwischen Christentum und mythischem Denken darzulegen. Diese Beziehungen stellen uns vor ganz verschiedene Probleme. Da ist zunächst die Doppeldeutigkeit des Terminus »Mythos«. Die ersten christlichen Theologen nahmen dieses Wort in dem Sinn, der sich seit mehreren Jahrhunderten in der griechisch-römischen Welt eingebürgert hatte, nämlich im Sinn von »Fabel«, »Fiktion«, »Lüge«. Folglich weigerten sie sich, in der Person Jesu eine »mythische« Person und im christologischen Drama einen »Mythos« zu sehen. Ab dem 2. Jahrhundert war die christliche Theologie genötigt, die Geschichtlichkeit Jesu sowohl gegen die Doketisten und die Gnostiker als auch gegen die heidnischen Philosophen zu verteidigen. Wir werden gleich sehen, welche Argumente sie benutzte, um ihre These zu verfechten, und mit welchen Schwierigkeiten sie zu kämpfen hatte.

Das zweite Problem hängt eng mit dem ersten zusammen: es betrifft nicht mehr die Geschichtlichkeit Jesu, sondern den Wert der literarischen Zeugnisse, die diese Geschichtlichkeit begründen. Schon Origenes war sich der Schwierigkeit bewußt, ein historisches Ereignis mit unanfechtbaren Dokumenten zu stützen. Heute behauptet ein Rudolf Bultmann, daß man nichts über das Leben und die Person Jesu wissen könne, obgleich er seine historische Existenz nicht in Zweifel zieht. Diese methodologische Position setzt voraus, daß die Evangelien und die anderen frühen Zeugnisse mit »mythologischen Elementen« durchsetzt sind (wobei dieser Ausdruck im Sinn von »was nicht existieren kann« verstanden wird). Daß »mythologische Elemente« in den Evangelien reichlich

vorhanden sind, ist evident. Zudem sind Symbole, Figuren und Rituale jüdischen und mediterranen Ursprungs schon frühzeitig vom Christentum assimiliert worden. Wir werden auf die Bedeutung dieses doppelten Prozesses der »Judaisierung« und der »Heidnisierung« des Urchristentums noch zurückkommen.
Fügen wir hinzu, daß die massenhafte Existenz von Symbolen und Elementen im Christentum, die dem Sonnenkult entstammen oder eine Mysterienstruktur aufweisen, einige Wissenschaftler ermutigt hat, die Geschichtlichkeit Jesu zu verwerfen. Sie haben die Position eines Bultmann, zum Beispiel, umgekehrt. Statt zu Beginn des Christentums eine historische Person zu postulieren, über die man aufgrund der »Mythologie«, mit der sie sehr schnell überfrachtet worden ist, nichts wissen kann, haben diese Wissenschaftler im Gegenteil einen »Mythos« postuliert, der von den ersten Christengenerationen unvollkommen »historisiert« worden sei. Um nur die Modernen zu nennen: Von Arthur Drews (1909) und Peter Jensen (1906, 1909) bis P. L. Couchoud (1924) haben Wissenschaftler der verschiedensten Richtungen und unterschiedlicher Kompetenz mühsam versucht, den »Ursprungsmythos« zu rekonstruieren, der die Gestalt Christi und schließlich das Christentum entstehen ließ. Dieser »Ursprungsmythos« variiert im übrigen von einem Autor zum anderen. Es wäre ein faszinierendes Unternehmen, diese sowohl gelehrten wie abenteuerlichen Rekonstruktionen zu untersuchen. Sie verraten eine gewisse Sehnsucht des modernen Menschen nach dem »Urmythischen«. (Im Fall von P. L. Couchoud ist diese Überhöhung der Nichtgeschichtlichkeit des Mythos auf Kosten der Armut des historisch Konkreten evident.) Aber keine dieser nichthistorizistischen Hypothesen ist von den Fachleuten akzeptiert worden.
Schließlich stellt sich ein drittes Problem, wenn man die Beziehungen zwischen mythischem Denken und Christentum untersucht. Es läßt sich folgendermaßen formulieren: Wenn die Christen es abgelehnt haben, in ihrer Religion den

entsakralisierten *Mythos* der hellinistischen Epoche zu sehen, wie steht dann das Christentum zum *lebendigen* Mythos, so wie ihn die archaischen und traditionalen Gesellschaften gekannt haben? Wir werden sehen, daß sich das Christentum, wie es in den fast zweitausend Jahren seiner Geschichte verstanden und gelebt worden ist, nicht vollständig vom mythischen Denken lossagen kann.

Geschichte und »Rätsel« in den Evangelien

Sehen wir nun zu, wie die Kirchenväter die Geschichtlichkeit Jesu sowohl gegen die ungläubigen Heiden wie gegen die »Häretiker« verteidigten. Als sich das Problem erhob, das authentische Leben Jesu darzustellen, das heißt so, wie es die Apostel gekannt und überliefert haben, sahen sich die Theologen der Urkirche mit einer bestimmten Anzahl von Texten und mündlichen Traditionen konfrontiert, die in den verschiedensten Kreisen kursierten. Die Kirchenväter haben kritischen Geist bewiesen und »historizistische« Orientierung vor dem Buchstaben, als sie es ablehnten, die apokryphen Evangelien und die *logia agrapha* als authentische Dokumente zu betrachten. Dennoch haben sie endlosen Kontroversen innerhalb der Kirche Tür und Tor geöffnet und den Offensiven der Nichtchristen Vorschub geleistet, indem sie nicht ein einziges, sondern vier Evangelien akzeptierten. Da es zwischen den synoptischen Evangelien und dem Evangelium des Johannes Unterschiede gab, mußte man sie durch die Exegese erklären und rechtfertigen.

Die exegetische Krise wurde im Jahre 137 durch Markion ausgelöst. Dieser behauptete, daß es nur ein einziges authentisches Evangelium gäbe, das zuerst mündlich überliefert und dann von enthusiastischen Anhängern des Judentums redigiert und mit großer Geduld interpoliert worden sei. Dieses für allein gültig erklärte Evangelium war das Lukas-Evangelium, das Markion auf den in seinen Augen authentischen

Kern reduziert hatte.[1] Markion hatte sich der Methode der griechisch-römischen Grammatiker bedient, die sich anheischig machten, die mythologischen Auswüchse der alten theologischen Texte aufzuspüren. In ihrer Erwiderung an Markion und die anderen Gnostiker waren die Orthodoxen gezwungen, dieselbe Methode anzuwenden.
Zu Beginn des 2. Jahrhunderts zeigte Aelius Theon in seiner Abhandlung *Progymnasmata* den Unterschied zwischen Mythos und Erzählung: Der Mythos ist »eine falsche Darstellung, die das Wahre schildert«, während die Erzählung »eine Darstellung ist, die Ereignisse beschreibt, die stattgefunden haben oder stattfinden können«.[2] Die christlichen Theologen bestritten natürlich, daß die Evangelien »Mythen« oder »wunderbare Geschichten« seien. Justin zum Beispiel konnte nicht hinnehmen, daß auch nur die geringste Möglichkeit bestand, die Evangelien mit »wunderbaren Geschichten« zu verwechseln. Das Leben Jesu war die Erfüllung der Prophezeiungen des Alten Testaments, und auch die literarische Form der Evangelien ähnelte in keiner Weise der des Mythos. Mehr noch: Justin meinte, man könne dem nichtchristlichen Leser materielle Beweise für die historische Wahrhaftigkeit der Evangelien liefern. Die Geburt Christi ließ sich zum Beispiel beweisen »durch Steuererklärungen, die unter dem Prokurator Quirinus eingereicht und (*ex hypothesi*?) anderthalb Jahrhunderte später in Rom zugänglich waren.«[3] Ebenso hielten Gelehrte wie Tatian oder Clemens Alexandrinum die Evangelien für historische Dokumente.
Am wichtigsten für unser Vorhaben ist jedoch Origenes. Origenes war vom geistigen Wert der in den Evangelien überlieferten Geschichten zu sehr überzeugt, um einzuräumen, daß man sie plump wörtlich verstehen könne wie die einfachen Gläubigen und die Häretiker – und deshalb pries er die allegorische Exegese. Doch als er das Christentum gegen Celsus verteidigen mußte, betonte er nachdrücklich die Geschichtlichkeit des Lebens Jesu und bemühte sich, alle historischen Zeugnisse zu validieren. Origenes kritisiert und

verwirft die Geschichtlichkeit der Episode der aus dem Tempel vertriebenen Händler. »In dem Teil seines Systems, das von der Inspiration und der Exegese handelt, sagt Origenes, daß dort, wo dem Logos bei der Darlegung des Zusammenhangs der geistigen Dinge der bisher niedergeschriebene Ablauf bestimmter Vorgänge nicht entsprach, die Schrift Unwirkliches mit hineinwebt, was teils gar nicht geschehen kann, teils zwar geschehen könnte, aber nicht geschehen ist.«[4] Statt »Mythos« und »Fiktion« sagt er zwar »Rätsel« und »Parabel«; aber es unterliegt keinem Zweifel, daß diese Worte für ihn gleichbedeutend sind.[5]
Origenes räumt also ein, daß die Evangelien Episoden enthalten, die nicht historisch »authentisch« sind, obgleich sie auf geistiger Ebene »wahr« sind. Doch in seiner Antwort auf die Kritik von Celsus räumt er auch die Schwierigkeit ein, die Geschichtlichkeit eines historischen Ereignisses zu beweisen. »Der Versuch, die Wahrheit einer Geschichte als historisches Faktum zu belegen, ist, auch wenn die Geschichte wahr ist, eine der schwierigsten Aufgaben und zuweilen eine unmögliche Aufgabe.«[6]
Nichtsdestoweniger glaubt Origenes, daß bestimmte Ereignisse im Leben Jesu durch historische Zeugnisse hinreichend belegt sind. Zum Beispiel ist Jesus vor vielen Personen gekreuzigt worden. Das Erdbeben und die Finsternis können durch den historischen Bericht des Phlegon von Tralleis bestätigt werden.[7] Das Abendmahl ist ein historisches Ereignis, das sich genau datieren läßt.[8] Ebenso die Prüfung von Gethsemane, obwohl das Johannes-Evangelium sie nicht erwähnt (Origenes erklärt den Grund für dieses Schweigen: Johannes interessiert sich nicht mehr für die Göttlichkeit Jesu, er weiß, daß der Gott-Logos nicht in Versuchung geführt werden kann). Die Auferstehung ist im historischen Sinn des Wortes »wahr«, weil sie ein Ereignis ist, auch wenn der auferstandene Körper nicht mehr zur physikalischen Welt gehört. (Der auferstandene Körper war ein luftiger, geistiger Körper.[9])

Obwohl Origenes nicht an der Geschichtlichkeit des Lebens, des Leidens und der Auferstehung Christi zweifelt, interessiert er sich doch mehr für den geistigen, nicht historischen Sinn des evangelischen Textes. Der wahre Sinn liegt »jenseits der Geschichte«.[10] Die Exegese muß fähig sein, sich »vom historischen Material zu befreien«, denn dieses Material ist nur ein »Sprungbrett«. Wer allzu sehr auf der Geschichtlichkeit Jesu beharrt und den tiefen Sinn des Lebens und seiner Botschaft vernachlässigt, der verstümmelt das Christentum. »Die Menschen«, so schreibt er in seinem Kommentar zum Evangelium Jesu, »sind ganz entzückt, wenn sie die Ereignisse des Lebens Jesu betrachten, aber sie werden skeptisch, sobald man ihnen deren tiefe Bedeutung offenbart, und weigern sich, sie als wahr hinzunehmen.«[11]

Historische Zeit und liturgische Zeit

Origenes hat sehr gut erfaßt, daß die Originalität des Christentums in erster Linie daher rührt, daß die Inkarnation in geschichtlicher und nicht in kosmischer Zeit erfolgte. Er vergißt jedoch, daß sich das Mysterium der Inkarnation nicht auf seine Geschichtlichkeit reduzieren läßt. Im übrigen haben die ersten Christengenerationen, als sie »den Völkern« die Göttlichkeit Jesu Christi verkündeten, stillschweigend seine Übergeschichtlichkeit behauptet. Nicht, daß man Jesus nicht als historische Person betrachtete, aber man unterstrich vor allem, daß er der Sohn Gottes war, der Erlöser der Welt, der nicht nur den Menschen, sondern auch die Natur erlöst hatte. Mehr noch: die Geschichtlichkeit Jesu war schon durch seine Himmelfahrt und durch seine Wiedereinsetzung in die Herrlichkeit Gottes transzendiert worden.

Als die Christen die Fleischwerdung, die Auferstehung und die Himmelfahrt des Wortes verkündeten, waren sie überzeugt, daß sie keinen neuen Mythos vorstellten. In Wirklichkeit aber bedienten sie sich der Kategorien des mythischen

Denkens. Zweifellos konnten sie dieses mythische Denken in den entsakralisierten Mythologien ihrer gebildeten heidnischen Zeitgenossen nicht erkennen. Aber es ist offensichtlich, daß das Zentrum des religiösen Lebens für die Christen aller Konfessionen durch das Drama Jesu-Christi konstituiert ist. Obwohl es sich in der Geschichte vollzog, hat dieses Drama das Heil ermöglicht; folglich gibt es nur ein Mittel, das Heil zu erlangen: dieses exemplarische Drama rituell zu wiederholen und das höchste Vorbild nachzuahmen, das durch das Leben und die Lehre Jesu offenbart worden ist. Dieses religiöse Verhalten ist nun aber eng mit dem authentischen mythischen Denken verbunden.

Fügen wir hinzu, daß das Christentum, *einfach weil es eine Religion ist*, mindestens einen mythischen Zug hat, d. h. die periodische Wiedergewinnung des *illud tempus* der »Anfänge«. »Die religiöse Erfahrung des Christen gründet auf der *Nachahmung* Christi als eines *beispielhaften Vorbildes*, auf der *Wiederholung* des Lebens, des Sterbens und der Auferstehung des Herrn in der Liturgie und auf der *Gleichzeitigkeit* des Christen mit dem *illud tempus*, das sich in der Geburt von Bethlehem öffnet und einstweilen mit der Himmelfahrt schließt.« Wir haben nun aber gesehen, »daß die Nachahmung eines Vorbilds, das den Menschen übersteigt, die Wiederholung eines beispielhaften Musters und die Durchbrechung der profanen Zeit in einer Öffnung, die in die Große Zeit mündet, die wesentlichen Kennzeichen der ›mythischen Verfassung‹ sind, d. h. des Menschen der archaischen Gesellschaft, für den der Mythos die eigentliche Quelle seines Dasein ist.«[12]

Obwohl die liturgische Zeit eine zirkuläre Zeit ist, akzeptiert das Christentum, ein treuer Erbe des Judentums, dennoch die lineare Zeit der Geschichte: die Welt ist ein einziges Mal geschaffen worden und wird ein einziges Ende haben; die Inkarnation hat ein einziges Mal stattgefunden, in der historischen Zeit, und es wird nur ein einziges Gericht geben. Das Christentum war von Anfang an vielfältigen und widerspre-

chenden Einflüssen ausgesetzt, vor allem denen des Gnostizismus, des Judentums und des »Heidentums«. Die Kirche hat nicht einheitlich darauf reagiert. Die Kirchenväter führten einen unermüdlichen Kampf gegen den Akosmismus und den Esoterismus der Gnosis; und doch bewahrten sie die gnostischen Elemente im Johannes-Evangelium, in den Briefen des Paulus sowie in einigen frühen Schriften. Aber trotz den Verfolgungen ist der Gnostizismus niemals ganz ausgerottet worden, und einige gnostische Mythen sind mehr oder weniger vermummt in den mündlichen und schriftlichen Literaturen des Mittelalters wieder aufgetaucht.
Was das Judentum betrifft, so hat die Kirche eine allegorische Methode zur Deutung der Schriften und vor allem das Modell *par excellence* der kosmischen Religion geliefert. Die »Judaisierung« des Urchristentums kommt seiner »Historisierung« gleich, der Entscheidung der ersten Theologen, die Geschichte der Predigt Jesu und der entstehenden Kirche mit der Heiligen Geschichte des Volks Israel zu verknüpfen. Aber das Judentum hatte eine bestimmte Anzahl von jahreszeitlichen Festen und kosmischen Symbolen »historisiert«, indem es sie auf wichtige Ereignisse in der Geschichte Israels bezog (vgl. das Fest der Tabernakel, Ostern, das Lichterfest von Hanukka usw.). Die Kirchenväter sind denselben Weg gegangen: sie haben die asiatischen und mediterranen Symbole, Riten und Mythen »christianisiert«, indem sie sie mit einer »heiligen Geschichte« verbanden. Diese »heilige Geschichte« überstieg natürlich den Rahmen des Alten Testaments und umfaßte jetzt auch das Neue Testament, die Predigt der Apostel und später die Geschichte der Heiligen. Bestimmte kosmische Symbole – das Wasser, der Baum und der Weinberg, der Pflug und die Hacke, das Schiff, der Wagen usw. – waren bereits vom Judentum assimiliert worden[13] und konnten ziemlich mühelos in die Lehre und Praxis der Kirche einbezogen werden, wobei sie einen sakramentalen oder ekklesiologischen Sinn erhielten.

Die wirklichen Schwierigkeiten tauchten später auf, als die christlichen Missionare, vor allem in Mittel- und Westeuropa, mit *lebendigen* Volksreligionen konfrontiert wurden. Wohl oder übel »christianisierte« man schließlich die göttlichen Gestalten und die »heidnischen« Mythen, die sich nicht ausrotten ließen. Viele Götter oder drachentötende Heroen sind heilige Georgs geworden; die Sturmgötter haben sich in den heiligen Elias verwandelt; unzählige Fruchtbarkeitsgöttinnen wurden der Jungfrau Maria oder den weiblichen Heiligen angeglichen. Man könnte sogar sagen, daß ein Teil der Volksreligion des vorchristlichen Europa sei's vermummt oder verwandelt in den kalendarischen Festen und im Heiligenkult überlebt hat. Mehr als sechs Jahrhunderte lang mußte die Kirche gegen die stete Flut heidnischer (d. h. der kosmischen Religion zugehörigen) Elemente in den christlichen Praktiken und Legenden kämpfen. Das Ergebnis dieses erbitterten Kampfes war eher mager, vor allem in Süd- und Südosteuropa, wo die Folklore und die religiösen Praktiken der Landbevölkerung noch am Ende des 19. Jahrhunderts Gestalten, Mythen und Rituale aus dem frühesten Altertum, ja sogar der Vorgeschichte enthielten.[14]

Der römisch-katholischen und der orthodoxen Kirche wurde oft der Vorwurf gemacht, sie habe zu viele heidnische Elemente akzeptiert. War diese Kritik immer berechtigt? Einerseits konnte das »Heidentum« lediglich in wenn auch nur oberflächlich christianisierter Form überleben. Diese Politik der Assimilierung eines »Heidentums«, das man nicht vernichten konnte, stellte keine Neuerung dar; schon die Urkirche hatte einen großen Teil des vorchristlichen heiligen Kalenders akzeptiert und assimiliert. Andererseits waren die Bauern aufgrund ihrer eigenen Seinsweise im Kosmos in keiner Weise von einem »historischen« und moralischen Christentum angezogen. Die spezifische religiöse Erfahrung der Landbevölkerungen wurde durch etwas genährt, was man

»kosmisches Christentum« nennen könnte. Die Bauern Europas verstanden das Christentum als eine kosmische Liturgie. Das christologische Mysterium betraf auch das Schicksal des Kosmos. »Die ganze Natur lechzt nach Auferstehung«: das ist ein zentrales Motiv sowohl der Osterliturgie wie der religiösen Folklore der östlichen Christenheit. Die mystische Verbundenheit mit den kosmischen Rhythmen, die von den Propheten des Alten Testaments heftig angegriffen und von der Kirche nur mit Mühe toleriert wurde, steht im Mittelpunkt des religiösen Lebens der Landbevölkerung Südosteuropas. Für diesen Teil der Christenheit ist die »Natur« nicht die Welt der Sünde, sondern das Werk Gottes. Nach der Inkarnation ist die Welt in ihrer ersten Herrlichkeit wiedererstanden; aus diesem Grunde sind Christus und die Kirche mit so vielen kosmischen Symbolen befrachtet worden. In der religiösen Folklore Südosteuropas heiligen die Sakramente auch die Natur.

Für die Bauern Osteuropas implizierte diese Haltung keineswegs eine »Heidnisierung« des Christentums, sondern im Gegenteil eine »Christianisierung« der Religion ihrer Vorfahren. Wenn man einmal die Geschichte dieser »Volkstheologie« schreiben wird, wie sie sich vor allem in den jahreszeitlichen Festen und in der religiösen Folklore fassen läßt, dann wird man sich darüber klar werden, daß das »kosmische Christentum« weder eine neue Form von Heidentum noch ein heidnisch-christlicher Synkretismus ist. Es ist eine eigene religiöse Schöpfung, in der die Eschatologie und die Soteriologie kosmische Dimensionen haben; mehr noch: Christus, der nicht aufhört, der Pantokrator zu sein, steigt auf die Erde herab und besucht die Bauern, so wie es, in den Mythen der archaischen Völker, das Höchste Wesen tat, bevor es sich in einen *deus otiosus* verwandelte; dieser Christus ist nicht »historisch«, da sich das Volksbewußtsein weder für die Chronologie noch für die Genauigkeit der Ereignisse, noch für die Authentizität der geschichtlichen Personen interessiert. Daraus dürfen wir jedoch nicht schließen, daß

Christus für die Landbevölkerungen nur ein von den alten Polytheismen ererbter »Gott« ist. Es besteht kein Widerspruch zwischen dem Bild Christi in den Evangelien und der Kirche und dem Bild der religiösen Folklore: die Geburt Christi, die Lehre Jesu und seine Wunder, die Kreuzigung und Auferstehung sind die wesentlichen Themen dieses Volkschristentums. Andererseits sind alle dieses folkloristischen Schöpfungen von einem *christlichen* Geist durchdrungen, nicht einem »heidnischen«: alles dreht sich um das Heil des Menschen durch Christus; um den Glauben, die Hoffnung und die Nächstenliebe; um eine Welt, die »gut« ist, weil sie von Gott Vater geschaffen und vom Sohn erlöst worden ist; um ein menschliches Dasein, das sich nicht wiederholen wird und dem es nicht an Bedeutung fehlt; der Mensch ist frei, das Gute oder das Böse zu wählen, aber er wird nicht allein nach dieser Wahl gerichtet werden.
Wir können die großen Linien dieser »Volkstheologie« hier nicht darlegen. Aber es muß festgestellt werden, daß das kosmische Christentum der Landbevölkerungen von der Sehnsucht nach einer durch die Gegenwart Jesu geweihten Natur beherrscht ist. Sehnsucht nach dem Paradies, Verlangen, eine verklärte und unverwundbare Natur wiederzufinden, die geschützt ist vor den auf Kriege, Verwüstungen und Eroberungen folgenden Umwälzungen. In dieser Form drückt sich auch das »Ideal« der Agrargesellschaften aus, die ständig von fremden Kriegerhorden terrorisiert und von den verschiedenen Klassen mehr oder weniger autochthoner »Herren« ausgebeutet werden. Es ist eine passive Revolte gegen die Tragödie und die Ungerechtigkeit der Geschichte, also gegen die Tatsache, daß das Böse sich nicht mehr als individuelle Entscheidung erweist, sondern vor allem als eine überpersönliche Struktur der historischen Welt.
Kurz, dieses Volkschristentum hat bestimmte Kategorien des mythischen Denkens bis in unsere Tage bewahrt.

Im Mittelalter erleben wir einen plötzlichen Aufschwung des mythischen Denkens. Alle Klassen der Gesellschaft berufen sich auf eigene mythologische Traditionen – sie alle machen sich einen »Ursprungs«-Mythos ihres Standes oder ihrer Berufung zu eigen und bemühen sich, ein exemplarisches Modell nachzuahmen. Der Ursprung dieser Mythologien ist sehr unterschiedlich. Artus' Tafelrunde und das Gralsthema integrieren unter christlichem Anstrich viele keltische Glaubensvorstellungen, insbesondere solche, die sich auf die Andere Welt beziehen. Die Ritter möchten mit Lanzelot oder Parzival wetteifern. Die Troubadoure erarbeiten eine ganze Mythologie der Frau und der Liebe, zwar mit Hilfe christlicher Elemente, die jedoch die Lehren der Kirche überschreiten oder ihnen widersprechen.

Einige historische Bewegungen des Mittelalters veranschaulichen die typischsten Äußerungen des mythischen Denkens auf besonders eindrucksvolle Weise. Wir denken dabei an die chiliastischen Schwärmereien und an die eschatologischen Mythen, die in den Kreuzzügen, in den Bewegungen eines Tanchelm und Eudes de l'Etoile, in der Erhebung Friedrichs II. in den Rang des Messias sowie in vielen anderen utopischen und vorrevolutionären messianischen Massenerscheinungen zeigen, die Norman Cohn in seinem Buch *The Pursuit of the Millenium* brillant untersucht hat. Verweilen wir einen Augenblick bei der mythologischen Aureole Friedrichs II.: Der Kanzler des Kaisers, Pietro della Vigna, stellt seinen Herrn als einen kosmischen Erlöser dar: die ganze Welt erwartete einen solchen Kosmokrator, und nun sind die Flammen des Bösen erloschen, die Schwerter haben sich in Pflugscharen verwandelt, es herrscht Frieden, Gerechtigkeit und Sicherheit. Mehr noch: Friedrich besitzt die unvergleichliche Gabe, die Elemente des Universums zu verbinden, indem er heiß und kalt, fest und flüssig, alle Gegensätze miteinander versöhnt. Er ist ein kosmischer Messias, den die

Erde, das Meer und die Luft einstimmig verehren. Sein Erscheinen ist das Werk der göttlichen Vorsehung; denn die Welt war im Begriff, zugrunde zu gehen, das Jüngste Gericht stand bevor, als Gott in seinem großen Erbarmen eine Frist gewährte und diesen reinen Herrscher sandte, damit er ein Zeitalter des Friedens, der Ordnung und der Harmonie in den Letzten Tagen errichte. Daß diese Äußerungen auch Friedrichs eigene Gedanken getreu wiedergeben, geht aus dem Brief hervor, den er an sein Geburtsdorf, Jesi, in der Nähe von Ancona schrieb; darin zeigt er klar und deutlich, daß er seine Geburt als ein Ereignis, das für die Menschheit dieselbe Bedeutung habe wie die Geburt Christi, und Jesi als ein neues Bethlehem betrachtet. Friedrich ist zweifellos der einzige Monarch des Mittelalters, der sich nicht aufgrund seines Amtes, sondern aufgrund seiner Natur selbst für göttlich hielt, nicht mehr und nicht weniger für einen fleischgewordenen Gott.[15]

Die Mythologie Friedrichs II. verschwand auch nicht mit seinem Tod, aus dem einfachen Grunde, weil man diesen Tod nicht hinnehmen konnte: der Kaiser, so glaubte man, hatte sich in ein fernes Land zurückgezogen oder, nach der populärsten Legende, schlief unter dem Ätna. Aber eines Tages würde er wiedererwachen und zurückkehren, um seinen Thron zu fordern. Und in der Tat gelang es vierunddreißig Jahre nach seinem Tod einem Betrüger, sich in der Stadt Neuß für Friedrich II. *redivivus* auszugeben. Sogar nach der Hinrichtung dieses falschen Friedrichs in Wetzlar verlor der Mythos nicht seine Virulenz. Noch im 15. Jahrhundert glaubte man, daß Friedrich lebte und bis ans Ende der Welt leben würde, kurz, daß er der einzige legitime Kaiser war und es keinen anderen geben würde.

Der Mythos Friedrichs II. ist lediglich ein berühmtes Beispiel für ein weit diffuseres und beständigeres Phänomen. Das religiöse Prestige und die eschatologische Funktion der Könige haben sich in Europa bis ins 17. Jahrhundert erhalten. Die Säkularisierung des Begriffs des eschatologischen Königs hat die in der kollektiven Seele tief verankerte Hoffnung auf eine Welterneuerung nicht zerstört, die der vorbildliche Heros in einer seiner neuen Gestalten vollbringen würde: als Reformator, Revolutionär, Märtyrer (im Namen der Freiheit der Völker), Parteiführer. Die Rolle und die Mission der Gründer und Führer der modernen totalitären Bewegungen enthalten eine beträchtliche Anzahl eschatologischer und soteriologischer Elemente. Das mythische Denken kann einige seiner früheren Ausdrucksformen überschreiten und verwerfen, die durch die Geschichte außer Gebrauch gesetzt worden sind, es kann sich den neuen gesellschaftlichen Verhältnissen und kulturellen Moden anpassen, aber ausrotten läßt es sich nicht.

Was das Phänomen der Kreuzzüge betrifft, so hat Alphonse Dupront seine mythischen Strukturen und seine eschatologische Orientierung deutlich ins Licht gerückt. »Im Mittelpunkt eines Kreuzzugsbewußtseins, bei den Geistlichen wie bei den Nichtgeistlichen, steht die Pflicht, Jerusalem zu befreien. . . Was im Kreuzzug am mächtigsten zum Ausdruck kommt, ist die doppelte Erfüllung der Zeiten und des menschlichen Raums. Insofern als für den Raum das Zeichen für die Erfüllung der Zeiten in der Vereinigung der Nationen rings um die heilige Stadt und Mutter, das Zentrum der Welt, Jerusalem, besteht.«[16]

Daß es sich um ein kollektives geistiges Phänomen, um einen irrationalen Schub handelt, beweisen unter anderem die Kinderkreuzzüge, die im Jahre 1212 plötzlich in Nordfrankreich und in Deutschland aufkamen. Die Spontanität dieser Bewegungen scheint keinem Zweifel zu unterliegen: »Keiner spornte sie an, weder aus einem fremden noch aus dem eigenen Land«, versichert ein zeitgenössischer Zeuge.[17] Kinder, »die sich sowohl – und dies sind die Züge des Außerordentlichen – durch sehr große Jugend wie durch Armut auszeichneten, vor allem kleine Hirten«[18], machen sich auf den Weg, und die Armen schließen sich ihnen an. Etwa 30 000 von ihnen ziehen singend wie bei einer Prozession durch das Land.

Wenn man sie fragte, wohin sie gingen, antworteten sie: »Zu Gott.« Nach einem zeitgenössischen Chronisten »beabsichtigten sie, das Meer zu überqueren und, was die Mächtigen und die Könige nicht getan hatten, das Grab Christi zurückzuerobern«.[19]

Der Klerus hat sich diesem Aufgebot an Kindern widersetzt. Der französische Kreuzzug endet in der Katastrophe: in Marseille angekommen, bestiegen die Kinder sieben Schiffe, doch zwei von ihnen liefen nach einem Sturm auf der See vor Sardinien auf Grund, und alle Passagiere ertranken. Was die fünf anderen Schiffe betrifft, so brachten sie die beiden verräterischen Reeder nach Alexandrien und verkauften die Kinder dort an die Sarazenenführer und an die Sklavenhändler.

Der »deutsche« Kreuzzug zeigt das gleiche Muster. Eine zeitgenössische Chronik berichtet, daß im Jahre 1212 »ein Knabe mit Namen Nicolas erschien, der eine Menge Frauen und Kinder um sich scharte. Er behauptete, ein Engel habe ihm befohlen, sich mit ihnen nach Jerusalem zu begeben, um das Kreuz des Herrn zu befreien, und daß ihnen das Meer, wie einst dem Volk Israels, trockenen Fußes Durchlaß gewähren werde.«[20] Im übrigen waren sie nicht bewaffnet. In der Gegend von Köln aufgebrochen, zogen sie den Rhein hinunter, überquerten die Alpen und erreichten Norditalien. Einige kamen bis Genua und Pisa, wurden jedoch zurückgetrieben. Diejenigen, denen es gelang, bis nach Rom zu kommen, mußten erkennen, daß keine Autorität sie unterstützte. Der Papst verurteilte ihren Plan, und die jungen Kreuzfahrer mußten umkehren. Wie ein Chronist in den *Annales Carbacenses* schreibt: »Sie kamen ausgehungert und barfüßig zurück, einer hinter dem anderen und stumm.« Niemand half ihnen. Ein anderer Zeuge schreibt: »Ein großer Teil von ihnen lag verhungert in den Dörfern, auf den öffentlichen Plätzen, und keiner begrub sie.«[21]

Zu Recht haben P. Alphandéry und A. Dupront in diesen Bewegungen die Auserwähltheit des Kindes in der Volksreligiosität erkannt. Es handelt sich sowohl um den Mythos der Unschuldigen, um die Erhöhung des Kindes durch Jesu als auch um die Reaktion des Volkes auf den Kreuzzug der Barone, die gleiche Reaktion, wie sie in den Legenden zutage getreten war, die sich um die »Tafur-Schriften« der ersten Kreuzzüge kristallisiert hatten.[22] »Die Wiedereroberung der Heiligen Stätten ist nur noch vom Wunder zu erwarten – und das Wunder kann nur noch zugunsten der Reinsten, der Kinder und der Armen, geschehen.«[23]

Überbleibsel des eschatologischen Mythos

Das Scheitern der Kreuzzüge hat die eschatologische Hoffnung jedoch keineswegs zunichte gemacht. In seiner Schrift *De Monarchia Hispanica* (1600) bat Tommaso Campanella den König von Spanien flehentlich, einen neuen Kreuzzug gegen das Türkische Reich zu finanzieren und nach dem Sieg die Weltmonarchie zu gründen. Achtunddreißig Jahre später prophezeite Campanella in der *Ecloga*, die er Ludwig XIII. und Anna von Österreich zur Feier der Geburt des künftigen Ludwig XIV. widmete, die *recuperatio Terrae Sanctae* und zugleich die *renovatio saeculi*. Der junge König wird in tausend Tagen die ganze Erde erobern: die Ungeheuer bezwingen, d. h. die Königreiche der Ungläubigen unterwerfen, und Griechenland befreien. Mohammed wird aus Europa vertrieben, Ägypten und Äthiopien wieder christlich werden; Tataren, Perser, Chinesen und der ganze Orient werden sich bekehren. Alle Völker werden eine einzige Christenheit bilden, und dieses regenerierte Universum wird ein einziges Zentrum haben: Jerusalem. »Die Kirche hat in Jerusalem begonnen«, schreibt Campanella, »und nach Jerusalem wird sie zurückkehren, nachdem sie die ganze Welt durchmessen hat.«[24] In seiner Abhandlung *La prima e la secunda resurrezione* hält Campanella die Eroberung Jerusalems nicht mehr wie der heilige Bernhard für eine Etappe zum himmlischen

Jerusalem, sondern für die Errichtung des messianischen Reichs.[25]
Unnötig, die Beispiele zu vermehren. Es ist jedoch geboten, die Kontinuität zwischen den eschatologischen Auffassungen des Mittelalters und den verschiedenen »Geschichtsphilosophien« des Illusionismus und des 19. Jahrhunderts zu unterstreichen. Seit etwa dreißig Jahren beginnt man zu ermessen, welch außergewöhnliche Rolle die »Prophezeiungen« des Joachim von Floris bei der Entstehung und in der Struktur all jener messianischen Bewegungen gespielt haben, die im 13. Jahrhundert auftauchten und sich in mehr oder weniger säkularisierter Form bis ins 19. Jahrhundert fortsetzten.[26]
Joachims zentrale Idee des bevorstehenden Eintritts der Welt in das dritte Zeitalter der Geschichte, das das Zeitalter der Freiheit sein wird, da es im Zeichen des Heiligen Geistes stehen wird, hat großen Anklang gefunden. Diese Idee widersprach der Theologie der Geschichte, wie sie die Kirche seit Augustin akzeptiert hatte. Da nach der gängigen Lehre die Vollkommenheit auf Erden bereits durch die Kirche erreicht worden ist, gibt es keinen Platz mehr für eine *renovatio* in der Zukunft. Das einzige entscheidende Ereignis wird die zweite Ankunft Christi und das Jüngste Gericht sein. Joachim von Floris führte den archaischen Mythos der Welterneuerung wieder ein. Gewiß handelt es sich nicht mehr um eine periodische und unendlich wiederholbare Erneuerung. Dennoch begreift Joachim das dritte Zeitalter als das Reich der Freiheit unter der Ägide des Heiligen Geistes, was ein Überschreiten des historischen Christentums und in letzter Konsequenz die Abschaffung der bestehenden Regeln und Institutionen impliziert.
Es ist hier nicht der Ort, die verschiedenen eschatologischen Bewegungen vorzustellen, die von Joachim inspiriert wurden. Aber es lohnt sich, an einige unerwartete Folgerungen der Ideen des kalabresischen Propheten zu erinnern. So entwickelt Lessing in seiner Schrift *Die Erziehung des Menschengeschlechts* die These einer beständigen und fortschrei-

tenden Offenbarung, die in einem dritten Zeitalter enden soll. Zwar verstand Lessing dieses dritte Zeitalter als den Sieg der Vernunft mit Hilfe der Erziehung; und doch lag für ihn darin die Erfüllung der christlichen Offenbarung; mit Sympathie und Bewunderung bezieht er sich auf »gewisse Schwärmer des dreizehnten und vierzehnten Jahrhunderts«, die nur darin irrten, daß sie den Ausbruch des »neuen ewigen Evangeliums« zu früh verkündeten.[27] Lessings Ideen hatten eine beträchtliche Resonanz, und über die Saint-Simonisten hat er wahrscheinlich Auguste Comte und seine Lehre von den drei Stadien beeinflußt. Fichte, Hegel, Schelling waren, wenn auch aus unterschiedlichen Gründen, vom joachitischen Mythos eines bevorstehenden dritten Zeitalters geprägt, das die Geschichte erneuern und vervollständigen wird. Durch ihre Vermittlung hat dieser eschatologische Mythos einige russische Schriftsteller beeinflußt, vor allem Krasinsky mit seinem *Dritten Reich des heiligen Geistes* und Mereschkowsky, den Verfasser von *Christentum des Dritten Testaments*.[28] Gewiß haben wir es nun mit Ideologien und halbphilosophischen Phantasien und nicht mehr mit der eschatologischen Erwartung auf das Reich des Heiligen Geistes zu tun. Aber der Mythos von der Welterneuerung in mehr oder weniger naher Zukunft ist in allen diesen Theorien und Phantasien noch erkennbar.

»Die Mythen der modernen Welt«

Einige »mythische Verhaltensweisen« leben noch unter unseren Augen weiter. Nicht, daß es sich um »Überbleibsel« einer archaischen Mentalität handelt; doch bestimmte Aspekte und Funktionen des mythischen Denkens sind für den Menschen konstitutiv. Wir haben bei anderer Gelegenheit einige »Mythen der modernen Welt« erörtert.[29] Das Problem ist vielschichtig und fesselnd, und wir haben nicht vor, das Material eines ganzen Bandes auf wenigen Seiten zusammenzufassen.

Wir werden uns daher auf einige Aspekte der »modernen Mythologien« beschränken.
Wir sahen bereits, welche Bedeutung in den archaischen Gesellschaften die »Rückkehr zu den Ursprüngen« hat, die im übrigen auf vielen Wegen erfolgt. Dieses Prestige des »Ursprungs« hat in den europäischen Gesellschaften überlebt. Wenn man hier eine Neuerung anstrengte, wurde sie als eine Rückkehr zum Ursprung aufgefaßt oder vorgestellt. Die Reformation hat die Rückkehr zur Bibel eingeleitet und trachtete danach, die Erfahrung der Urkirche, der ersten christlichen Gemeinden nachzuleben. Die Französische Revolution hat die Paradigmata der Römer und Spartaner auf ihre Fahnen geschrieben. Die Inspiratoren und Anführer der ersten radikalen und siegreichen europäischen Revolution, die mehr als das Ende eines Regimes, das Ende eines historischen Zyklus markierten, hielten sich für die Restauratoren der alten, von Titus Livius und Plutarch gepriesenen Tugenden.
Bei Anbruch der modernen Welt genoß der »Ursprung« ein fast magisches Prestige. Einen feststehenden »Ursprung« zu haben, bedeutete, sich einer edlen Herkunft rühmen zu können. »Wir stammen von Rom her!« wiederholten voll Stolz die rumänischen Intellektuellen des 18. und 19. Jahrhunderts. Das Bewußtsein der lateinischen Abstammung ging bei ihnen mit einer Art mystischer Teilhabe an Roms Größe einher. Die ungarische Intelligentsia fand die Begründung für das hohe Alter, den Adel und die historische Mission der Madjaren im Ursprungsmythos von Hunor und Magor sowie in der Heldensage von Arpad. Zu Beginn des 19. Jahrhunderts entfacht das Wahnbild des »adligen Ursprungs« in ganz Mittel- und Südosteuropa eine wahre Leidenschaft für die nationale Geschichte. »Ein Volk ohne Geschichte (lies: ohne »historische Dokumente« oder ohne Geschichtsschreibung) ist, als existiere es nicht!« Diese Angst ist in allen nationalen Historiographien Mittel- und Osteuropas zu spüren. Zwar war diese Leidenschaft die Folge des Erwachens der Nationalitä-

ten in diesem Teil Europas, und sie verwandelte sich sehr rasch in ein Instrument der Propaganda und des politischen Kampfes. Aber der Wunsch, die »edle Herkunft« und das »hohe Alter« seines eigenen Volkes zu beweisen, war in Südosteuropa so beherrschend, daß sich, von wenigen Ausnahmen abgesehen, alle Geschichtsschreibungen auf die jeweilige nationale Geschichte beschränkten und schließlich in einem kulturellen Provinzialismus mündeten.

Die Leidenschaft für den »edlen Ursprung« erklärt auch den rassistischen Mythos des »Ariertums«, der im Abendland, vor allem in Deutschland periodisch aufgewertet wurde. Die soziopolitischen Kontexte dieses Mythos sind zu bekannt, als daß wir uns dabei aufhalten müßten. Uns kommt es hier auf die Tatsache an, daß der »Arier« sowohl den »Urahnen« wie den edlen »Helden« repräsentierte, ausgestattet mit all den Tugenden, die noch immer in den Köpfen derjenigen spukten, denen es nicht gelang, sich mit dem Ideal der aus den Revolutionen von 1789 und 1848 hervorgegangenen Gesellschaften abzufinden. Der »Arier« war das beispielhafte Vorbild, das es nachzuahmen galt, um die rassische »Reinheit«, die Körperkraft, den Adel, die heroische Moral der glorreichen und schöpferischen »Anfänge« wiederzufinden.

Was den marxistischen Kommunismus betrifft, so wurde nicht versäumt, seine eschatologischen und chiliastischen Strukturen hervorzuheben. Wir haben früher einmal gesagt, daß Marx einen der großen eschatologischen Mythen der asiatisch-mediterranen Welt aufgegriffen und fortgesetzt hat: den Mythos von der Erlöser-Rolle des Gerechten (in unseren Tagen des Proletariats), dessen Leiden berufen sind, den ontologischen Status der Welt zu verändern. »Tatsächlich findet Marx' klassenlose Gesellschaft mit dem aus ihr folgenden Verschwinden der geschichtlichen Spannungen ihr genaues Vorbild im Mythos des Goldenen Zeitalters, das nach vielfältigen Überlieferungen den Beginn und das Ende der Geschichte kennzeichnet. Marx hat diesen ehrwürdigen Mythos um eine ganze jüdisch-christliche messianische Ideologie bereichert: Man denke an die prophetische Rolle und die Erlöser-Funktion, die er dem Proletariat zuerkennt; ebenso an den Endkampf zwischen Gut und Böse, der unschwer mit dem apokalyptischen Ringen zwischen Christ und Antichrist, das mit dem entscheidenden Sieg des ersteren endet, zu vergleichen ist. Es ist auch bezeichnend, daß Marx seinerseits die jüdisch-christliche eschatologische Hoffnung *eines absoluten Endes der Geschichte* wieder aufgreift; hierin unterscheidet er sich von anderen Geschichtsphilosophen (wie Croce oder Ortega y Gasset), für welche die Spannungen der Geschichte wesentlich der menschlichen Natur zugehören und deshalb nie völlig zu überwinden sein werden.«[30]

Mythen und Massenmedien

Jüngere Forschungen haben die mythischen Strukturen der Bilder und Verhaltensweisen beleuchtet, die den Gemeinschaften durch die Massenmedien eingegeben werden. Dieses Phänomen ist vor allem in den Vereinigten Staaten zu konstatieren.[31] Die Figuren der »comic strips« stellen die moderne Version der mythologischen oder folkloristischen Helden dar. Sie verkörpern das Ideal eines großen Teils der Gesellschaft in so hohem Maße, daß eventuelle Korrekturen, die an ihrem Verhalten vorgenommen werden, oder schlimmer noch ihr Tod, beim Leser wahre Krisen hervorrufen: sie reagieren mit heftigem Protest und schicken den Verfassern der *comic strips* sowie den Zeitungsverlegern Tausende von Telegrammen. Eine phantastische Figur wie Superman ist vor allem durch seine doppelte Identität so außerordentlich populär geworden: von einem Planeten herabgestiegen, der nach einer Katastrophe verschwunden ist, und mit Wunderkräften begabt, lebt Superman auf der Erde in der unscheinbaren Gestalt eines Journalisten, Clark Kent; er zeigt sich schüchtern, bescheiden, beherrscht von seinem Kollegen Lois Lane. Diese erniedrigende Vermummung eines Helden, dessen Kräfte buchstäblich grenzenlos sind, greift ein wohlbekanntes mythisches Thema auf. Wenn man den Dingen auf den Grund geht, befriedigt der Mythos von Superman die geheimen Sehnsüchte des modernen Menschen, der weiß, daß er gefallen und begrenzt ist, und daher davon träumt, sich eines Tages als »außergewöhnliche Person«, als »Held« zu offenbaren.

Zum Kriminalroman wäre ähnliches anzumerken: einerseits wohnen wir dem exemplarischen Kampf zwischen Gut und Böse, zwischen dem Helden (=der Detektiv) und dem Verbrecher (der modernen Verkörperung des Dämons) bei. Andererseits hat der Leser, durch einen unbewußten Prozeß der Projektion und Identifikation, teil am Geheimnis und am Drama, er hat das Gefühl, persönlich einbezogen zu sein in eine paradigmatische, d. h. gefährliche und »heroische« Handlung.

Ebenso wurde die Mythisierung der Personen mittels der Massenmedien nachgewiesen, ihre Verwandlung in ein exemplarisches Bild. »Lloyd Warner erzählt uns im ersten Teil seines Buches *The Living and the Dead*, wie eine solche Figur geschaffen wird. Biggy Muldon, ein Politiker der Yankee City, war aufgrund seiner pittoresken Opposition gegen die Aristokratie von Hill Street zu einem Nationalhelden geworden, so daß Presse und Rundfunk ihn zum Halbgott stilisierten. Man zeigte ihn als einen Kreuzfahrer des Volkes, der sich aufmacht, den Reichtum zu erstürmen. Als das Publikum dieses Bildes überdrüssig geworden war, verwandelten die Massenmedien Biggy bereitwillig in einen Schurken, einen korrupten Politiker, der aus dem Elend des Volkes Kapital schlug. Warner zeigt, daß sich der wahre Biggy erheblich von diesen beiden Bildern unterschied, Tatsache aber ist, daß er gezwungen war, sein Verhalten zu ändern, um sich dem einen Bild anzupassen und das andere zu vertreiben.«[32]

Mythische Verhaltensweisen ließen sich auch in der Jagd nach dem »Erfolg« entdecken, die für die moderne Gesellschaft so charakteristisch ist und die den dunklen Wunsch zum Ausdruck bringt, die Grenzen der menschlichen Natur zu transzendieren; ebenso im Exodus in die »Suburbia«, in dem die Sehnsucht nach der »ursprünglichen Vollkommenheit« abzulesen ist; in der affektiven Entfesselung dessen, was man den »Kult des heiligen Autos« genannt hat. Wie Andrew Greeley bemerkt, »braucht man nur die jährliche Automobilausstellung zu besuchen, um darin eine höchst ritualisierte religiöse Manifestation zu erkennen. Die Farben, die Lichter, die Musik, der Kniefall der Anbeter, die Gegenwart der Tempelpriesterinnen (der Mannequins), der Pomp und der Luxus, die Geldverschwendung, die kompakte Menschenmenge – das alles wäre in einer anderen Kultur ein authentischer liturgischer Gottesdienst. . . Der Kult des heiligen Autos hat seine Getreuen und seine Eingeweihten. Der Gnostiker wartete auf die Offenbarung des Orakels nicht weniger ungeduldig als der Anbeter des Automobils auf die ersten Gerüchte über die neuen Modelle. Und in diesem Augenblick des jahreszeitlichen Zyklus erhalten die Hohepriester des Kults – die Autohändler – eine neue Bedeutung, während eine ängstliche Menschenmenge ungeduldig der Heraufkunft einer neuen Form des Heils harrt.«[33]

Mythen der Elite

Weniger Aufmerksamkeit hat man den Mythen der Elite gezollt, wie man sie nennen könnte, insbesondere jenen, die sich um die künstlerische Schöpfung und deren kulturellen und gesellschaftlichen Widerhall kristallisieren. Wir müssen jedoch sofort präzisieren, daß es diesen Mythen gelungen ist, sich jenseits der geschlossenen Kreise der Eingeweihten durchzusetzen, vor allem dank dem Minderwertigkeitskomplex des Publikums und der offiziellen künstlerischen Instanzen. Das aggressive Unverständnis des Publikums, der Kritiker und der offiziellen Kunstvertreter gegenüber einem Rimbaud oder einem Van Gogh, die verheerenden Folgen, die die

Gleichgültigkeit gegenüber bahnbrechenden Bewegungen, vom Impressionismus bis zum Kubismus und Surrealismus, besonders für Sammler und Museen gehabt hat, waren sowohl für die Kritiker und das Publikum als auch für die Kunsthändler, Museumsverwaltungen und Sammler bittere Lehren. Heute besteht ihr einziger Alptraum darin, nicht fortschrittlich genug zu sein, in einem auf den ersten Blick unverständlichen Werk nicht rechtzeitig das Genie zu ahnen. Vielleicht war der Künstler noch niemals in der Geschichte so sicher wie heute, daß er desto mehr anerkannt, gelobt, verwöhnt, verehrt sein wird, je kühner, ikonoklastischer, absurder, unzugänglicher er ist. In einigen Ländern ist man bei einem Akademismus wider den Strich gelandet, dem Akademismus der »Avantgarde«; und zwar in solchem Maße, daß jedes künstlerische Experiment, was diesen neuen Konformismus außer acht läßt, Gefahr läuft, erstickt zu werden oder unbemerkt zu bleiben.

Der Mythos des verkannten Künstlers, von dem das 19. Jahrhundert besessen war, ist heute veraltet. Besonders in den Vereinigten Staaten, aber auch in Westeuropa schaden Übertreibungen und Provokationen dem Künstler schon lange nicht mehr. Vielmehr verlangt man von ihm, daß er sich seinem mythischen Bild, fremdartig und unnachgiebig zu sein, anpaßt und »Neues macht«. Das ist in der Kunst, der absolute Sieg der permanenten Revolution. Man kann nicht einmal mehr sagen, daß alles erlaubt ist: jeder Neuerung wird im voraus Genialität bescheinigt und den Neuerungen eines Van Gogh oder eines Picasso gleichgestellt, handle es sich nun um ein zerfetztes Plakat oder um eine vom Künstler signierte Sardinenbüchse.

Die Bedeutung dieses kulturellen Phänomens ist um so beträchtlicher, als vielleicht zum erstenmal in der Kunstgeschichte keine Spannung zwischen Künstlern, Kritikern, Sammlern und Publikum mehr besteht. Alle sind sich einig, immerzu, und zwar lange bevor ein neues Werk geschaffen oder ein unbekannter Künstler entdeckt wird. Nur eines

zählt: nicht in Gefahr zu geraten, sich eines Tages eingestehen zu müssen, daß man die Bedeutung einer neuen künstlerischen Erfahrung nicht begriffen hat.
Einige wenige Anmerkungen zu dieser Mythologie der modernen Eliten mögen hier genügen. Weisen wir als erstes auf die Erlöser-Funktion der »Schwierigkeit« hin, wie man ihr vor allem in den Werken der modernen Kunst begegnet. Wenn die Elite sich für *Finnegans Wake*, für die atonale Musik oder für den Tachismus begeistert, so auch deshalb, weil derartige Werke geschlossene Welten darstellen, hermetische Universen, in die man nur zum Preis enormer Schwierigkeiten eindringt, vergleichbar den Initationsprüfungen der archaischen und traditionalen Gesellschaften. Einerseits hat man das Gefühl einer »Initiation«, einer aus der modernen Welt fast völlig verschwundenen Initiation; andererseits zeigt man den »anderen«, der »Masse« ostentativ, daß man zu einer geheimen Minderheit gehört; nicht mehr zu einer »Aristokratie« (die modernen Eliten orientieren sich nach links), sondern zu einer Gnosis, der das Verdienst zukommt, sowohl geistlich wie weltlich zu sein, indem sie sich sowohl den offiziellen Werten wie den traditionellen Kirchen entgegensetzt. Durch den Kult der extravaganten Originalität, der Schwierigkeit, der Unverständlichkeit unterstreichen die Eliten ihre Abkehr vom banalen Universum ihrer Eltern, wobei sie sich gleichzeitig gegen bestimmte zeitgenössische Philosophen der Hoffnungslosigkeit auflehnen.
Im Grunde verrät die Faszination angesichts der Schwierigkeit, ja Unverständlichkeit der Kunstwerke den Wunsch, einen neuen, geheimen, bislang unbekannten Sinn der Welt und des menschlichen Daseins zu entdecken. Man träumt davon, »initiiert« zu werden, endlich den dunklen Sinn all dieser Zerstörungen der künstlerischen Sprachen zu durchschauen, all dieser »originellen« Erfahrungen, die auf den ersten Blick überhaupt nichts mehr mit der Kunst gemein haben. Das zerrissene Plakat, die leeren, versengten oder mit dem Messer aufgeschlitzten Leinwände, die »Kunstobjekte«,

die vor der Vernissage explodieren, die improvisierten Stücke, bei denen die Antworten der Schauspieler ausgelost werden – das alles *muß eine Bedeutung haben*, so wie bestimmte unverständliche Wörter in *Finnegans Wake* ihre Vielwertigkeit und fremdartige Schönheit offenbaren, wenn man entdeckt, daß sie von neugriechischen oder Svahili-Wörtern abgeleitet sind, durch abwegige Konsonanten entstellt und durch geheime Anspielungen auf mögliche Kalauer bereichert, wenn man sie schnell und laut ausspricht.

Gewiß spiegeln alle wirklich revolutionären Erfahrungen der modernen Kunst bestimmte Aspekte der geistigen Krise oder einfach der Krise der Erkenntnis und der künstlerischen Schöpfung wider. Doch hier interessiert uns, daß die »Eliten« in der Extravaganz und Unverständlichkeit der modernen Kunstwerke die Möglichkeit einer initiatorischen Gnosis finden. Es ist eine »neue Welt«, die man aus Trümmern und Rätseln zu rekonstruieren im Begriff ist, eine fast private Welt, die man für sich allein und für einige wenige Eingeweihte haben möchte. Aber das Prestige der Schwierigkeit und Unverständlichkeit ist so groß, daß das »Publikum« seinerseits sehr schnell erobert wird und seine totale Zustimmung zu den Entdeckungen der Elite proklamiert.

Die Zerstörung der künstlerischen Sprachen erfolgte durch den Kubismus und die »konkrete Musik«, durch James Joyce, Beckett und Ionesco. Nun fallen nur noch die Epigonen über das bereits Zerstörte her. Wie wir in einem der vorigen Kapitel sagten, lassen sich wirkliche Schöpfer nicht darauf ein, sich in Ruinen niederzulassen. Alles legt die Vermutung nahe, daß die Reduzierung des »künstlerischen Universums« auf den Urzustand der *materia prima* nur ein Moment eines komplexeren Prozesses ist: so wie in den zyklischen Auffassungen der archaischen und traditionalen Gesellschaften folgt dem »Chaos«, der Regression aller Formen ins Unbestimmte der *materia prima*, eine neue Schöpfung, die einer Kosmogonie gleichkommt.

Die Krise der modernen Künste interessiert uns hier nur am

Rande. Dennoch müssen wir einen Augenblick bei der Situation und der Rolle der Literatur, namentlich der epischen Literatur verweilen, die mit der Mythologie und den mythischen Verhaltensweisen durchaus in Beziehung steht. Man weiß, daß die epische Erzählung und der Roman wie auch die anderen Literaturgattungen die mythologische Erzählung fortsetzen, wenn auch auf einer anderen Ebene und zu anderen Zwecken. In beiden Fällen geht es darum, eine bedeutsame Geschichte zu erzählen, eine Reihe dramatischer Ereignisse zu berichten, die in einer mehr oder weniger sagenhaften Vergangenheit stattgefunden haben. Wir brauchen hier wohl nicht auf den langen und vielschichtigen Prozeß einzugehen, der ein »mythologisches Material« in ein »Sujet« der epischen Erzählung verwandelt hat. Zu betonen ist nur, daß die erzählende Prosa, insbesondere der Roman, in den modernen Gesellschaften den Platz eingenommen hat, den früher die Rezitation der Mythen und Märchen in den traditionalen Gesellschaften innehatte.
Mehr noch: es ist möglich, die »mythische« Struktur einiger moderner Romane freizulegen, man kann das literarische Überleben der großen mythologischen Themen und Personen nachweisen. (Das gilt vor allem für das Initiationsthema, das Thema der Prüfungen des Erlöser-Helden und seine Kämpfe gegen die Ungeheuer, die Mythologien der Frau und des Reichtums.) In dieser Hinsicht könnte man also sagen, daß die moderne Begeisterung für Romane den Wunsch verrät, die größtmögliche Anzahl von entsakralisierten oder einfach von »profanen« Gewändern verhüllten »mythologischen Geschichten« zu hören. Ein weiteres bezeichnendes Faktum: das Bedürfnis, »Geschichten« und Erzählungen zu lesen, die man paradigmatisch nennen könnte, da sie nach einem traditionellen Muster ablaufen. Wie schwer die derzeitige Krise des Romans auch sein mag, das Bedürfnis, sich »fremde« Welten zu erschließen und den Peripetien einer »Geschichte« zu folgen, scheint zum Wesen des Menschen zu gehören und folglich irreduzibel zu sein. Es ist dies ein schwer zu definierender Anspruch: sowohl Wunsch, mit den »ande-

ren«, den »Unbekannten«, zu kommunizieren, an ihren Dramen und ihren Hoffnungen teilzuhaben, als auch das Bedürfnis zu erfahren, was *geschehen konnte.* Nur schwer ließe sich ein menschliches Wesen denken, das nicht durch den »Bericht«, die Erzählung bedeutsamer Ereignisse fasziniert wird, durch das, was Menschen widerfahren ist, die die »doppelte Wirklichkeit« der literarischen Personen besitzen (die einerseits die historische und psychologische Wirklichkeit der Mitglieder einer modernen Gesellschaft widerspiegeln und andererseits über die magische Kraft einer imaginären Schöpfung verfügen).

Aber das »Heraustreten aus der Zeit« mittels der Lektüre – besonders der Romanlektüre – ist das Merkmal, durch das sich die Funktion der Literatur am stärksten der Funktion der Mythologien annähert. Die Zeit, in der man »lebt«, wenn man einen Roman liest, ist zweifellos nicht jene, die man in einer traditionalen Gesellschaft wiederfindet, wenn man einem Mythos lauscht. Doch in beiden Fällen »tritt man heraus« aus der historischen und persönlichen Zeit und taucht ein in eine sagenhafte, übergeschichtliche Zeit. Der Leser wird mit einer fremdartigen, imaginären Zeit konfrontiert, deren Rhythmen unendlich variieren, denn jede Erzählung hat ihre eigene, spezifische und ausschließliche Zeit. Der Roman hat keinen Zugang zur Urzeit der Mythen, aber in dem Maße, wie der Romancier eine wahrscheinliche Geschichte erzählt, verwendet er eine *scheinbar historische* Zeit, die jedoch verdichtet oder gedehnt ist, eine Zeit also, die über alle Freiheiten der imaginären Welten verfügt.

In der Literatur errät man noch stärker als in anderen Künsten eine Auflehnung gegen die historische Zeit, den Wunsch, zu zeitlichen Rhythmen zu gelangen, die sich unterscheiden von dem Rhythmus, in dem zu leben und zu arbeiten man gezwungen ist. Man darf sich fragen, ob dieses Verlangen, die eigene persönliche und geschichtliche Zeit zu transzendieren und in eine »fremde« Zeit einzutauchen, sei sie nun ekstatisch oder imaginär, jemals ausgerottet wird. Solange dieses Verlangen fortbesteht, bewahrt der moderne Mensch zumindest noch Reste eines »mythologischen Verhaltens«. Die Spuren eines solchen mythologischen Verhaltens verraten sich auch in dem Wunsch, die Intensität wiederzufinden, mit der man etwas *zum ersten Mal* erlebt oder erfahren hat, die ferne Vergangenheit, die glückselige Zeit der »Anfänge«.

Wie zu erwarten war, geht es immer um denselben Kampf gegen die Zeit, um dieselbe Hoffnung, sich von der Last der »toten Zeit« zu befreien, von der Zeit, die erdrückt und tötet.

Mythen und Märchen[1]

Jan den Vries hat soeben ein kleines Buch über die Märchen veröffentlicht *(Betrachtungen zum Märchen, besonders in seinem Verhältnis zu Heldensage und Mythos,* Helsinki 1954) – ein gewaltiges Thema, das in Angriff zu nehmen keiner geeigneter ist als dieser hervorragende holländische Germanist und Volkskundler. Sein kleines Buch erhebt nicht den Anspruch, auf hundertachtzig Seiten alle Aspekte des Problems zu erschöpfen. Es ist in keiner Weise als Handbuch gedacht. Dem Verfasser kam es darauf an, eine vorläufige Bilanz von hundert Jahren Forschung zu ziehen und vor allem auf die neuen Perspektiven hinzuweisen, die sich seit kurzem dem Spezialisten für Volksmärchen geöffnet haben. Wir wissen, daß ihre Interpretation in jüngster Zeit einen großen Aufschwung genommen hat. Auf der einen Seite haben sich die Volkskundler die Fortschritte der Ethnologie, der Religionsgeschichte und der Tiefenpsychologie zunutze gemacht. Auf der anderen Seite haben sich auch die Spezialisten für Volksmärchen sehr bemüht, ihre Forschungen einer strengeren Methode zu unterziehen; Beweis dafür sind die scharfsinnigen Studien eines André Jolles oder eines Max Lüthi.

Jan de Vries hat sich die Aufgabe gestellt, zunächst diese ganze Bewegung darzulegen, bevor er seine eigenen Betrachtungen über das Verhältnis zwischen Mythos, Heldensage und Volksmärchen vorstellt. Die Diskussion beginnt natürlich mit der Untersuchung der »finnischen Schule«. Deren Verdienste sind zu bekannt, als daß man sie näher erläutern müßte. Die skandinavischen Wissenschaftler haben eine präzise und beträchtliche Arbeit geleistet: sie haben alle Varian-

1 *La Nouvelle Revue Française,* Mai 1956.

ten eines Märchens aufgezeichnet und klassifiziert und dann versucht, die Wege ihrer Verbreitung nachzuzeichnen. Doch diese formalen und statistischen Untersuchungen haben kein wesentliches Problem gelöst. Die finnische Schule glaubte, durch das genaue Studium der Varianten zur »Urform« eines Märchens zu gelangen. Leider war das eine Illusion: in den meisten Fällen war die *Urform* nur eine der vielen »Vorformen«, die auf uns gekommen sind. Diese berühmte »Urform« – von der eine ganze Forschungsgeneration besessen war – ist meist nur ein hypothetisches Gebilde (Jan de Vries, S. 20).
Sodann beschäftigt sich der Verfasser mit dem französischen Folkloristen Paul Saintyves und seiner ritualistischen Theorie. Saintyves' Hauptwerk, *Les contes de Perrault et les récits parallèles* (1923), ist trotz seinen Informationslücken und seinen methodologischen Wirrheiten noch immer interessant und nützlich zu lesen. Aber man muß es gestehen: seine Wahl war nicht glücklich. Die Märchen von Perrault sind für die vergleichende Forschung nicht immer ein brauchbares Material. Das Märchen vom gestiefelten Kater zum Beispiel ist weder in Skandinavien noch in Deutschland belegt; in Deutschland taucht es erst ziemlich spät und unter dem Einfluß Perraults auf. Trotzdem kommt Saintyves das große Verdienst zu, daß er im Märchen Motive erkannte, die an uralte und im Volk bis heute noch geübte Riten erinnern. Dagegen hat er sich geirrt, als er meinte, das Märchen sei in einem gewissen Sinn der »Text« zu diesen rituellen Handlungen (de Vries, S. 30).
In einem Buch, das Jan de Vries' Aufmerksamkeit leider entgangen ist (*Die historischen Wurzeln des Zaubermärchens [Istoritcheskie korni volshenboi skaski]*, Leningrad 1946), hat der sowjetische Volkskundler V. I. Propp die ritualistische Hypothese von Saintyves aufgegriffen und weiterentwickelt. Propp sieht in den Volksmärchen die Erinnerung an die totemistischen Initiationsriten. Die initiatorische Struktur der Märchen liegt auf der Hand und wird uns weiter unten noch beschäftigen. Aber es fragt sich, ob das Märchen ein Ritensy-

stem beschreibt, das auf einer bestimmten Kulturstufe hervortritt – oder ob sein Initiationsszenarium in dem Sinne »imaginär« ist, als es mit keinem historisch-kulturellen Kontext verbunden ist, sondern vielmehr ein ahistorisches, archetypisches Verhalten der Psyche ausdrückt. Um nur ein Beispiel zu nennen: Propp spricht von totemistischen Initiationen; diese Art der Initiation war den Frauen absolut verschlossen. Die Hauptperson der slawischen Märchen ist nun aber ausgerechnet eine Frau: die Alte Zauberin, Baba Jaga. Anders gesagt: niemals werden wir in den Märchen die genaue Erinnerung an eine bestimmte Kulturstufe wiederfinden: die kulturellen Stile, die historischen Zyklen sind hier ineinandergeschoben. Übrig bleiben nur die Strukturen eines exemplarischen Verhaltens, d. h. eines Verhaltens, das in sehr vielen kulturellen Zyklen und historischen Augenblicken gelebt werden kann.
Die Hypothese von W. E. Peuckert, die de Vries (S. 30 f.) in glänzender Weise erörtert, stößt auf ähnliche Schwierigkeiten. Dieser Wissenschaftler meint, daß die Märchen im östlichen Mittelmeerraum während des Neolithikums entstanden sind. Sie sollen noch heute die Struktur eines soziokulturellen Komplexes bewahren, der das Mutterrecht, die Initiation und die Heiratssitten der hackbauenden Pflanzer umfaßt. Peuckert vergleicht die schwierigen Aufgaben, die in einem bestimmten Märchentypus dem Helden gestellt werden, bevor er die Tochter des Dämons ehelichen kann, mit den Heiratssitten der Hackbauern: um eine Gattin zu erhalten, muß der Bewerber eine Pflanzung schlagen, ein Haus bauen, usw. Aber wie Jan de Vries richtig bemerkt, sind solche Heiratsproben auch im Epos (z. B. im *Râmâyana*) und in der Heldensage bezeugt. Nun ist es aber schwierig, die Heldensage, eine wesentlich aristokratische Dichtung, in den kulturellen Horizont der Hackbauern zu integrieren. Die genetische Beziehung – Heiratsprüfungen nach Art des Bauernmärchens – ist also nicht zwingend. Andererseits sucht Peuckert den »Ursprung« des Märchens im vorgeschichtlichen Nahen

Osten, aufgrund seines außerordentlichen wirtschaftlichen Reichtums und der beispiellosen Entfaltung der Fruchtbarkeitskulte und des sexuellen Symbolismus; die Analysen von Max Lüthi dagegen haben gezeigt, daß die Erotik im Märchen überhaupt keine Rolle spielt.
Jan de Vries diskutiert auch ausführlich die Hypothese C. W. von Sydows über den indogermanischen Ursprung der Märchen (S. 45 f., 60 f.). Die Schwierigkeiten einer solchen Hypothese sind so evident, daß man sie nicht eigens zu betonen braucht, und von Sydow selbst war genötigt, seine Ansichten zu modifizieren. Er neigt nun dazu, die »Geburt« des Märchens in noch fernerer Vergangenheit zu vermuten, genauer in der präindogermanischen Megalithkultur. In einer jüngeren Studie (»Märchen und Megalithreligion«, *Paideuma*, 5, 1950) hat sich Otto Huth diesem Standpunkt angeschlossen, und es ist bedauerlich, daß Jan de Vries es nicht für nötig erachtet hat, ihn zu prüfen. Nach Otto Huth gehören die beiden vorherrschenden Märchenmotive – die Reise ins Jenseits und die königlichen Hochzeiten – zur »Megalithreligion«. Man stimmt im allgemeinen darin überein, das ursprüngliche Zentrum der Megalithkultur in Spanien und im Westen Nordafrikas zu lokalisieren; von dort aus haben sich die megalithischen Wellen nach Indonesien und Polynesien fortgepflanzt. Diese Ausbreitung über drei Kontinente hinweg soll, nach Huth, die große Zirkulation der Märchen erklären. Leider überzeugt diese neue Hypothese um so weniger, als man über die vorgeschichtliche »Megalithreligion« fast überhaupt nichts weiß.
Ziemlich kurz handelt de Vries die Erklärungsversuche ab, die von Psychologen unternommen wurden, wobei er vor allem die Beiträge von Jung hervorhebt (S. 34 f.). Er akzeptiert den Jungschen Begriff des Archetypus als Struktur des kollektiven Unbewußten; aber zu Recht erinnert er daran, daß das Märchen keine unmittelbare und spontane Schöpfung des Unbewußten ist (wie beispielsweise der Traum), sondern in erster Linie eine »literarische Form« wie der Roman und

das Drama. Der Psychologe vernachlässigt die Geschichte der folkloristischen Motive und die Entwicklung der volkstümlichen literarischen Themen; er neigt dazu, mit abstrakten Schemata zu arbeiten. Diese Vorwürfe sind berechtigt, sofern man nicht vergißt, daß der Tiefenpsychologe seinen eigenen Maßstab verwendet, und man weiß ja, daß »der Maßstab das Phänomen schafft«. Alles, was ein Volkskundler einem Psychologen entgegenhalten kann, ist, daß seine Resultate *sein* Problem nicht lösen; sie sind lediglich geeignet, ihm neue Forschungswege zu zeigen.

Der zweite Teil des Buches ist den persönlichen Ansichten Jan de Vries' gewidmet. In einer Reihe geglückter Analysen (S. 84f.) weist er nach, daß die Erklärung der Heldensagen (die der Argonautensage oder der Siegfriedsage) nicht in den Märchen, sondern in den Mythen liegt. Das Problem der Siegfriedsage besteht nicht darin, wie es aus Teilen von Legenden und folkloristischen »Motiven« entstanden ist, sondern wie ein historischer Prototyp zu einer sagenhaften Biographie werden konnte. Der Verfasser erinnert zu Recht daran, daß die Heldensage nicht einfach als das Konglomerat einer Reihe von »Motiven« betrachtet werden darf; das Leben des Helden bildet ein Ganzes, von seiner Geburt bis zu seinem tragischen Tod (S. 125). Das Heldenlied gehört nicht der Volkstradition an; es ist eine poetische Form, die in adligen Kreisen gepflegt wurde. Sein Universum ist eine ideale Welt, die in einem goldenen Zeitalter liegt, ähnlich der Welt der Götter. Die Sage steht dem Mythos nahe, nicht dem Märchen. Es ist manchmal schwer zu entscheiden, ob eine Heldensage von einer heroisierten geschichtlichen Figur erzählt wird oder ob sie ein verweltlichter Göttermythos ist. Zwar tauchen dieselben Archetypen – d. h. dieselben vorbildlichen Gestalten und Situationen – sowohl in den Mythen und Sagen wie in den Märchen auf; doch während der Held der Sage tragisch endet, strebt das Märchen immer einer optimistischen Lösung zu (S. 156).

Der Verfasser betont noch einen weiteren Unterschied zwischen Märchen und Sage, den er für entscheidend hält: letztere nimmt die mythische Welt in sich auf, während das Märchen sie abstößt (S. 175). In der Sage steht der Held in einer von den Göttern und vom Schicksal gelenkten Welt. Die Märchenfiguren dagegen scheinen sich von den Göttern freigemacht zu haben; ihre Beschützer und ihre Gefährten genügen, ihnen den Sieg zu sichern. Diese fast ironische Abkehr von der Welt der Götter geht mit einer totalen Problemlosigkeit einher. Im Märchen ist die Welt einfach und transparent. Aber das wirkliche Leben, bemerkt Jan de Vries, ist nicht so, und er fragt sich, in welchem historischen Augenblick das Dasein noch nicht als Katastrophe empfunden wurde. Er denkt an die homerische Welt, an jene Zeit, da der Mensch bereits begann, sich von den traditionellen Göttern zu lösen, ohne bei den Religionen der Mysterien Zuflucht zu suchen. In einer solchen Welt – oder, in anderen Zivilisationen, in einer ähnlichen geistigen Situation – vermutet de Vries den geeigneten Boden für das Wachsen und Gedeihen der Märchendichtung (S. 174). Zwar ist auch das Märchen ein Ausdruck des aristokratischen Lebens und ähnelt in diesem Sinn den Heldensagen. Doch ihre Stoßrichtungen weichen voneinander ab: das Märchen löst sich vom mythischen und göttlichen Universum und »fällt« ins Volk, sobald die Aristokratie das Dasein als Problem und als Tragödie entdeckt (S. 178).

Eine angemessene Diskussion all dieser Fragen würde uns hier zu weit führen. Einige Resultate, zu denen Jan de Vries gekommen ist, sind jedoch zwingend: der strukturelle Zusammenhang zwischen Mythos, Sage und Märchen zum Beispiel; der Gegensatz zwischen dem Pessimismus der Sagen und dem Optimismus der Märchen; die fortschreitende Entsakralisierung der mythischen Welt. Was das Problem des »Ursprungs« der Mythen betrifft, so verbietet uns seine Komplexität, hier darauf einzugehen. Die Hauptschwierigkeit liegt in der Zweideutigkeit der Termini »Ursprung« und »Geburt«. Selbst für den Volkskundler verschmilzt die »Geburt« eines Mythos mit dem Auftauchen eines Stücks mündlicher Literatur. Es ist ein historisches Faktum und als solches zu untersuchen. Die Spezialisten der mündlichen Literaturen haben also recht, die »Vorgeschichte« ihrer Dokumente zu vernachlässigen. Sie verfügen über mündliche »Texte«, so wie ihre Kollegen, die Literaturgeschichtler, über schriftliche Texte verfügen. Sie untersuchen und vergleichen sie, schildern ihre Verbreitung und ihre gegenseitigen Einflüsse, ähnlich wie die Literaturgeschichtler es tun. Ihre Hermeneutik zielt darauf ab, das geistige Universum der Märchen zu verstehen und vorzustellen, ohne sich um seine mythischen Vorläufer zu kümmern.

Für den Ethnologen wir für den Religionshistoriker dagegen ist die »Geburt« eines Märchens als eines autonomen literarischen Textes ein zweitrangiges Problem. Zum einen ist die Entfernung zwischen Mythos und Märchen auf der Stufe der »primitiven« Kulturen sehr viel geringer als in den Kulturen, wo zwischen der Klasse der »Gebildeten« und dem »Volk« ein tiefer Graben besteht (wie im Orient, in Griechenland, im europäischen Mittelalter). Oft sind die Mythen mit den Märchen verschmolzen, und in diesem Zustand werden sie uns meist von den Ethnologen präsentiert, oder das, was in einem Stamm das Prestige des Mythos ausmacht, kann im benachbarten Stamm ein einfaches Märchen sein. Was jedoch den Ethnologen und den Religionshistoriker interessiert, ist das Verhalten des Menschen gegenüber dem Heiligen, so wie es aus dieser Masse von mündlichen Texten hervorgeht. Nun stimmt es aber nicht immer, daß das Märchen eine »Entsakralisierung« der mythischen Welt kennzeichnet. Richtiger wäre es, von einer Vermummung der mythischen Motive und Personen zu sprechen; und dem Ausdruck »Entsakralisierung« wäre der Ausdruck »Absinken des Heiligen« vorzuziehen. Denn wie Jan de Vries sehr gut dargelegt hat, besteht kein Bruch der Kontinuität zwischen den Szenarien der Mythen, der Sagen und der Märchen. Und auch wenn die Götter im Märchen nicht mehr in eigenem Namen eingreifen, so sind ihre Profile doch noch deutlich in den Figuren der Beschüt-

zer, der Feinde und der Gefährten des Helden zu erkennen. Sie sind zwar vermummt oder, wenn man lieber will, »gefallen«, erfüllen jedoch weiterhin ihre Funktion.
Die Koexistenz, die Gleichzeitigkeit von Mythen und Märchen in den traditionalen Gesellschaften stellt uns vor ein schwieriges, aber nicht unlösbares Problem. Wir denken an die Gesellschaften des mittelalterlichen Abendlandes, wo die wahren Mystiker in der Masse der einfachen Gläubigen untergehen und sogar manchen Christen nahestanden, bei denen die Entfremdung so weit fortgeschritten war, daß sie am Christentum nur noch äußerlich teilhatten. Eine Religion wird immer in mehreren Registern erlebt – oder akzeptiert und erlitten; doch zwischen diesen verschiedenen Erfahrungsebenen besteht Äquivalenz und Homologisierung. Die Äquivalenz bleibt sogar noch nach der »Banalisierung« der religiösen Erfahrung bestehen, nach der (scheinbaren) Entsakralisierung der Welt. (Um sich davon zu überzeugen, braucht man nur die profanen und wissenschaftlichen Wertungen der »Natur« nach Rousseau und die Philosophie der Aufklärung zu analysieren.) Und heute findet man das religiöse Verhalten und die Strukturen des Heiligen – göttliche Gestalten, exemplarische Taten usw. – in den tiefen Schichten der Psyche wieder, im »Unbewußten«, auf der Ebene des Traums und des Imaginären.
Damit erhebt sich ein weiteres Problem, das nicht mehr den Volkskundler und den Ethnologen betrifft, sondern den Religionshistoriker beschäftigt und am Ende den Philosophen und vielleicht den Literaturkritiker interessieren wird, denn es rührt auch, wenngleich nur indirekt, an die »Geburt der Literatur«. Obwohl das Märchen im Abendland schon seit langem Unterhaltungsliteratur (für die Kinder und die Bauern) oder Fluchtliteratur (für die Städter) geworden ist, weist es dennoch die Struktur eines unendlich ernsten und verantwortungsvollen Abenteuers auf, da es letztlich auf ein Initiationsszenarium hinausläuft: immer wieder begegnen wir den Initiationsprüfungen (Kämpfen gegen das Ungeheuer,

scheinbar unüberwindlichen Hindernissen, zu lösenden Rätseln, unmöglich zu bewältigenden Aufgaben usw.), dem Abstieg in die Hölle oder der Himmelfahrt, aber auch dem Tod und der Auferstehung (was im übrigen auf dasselbe hinausläuft), der Heirat mit der Prinzessin. Zwar hat das Märchen, wie Jan de Vries betont hat, immer ein *happy end*; aber sein eigentlicher Inhalt betrifft eine furchtbar ernste Wirklichkeit: die Initiation, d. h. den Übergang – mittels eines symbolischen Todes oder einer symbolischen Auferstehung – von der Unwissenheit und Unreife zum geistigen Alter des Erwachsenen. Die Schwierigkeit liegt darin, zu bestimmen, wann das Märchen seine Laufbahn als bloß wunderbare, von jeder initiatorischen Verantwortung geläuterte Geschichte begonnen hat. Es ist nicht ausgeschlossen, daß dies, zumindest in einigen Kulturen, in dem Augenblick geschah, als die Ideologie und die traditionellen Initiationsriten im Begriff waren, zu veralten, und man ungestraft »erzählen« konnte, was einst die größte Verschwiegenheit forderte. Aber es steht überhaupt nicht fest, daß dies ein allgemeiner Prozeß gewesen ist. In vielen primitiven Kulturen, in denen die Initiationsriten noch lebendig sind, werden ebenfalls, und zwar seit alters her, Geschichten initiatorischer Struktur erzählt.

Fast könnte man sagen, daß das Märchen auf einer anderen Ebene und mit anderen Mitteln das exemplarische Initiationsszenarium wiederholt. Das Märchen wiederholt und verlängert die »Initiation« auf der Ebene des Imaginären. Unterhaltung oder Abenteuer ist es einzig für das banalisierte Bewußtsein, namentlich für das Bewußtsein des modernen Menschen; in der Tiefe der Psyche haben die Initiationsszenarien noch heute ihren Ernst behalten und fahren fort, ihre Botschaft zu übermitteln und Mutationen hervorzurufen. Ohne sein Wissen und im Glauben, sich zu unterhalten oder zu entfliehen, profitiert der Mensch der modernen Gesellschaften noch immer von der imaginären Initiation, die die Märchen berichten. Man könnte sich daher fragen, ob nicht das

Märchen schon sehr frühzeitig zu einer »bequemen Doublette« des Mythos und des Initiationsritus geworden ist, ob ihm nicht die Rolle zukam, auf der Ebene der Imagination und des Traums die »Initiationsprüfungen« zu reaktualisieren. Dieser Standpunkt wird diejenigen wunder nehmen, für die die Initiation ein Verhalten ist, das ausschließlich dem Menschen der traditionalen Gesellschaften eignet. Heute wird man sich langsam darüber klar, daß das, was man »Initiation« nennt, zur menschlichen Natur gehört, daß jede Existenz eine ununterbrochene Reihe von »Prüfungen«, »Toden« und »Auferstehungen« ist, gleichgültig, welcher Worte die moderne Sprache sich bedient, um diese (ursprünglich religiösen) Erfahrungen auszudrücken.

Anmerkungen

Kapitel I

1 C. Strehlow, *Die Aranda- und Loritja-Stämme in Zentral-Australien,* 5 Bde., Frankfurt a.M. 1907-1920, Bd. 3, S. 1; vgl. L. Lévy-Bruhl, *La mythologie primitive,* Paris 1935, S. 123. Siehe auch T.G.H. Strehlow, *Aranda Traditions,* Melbourne 1946, S. 6.
2 Ch. Keysser, zitiert bei R. Thurnwald, *Die Eingeborenen Australiens und der Südseeinseln,* Tübingen 1927, S.28.
3 C. Kluckhohn, »Myths and Rituals: A General Theory«, *Harvard Theological Review* 35 (1942) S. 66. Vgl. ebd. für weitere Beispiele.
4 M. Hermanns, *The Indo-Tibetans,* Bombay 1954, S. 66 f.
5 Siehe M. Eliade, *Le mythe de l'éternel retour,* Paris 1949, S. 44 f.
6 Ebd., S. 53 f.
7 W.W. Hill, *The Agricultural and Hunting Methods of the Navaho Indians,* New Haven 1938, S. 179, zitiert bei C. Kluckhohn, a.a.O., S. 61.
8 Vgl. M. Eliade, *Mythes, rêves et mystères,* Paris 1957, S. 255 f. [dt.: *Mythen, Träume und Mysterien,* übers. v. Michael Benedikt und Mathias Vereno, Salzburg 1961].
9 R. Pettazzoni, *Essays on the History of Religion,* Leiden 1954, S. 11 f. Vgl. auch W. Müller, *Die Religionen der Waldlandindianer Nordamerikas,* Berlin 1956, S. 42.
10 R. Pettazzoni, a.a.O., S. 13.
11 R. Piddington, zitiert bei L. Lévy-Bruhl, a.a.O., S. 115. Zu den Initiationszeremonien vgl. M. Eliade, *Naissances mystiques,* Paris 1959.
12 Siehe Beispiele bei R. Pettazzoni, a.a.O., S. 14, Fn. 15.
13 R. A. Stein, *Recherches sur l'épopée et le barde au Tibet,* Paris 1959, S. 318 f.
14 Natürlich kann eine Geschichte, die in einem Stamm als »wahr« gilt, im benachbarten Stamm eine »falsche Geschichte« werden. Die »Entmythologisierung« ist ein Prozeß, der schon auf den archaischen Kulturstufen bezeugt ist. Wichtig ist die Tatsache, daß die »Primitiven« den Unterschied zwischen Mythen (»wahren Geschichten«) und Märchen oder Legenden (»falsche Geschichten«) immer spüren. Vgl. Anhang.
15 Vgl. M. Eliade, *Mythes, rêves et mystères,* S. 27 f.
16 C. Strehlow, a.a.O., S. 1 f.; L. Lévy-Bruhl, a.a.O., S. 123. Zu den Pubertätsinitiationen in Australien vgl. M. Eliade, *Naissances mysthiques,* S. 25 f.
17 E. Nordenskiöld, »Faiseurs de miracles et voyants chez les Indiens Cuna«, *Revista del Instituto de Etnología* 2, Tucuman 1932, S. 464; L. Lévy-Bruhl, a.a.O., S. 118.
18 A. C. Kruyt, zitiert bei L. Lévy-Bruhl, a.a.O., S. 119.
19 A. K. Johnson, *Kalevala. A Prose Translation from the Finnish,* Mancock (Michigan) 1950, S. 53 f.

20 E. Nordenskiöld, »La conception de l'âme chez les Indiens Cuna de l'Isthme de Panama«, *Journal des Américanistes*, Neue Serie 24 (1932) S. 14.
21 J. F. Rock, *The Na-Khi Nâga Cult and Related Ceremonies*, Rom 1952, Bd. 2, S. 474.
22 Ebd., S. 487.
23 J. F. Rock, *Zhi-mä Funeral Ceremony of the Na-khi*, Wien 1955, S. 87.
24 K. Th. Preuß, *Religion und Mythologie der Uitoto*, Göttingen 1921 - 1923, Bd. 2, S. 625.
25 B. Malinowski, *Myth in Primitive Psychology* (1926), wiederabgedruckt in: *Magic, Science and Religion*, New York 1955, S 101 - 108 [dt.: Der Mythos in der Psychologie der Primitiven, in: *Magie, Wissenschaft und Religion*, übers. v. Eva Krafft-Bassermann, Frankfurt 1973].

Kapitel II

1 A. Macdonald, »La naissance du monde au Tibet«, *Sources Orientales*, 1, Paris 1959, S. 428. Vgl. auch R. A. Stein, *Recherches sur l'épopée et le barde au Tibet*, Paris 1959, S. 464.
2 M. Warner Beckwith, *The Kumulipa. A Hawaiian Creation Chant*, University of Chicago Press 1951, S. 7.
3 Ebd., S. 45. »Das Licht, das jeden Tag wiedergeboren wird, die Sonne, die jedes Jahr von Süden wiederkehrt und die Erde neubelebt, sind nicht nur Symbole, sondern auch exemplarische Bilder der Geburt des Menschen oder auch wichtiger Faktoren auf dem Weg der Rasse zur Vollkommenheit. . . Wie das himmlische Universum Wakea die Ketten der Nacht zerbricht und aus dem Schoß der Wasser emportaucht, die ihn in der Finsternis gefangen hielten, so durchbricht das Kind die Hülle, die es im Mutterleib gefangen hielt, gelangt zum Licht, zum Leben, zur Welt des Verstandes« (ebd., S. 182 f.).
4 P. O. Booding, »Les Santals«, *Journal Asiatique* (1932) S. 58 f.
5 V. Elwin, *The Baiga*, London 1939, S. 305; W. Koppers, *Die Bhil in Zentralindien*, Wien 1948, S. 242.
6 W. Koppers, a.a.O., S. 242; J. Hoffmann und A. van Ernelen, *Encyclopaedia Mundarica*, Patna 1960, Bd. 3, S. 739.
7 L. Jungblut, *Magic Songs of the Bhils of Jhabua State*, Internationales Archiv für Ethnographie 43 (1943) S. 6.
8 Ebd., S. 35 f., S. 58 f.
9 Ebd., S. 5.
10 H. Klah, *Navajo Creation Myth: The Story of the Emergence*, Santa Fe 1942, S. 19; vgl. auch S. 25 f., 32 f.
11 J. F. Rock, *The Na-khi Nâga Cult and Related Ceremonies*, Rom 1952, Bd. 1, S. 9 f.
12 Ebd., S. 98.
13 Ebd., S. 97.
14 Ebd., S. 108.
15 Ebd., Bd. 2, S. 386 f.

16 Ebd., S. 489.
17 Ebd., Bd. 1, S. 279 f.
18 M. Hermanns, *The Indo-Tibetans*, Bombay 1954, S. 66 f.
19 Ebd., S. 69. Hervorhebungen von uns.
20 C. Thompson, *Assyrian Medical Texts*, London 1923, S. 59. Siehe auch die mythische Geschichte des Zaubers gegen Schlangenbisse, den Isis in *illo tempore* erfunden hatte, in: G. Röder, *Urkunden zur Religion des alten Ägypten*, Jena 1915, S. 139 f.
21 E. S. C. Handy, *Polynesian Religion*, Honolulu 1927, S. 10 f.
22 A. C. Fletcher und F. La Flesche, *The Omaha Tribe* (Bureau of American Ethnology, 27th Annual Report), Washington 1911, S. 116, Anm. a.
23 Vgl. M. Eliade, *Le mythe de l'éternel retour*, Kap. II, und passim.
24 C. T. Bertling, *Notes on Myth and Ritual in Southwest Asia*, Den Haag 1958, S. 3 f.
25 Der Brauch lebt sogar noch in den entwickelten, schriftkundigen Kulturen fort. S. N. Kramer bemerkt zu sumerischen Texten, daß »die Mythen oder Heldengedichte der sumerischen Poeten im allgemeinen mit einer kosmologischen Beschwörung begannen, die mit dem gesamten Werk in keiner unmittelbaren Beziehung standen«. Hier fünf Verse aus dem Prolog des *Gilgamesch-Epos*, Enkidu und die Unterwelt:

»Nachdem der Himmel getrennt war von der Erde,
nachdem die Erde unterschieden war vom Himmel,
nachdem der Name des Menschen bezeichnet war,
nachdem (der Gott des Himmels) An den Himmel fortgenommen hatte,
nachdem (der Gott der Luft) Enfil die Erde fortgenommen hatte . . .«

(N. S. Kramer, *From the Tablets of Sumer*, Indian Hills, Colorado, 1956, S. 77). Ebenso begannen im Mittelalter zahlreiche Chronisten ihre lokale Geschichtsschreibung mit der Erschaffung der Welt.
26 R. Pettazzoni, *Essays on the History of Religion*, Leiden 1954, S. 27 f.

Kapitel III

1 M. Eliade, *Le mythe de l'éternel retour*, S. 80 f.
2 M. Eliade, *Méphistophélès et l'Androgyne*, Paris 1962, S. 191 f.
3 H. Frankfort, *Kingship and the Gods*, Chicago 1948, S. 150.
4 M. Eliade, a.a.O., S. 193 f. »In dieser Konzeption finden wir die Quelle der künftigen historischen und politischen Eschatologien. Denn später ist man dahin gekommen, die kosmische Erneuerung, das ›Heil‹ der Welt vom Erscheinen eines bestimmten Typs von König, Helden oder Erlöser oder sogar von einem politischen Oberhaupt zu erwarten. Auch die moderne Welt bewahrt noch, wenngleich unter einem stark säkularisierten Aspekt, die eschatologische Hoffnung auf eine universelle *renovatio*, die durch den Sieg einer gesellschaftlichen Klasse oder auch einer politischen Partei oder Persönlichkeit erreicht wird« (ebd).
5 H. Petri, *Sterbende Welt in Nordwest-Australien*, Braunschweig 1954, S. 200 f.; A.P. Elkin, *The Australian Aborigines*, London 1954, S. 220 f.

6 Zum religiösen Wert der Nahrung vgl. M. Eliade, a.a.O., S. 182, 195 f.
7 A.L. Kroeber und E.W. Gifford, »World Renewal, a Cult System of Native Northwest California«, *Anthropological Records* 13, Nr. 1, University of California, Berkeley 1949, S. 6 f.; 10-17, 19f., zusammengefaßt in: M. Eliade, a.a.O., S. 175 f.
8 M. Eliade, a.a.O., S. 182.
9 W. Müller, *Weltbild und Kult der Kwakiutl-Indianer*, Wiesbaden 1955, S. 120.
10 W. Müller, *Die Religionen der Waldlandindianer Nordamerikas*, Berlin 1956, S. 306, 317.
11 W. Müller, *Die blaue Hütte*, Wiesbaden 1954, S. 133.
12 A.L. Kroeber, *Handbook of the Indians of California*, Washington 1925, S. 177, 498.
13 V. Lanternari, *La Grande Festa*, Mailand 1959; M. Eliade, a.a.O., S. 155 f.
14 Vgl. einige bibliographische Hinweise in M. Eliade, *Le mythe de l'éternel retour*, S. 92, Anm.
15 H. Frankfort, a.a.O., S. 319.
16 S. Mowinckel, *He That Cometh*, übers.v. G.W. Anderson, New York 1956, S. 26.
17 A.a.O., S. 144.
18 A.J. Wensinck, »The Semitic New Year and the Origin of Eschatology«, *Acta Orientalia 1* (1923) S. 159-199.
19 E. Voegelin, *Order and History. I: Israel and Revelation*, Louisiana State University Press, 1956, S. 294.
20 A.a.O., S. 299.
21 Wie übrigens in zahllosen anderen kosmogonischen und Ursprungsmythen.

Kapitel IV

1 Vgl. J.G. Frazer, *Folk-Lore in the Old Testament*, London 1919, Bd. 1, S. 229-332; C. Kluckhohn, »Recurrent Themes in Myths and Mythmaking«, *Daedalus*, Frühjahr 1959, S. 271. Die wichtigsten bibliographischen Angaben über die Legenden von der Sintflut findet man in: S. Thompson, *Motif-Index of Folk-Literature*, neue Ausg., Bloomington (Indiana) 1955, Bd. 1, S. 184 (A 1010).
2 Siehe M. Eliade, *Le mythe de l'éternel retour*, S. 102 f.
3 F.R. Lehmann, »Weltuntergang und Welterneuerung im Glauben schriftloser Völker«, *Zeitschrift für Ethnologie* 71 (1939) S. 103.
4 Ebd., S. 112.
5 R. Thurnwald, *Die Eingeborenen Australiens und der Südseeinseln*, Tübingen 1927, S. 26 f., nach Ch. Keysser, *Aus dem Leben der Kaileute*, in: Neuhaus, *Deutsch-Neu-Guinea*, 1911, S. 154 f.
6 F.R. Lehmann, a.a.O., S 107.
7 Ebd.
8 Vgl. M. Eliade, *Traité d'histoire des religions*, Paris 1949, S. 54.
9 F.R. Lehmann, a.a.O., S. 107.

10 Vgl. E. Schaden, »Der Paradiesmythos im Leben der Guarani-Indianer«, *Staden-Jahrbuch* 3, São Paulo 1955, S. 151 f.; W. Koppers, »Prophetismus und Messianismus als völkerkundliches und universal-geschichtliches Problem«, *Saeculum* 10 (1959) S. 42 f.; R.H. Loewie, »Primitive Messianism and an Ethnological Problem«, *Diogenes* 19 (Fall 1957) S. 70 f.

11 C. Nimuendajú, »Die Sagen von der Erschaffung und Vernichtung der Welt als Grundlagen der Religion der Apapocúva-Guarani«, *Zeitschrift für Ethnologie* 46 (1914) S. 335.

12 Vgl. R. H. Loewie, a.a.O., S. 71.

13 Vgl. H. B. Alexander, »Latin-American Mythology«, in: *The Mythology of All Races*, hg.v. L. H. Gray, Bd. 11, Boston 1920, S. 91 f.

14 Algonkin-Mythos in: D. G. Brinton, *The Myths of the New World*, 2. rev. Ausg., New York 1876, S. 235 f. Wintu-Mythos in: H. B. Alexander, »North American Mythology«, in: *The Mythology of All Races*, Bd. 10, Boston 1916, S. 223 f.

15 A. Hodgson, *Travels in North America*, S. 180; D. G. Brinton, a.a.O., S. 279 f.

16 D. G. Brinton, a.a.O., S. 280: Der von oben wird einmal auf die Knochen der Männer, zweimal auf die Knochen der Frauen blasen, und sie werden auferstehen. Eine andere Version des Mythos wurde veröffentlicht von F. Boas, *The Central Eskimo* (6th Annual Report of the Bureau of American Ethnology), Washington 1888, S. 588 f. Vgl. M. Eliade, *Le chamanisme et les techniques archaiques de l'extase*, Paris 1951, S. 153 f.

17 H.B. Alexander, »North American Mythology«, a.a.O., S. 60.

18 Ebd., S. 219; vgl. ebd. S. 299 f., Bibliographie bezüglich der nordamerikanischen Sintflutmythen.

19 Ebd., S. 222.

20 Ebd., S. 225. Zu den südamerikanischen Mythen vom Ende der Welt durch das Feuer oder das Wasser vgl. P. Ehrenreich, *Die Mythen und Legenden der südamerikanischen Urvölker*, Berlin 1905, S. 30 f. Zu den Überlieferungen bezüglich der Welterneuerung nach der Katastrophe siehe Cl. Lévy-Strauss in: *Bulletin of the Bureau of American Ethnology* 143, S. 347 (Bakairi), 369 (Nambicuara).

21 Die Namen der vier *yuga* erscheinen zum ersten Mal im *Aitareya-Brâhmana* VII, 14.

22 M. Eliade, *Le mythe de l'éternel retour*, S. 170. Vgl. auch *Images et symboles*, Paris 1952, S. 80 f.

23 Vgl. E. Abegg, *Der Messiasglaube in Indien und Iran*, Berlin 1928, S. 34, Fn. 2.

24 Wir denken natürlich an die religiösen und philosophischen Eliten auf der Suche nach einer »Erlösung« von den Illusionen und Leiden. Die volkstümliche Religion Indiens dagegen akzeptiert und valorisiert die Existenz in der Welt.

25 W. F. Albright, »Primitivism in Ancient Western Asia«, in: A. O. Lovejoy und G. Boas, *Primitivism and Related Ideas in Antiquity*, Baltimore 1935, S. 422.

26 Ebd., S. 424 f.

27 Ebd., S. 431.
28 Diese kosmischen Katastrophen findet man in den indianischen Vorstellungen vom Untergang durch das Feuer und das Wasser wieder. Vgl. auch B. L. van der Waerden, »Das Große Jahr und die ewige Wiederkehr«, *Hermes* 80 (1950) S. 129 f.
29 *Amos* 9, 13 f.; *Jesaja* 30, 23 f.; 35, 1, 2, 7; 65, 17; *Hosea* 1, 10; 2, 18 f.; *Sacharja* 8, 12; *Ezechiel* 34, 24, 27; 26, 9 f., 30, 35.
30 W. Bousset, *The Antichrist Legend* (engl. Übers.), London 1896, S. 195 f., 210 f.
31 Ephraim der Syrer, zitiert bei W. Bousset, a.a.O., S. 238.
32 Vgl. M. Eliade, *Le mythe de l'éternel retour*, S. 185 f.
33 Vgl. W. Bousset, a.a.O., S. 145 f.; vgl. auch R. Mayer, *Die biblische Vorstellung vom Weltbrand*, Bonn 1957.
34 Siehe auch A. A. Vasiliew, »Medieval Ideas of the End of the World: West and East«, *Byzantion*, 16, Faks.2, Boston 1944, S. 462-502.
35 N. Cohn, *Les fanatiques de l'Apocalypse*, Paris 1963.
36 Vgl. M. Eliade, *Méphistophélès et l'Androgyne*, S. 155 f. (»Kosmische Erneuerung und Eschatologie«).

Kapitel V

1 Aus diesem Grunde weist das Unbewußte die Struktur einer privaten Mythologie auf. Man kann noch weitergehen und sagen, daß das Unbewußte nicht nur »mythologisch« ist, sondern daß einige seiner Inhalte mit kosmischen Werten befrachtet sind; anders gesagt, daß sie die Modalitäten, die Prozesse und die Schicksale des Lebens und der lebenden Materie widerspiegeln. Man kann sogar sagen, daß sich der einzige reale Kontakt des modernen Menschen mit der kosmischen Heiligkeit über das Unbewußte herstellt, ob es sich nun um seine Träume, um sein imaginäres Leben oder um Schöpfungen handelt, die dem Unbewußten entspringen (Poesie, Spiele, Theater usw.).
2 M. Eliade, *Mythe, rêves et mystères*, S. 56.
3 Vgl. z.B. das australische Kunapipi-Ritual, das nach R. M. Berndt beschrieben wurde in: M. Eliade, *Naissances mystiques*, Paris 1959, S. 106 f.
4 Ebd., S. 113 f.
5 Ebd., S. 115 f.
6 Ebd., S. 118 f.
7 Zu dem mythischen Modell der indischen Initiationsrituale vgl. ebd. S. 117.
8 Vgl. ebd., S. 132 f.
9 Vgl. M. Eliade, *Traité d'histoire des religions*, S. 220 f.
10 H. Maspéro, »Les procédés de ›nourrir le principe vital‹ dans la religion taoïste ancienne«, *Journal Asiatique*, April-Juni 1937, S. 198.
11 *Houei-ming-king* von Lieou Houayang, zitiert bei R. Stein, »Jardins en miniature d'Extrême-Orient«, *Bulletin de l'École Française d'Extrême-Orient*, 42, Hanoi 1943, S. 97.

12 Vgl. R. Stein, a.a.O., S. 54.
13 H. Maspéro, a.a.O., S. 207, Fn. 1.
14 Vgl. M. Eliade, *Mythes, rêves et mystères*, S. 50 f.
15 Ebd., S. 51 f.
16 M. Eliade, *Le Yoga. Immortalité et Liberté*, Paris 1954, S. 270 f.
17 Ebd., S. 272.
18 Vgl. M. Eliade, *Mythes, rêves et mystères*, S. 52.

Kapitel VI

1 Vgl. M. Eliade, *Traité d'histoire des religions*, S. 53 f.
2 Ebd., S. 55.
3 Ebd.
4 Ebd., S. 55 f.
5 Vgl. ebd., S. 68 f.
6 Ebd., S. 56.
7 J. G. Frazer, *The Worship of Nature*, London 1926, S. 631.
8 Fügen wir jedoch hinzu, daß auch Australien *dei otiosi* kennt; vgl. M. Eliade, *Traité d'histoire des religions*, S. 50.
9 R. M. Berndt, Djanggawul. *An Aboriginal Cult of North-Eastern Arnhem Land*, New York 1953, S. 139 f. Vgl. auch in M. Eliade, *Naissances mystiques*, a.a.O., S. 106, den Mythos der Pythonschlange Lu'uningu, die die jungen Leute verschlang und tötete. Die Menschen brachten sie um, errichteten ihr jedoch später ein Denkmal, das sie darstellte: zwei rituelle Pfosten, die im geheimen Kunapipi-Zeremoniell eine Rolle spielen.
10 R. Piddington, zitiert bei M. Eliade, *Mythes, rêves et mystères*, S. 257 f.
11 E. Anderson, ebd., S. 273.
12 Vgl. M. Eliade, *Naissances mystiques*, S. 60.
13 Ebd., S. 106, Fn. 26.
14 Ad. E. Jensen, *Mythos und Kult bei Naturvölkern*, Wiesbaden 1951, S. 117.
15 Ad. E. Jensen, *Das religiöse Weltbild einer frühen Kultur*, Stuttgart 1948, S. 35-38; vgl. auch J. Campbell, *The Masks of God: Primitive Mythology*, New York 1959, S. 173-176. Zur Verbreitung dieses mythischen Motivs vgl. G. Hatt, »The Corn Mother in America and Indonesia«, *Anthropos*, 44, 1951, S. 853-914). Die Einwände von H. Baumann (vgl. *Das doppelte Geschlecht*, Berlin 1955) wurden erörtert von Ad. E. Jensen in seinem Aufsatz »Der Anfang des Bodenbaus in mythologischer Sicht«, *Paideuma* 6 (1956) S. 169-180. Siehe auch C. A. Schmidt, »Die Problematik der Mythologeme ›Hainuwele‹ und ›Prometheus‹«, *Anthropos* 55 (1960) S. 215-238.
16 Vgl. Ad. E. Jensen, *Mythos und Kult bei Naturvölkern*, S. 203 f.
17 Ebd.
18 Ebd., S. 243.
19 M. Eliade, *Traité d'histoire des religions*, S. 68-90.

1 M. Eliade, *Le Yoga*, S. 311.
2 Ebd., S. 321.
3 Shankara, Kommentar zur *Chandogya-Upanishad* VI, 14, 1-2.
4 M. Eliade, *Le Yoga*, S. 44.
5 J.-P. Vernant, »Aspects mythiques de la mémoire en Grèce«, *Journal de Psychologie* (1959) S. 7. Vgl. auch A. K. Coomaraswamy, »Recollection, Indian and Platonic«, *Supplement to the Journal of the American Oriental Society*, 3, April-Juni 1944.
6 Ebd., S. 8.
7 *Argonautika* I, 463, zitiert bei J.-P. Vernant, a.a.O., S. 10.
8 Täfelchen von Petelia und Eleuthernae. Zu den »orphischen« Täfelchen vgl. J. E. Harrison, *Prolegomena to the Study of Greek Religion*, Cambridge 1903, S. 573 f.; F. Cumont, *Lux perpetua*, Paris 1949, S. 248, 406; W. K. C. Guthrie, *Orpheus and the Greek Religion*, London 1935 (2. Aufl. 1952), S. 171 f.
9 Vgl. M. Eliade, *Mythes, rêves et mystères*, S. 21. Zu den früheren Existenzen des Pythagoras vgl. E. Rohde, *Psyche*, 2. Aufl. 1898, Anhang, S. 417 f.
10 Vgl. M. Eliade, *Le mythe de l'éternel retour*, S. 63 f.
11 Vgl. M. Eliade, *Mythes, rêves et mystères*, S. 56 f. Auch für C.G. Jung geht das »kollektive Unbewußte« der individuellen Psyche voraus. Jungs Welt der Archetypen ähnelt in gewisser Weise der Welt der Platonischen Ideen: die Archetypen sind überpersönlich und haben nicht teil an der historischen Zeit des Individuums, sondern an der Zeit der Gattung, ja des organischen Lebens.
12 Vgl. F. Cumont, a.a.O., S. 450.
13 H. Leisegang, *Die Gnosis*, Stuttgart 1941, S. 366-369; R. M. Grant, *Gnosticism. A Source Book of Heretical Writings from the Early Christian Period*, New York 1961, S.116 f.; G. Widengren, »Der iranische Hintergrund der Gnosis«, *Zeitschrift für Religions- und Geistesgeschichte* 4 (1952) S. 11 f., vertritt die Ansicht, daß dieser Mythos iranischen, wahrscheinlich parthischen Ursprungs ist.
14 H. Corbin, »L'Homme de Lumière dans le Soufisme iranien«, in dem Sammelband: *Ombre et Lumière*, Paris 1961, S. 154 f., mit bibliographischen Hinweisen auf seine früheren Arbeiten.
15 H. Jonas, *The Gnostic Religion*, Boston 1958, S. 62 f.
16 Ebd. S. 63.
17 Zitiert bei H. Jonas, a.a.O., S. 70.
18 J. Doresse, *Les livres secrets des Gnostiques d'Égypte*, Paris 1958, Bd. 1, S. 227.
19 F. Cumont, *Recherches sur le manichéisme. I: La cosmogonie manichéenne d'après Thédore bar Khônai*, Brüssel 1908, S. 46 f.; J. Doresse, a.a.O., S. 235 f.
20 H. Jonas, a.a.O., S. 71.
21 Ebd., S. 74.
22 Ebd., S. 68.

23 Ebd., S. 83.
24 Ebd.
25 Ebd.
26 Ebd., S. 84.
27 Ebd.
28 *Corpus Hermeticum* I, 27 f; H. Jonas, a.a.O., S. 86.
29 Vgl. M. Eliade, *Naissances mystiques*, S. 44.
30 Vgl. M. Eliade, *Le chamanism*, S. 281 f.
31 Vgl. R. M. Grant, *Gnosticism and Early Christianity*, New York 1959, S. 188, Fn. 16.
32 H-Ch. Puech, in: *Annuaire du Collège de France*, 56. Jahrgang (1956), S. 194.
33 Ebd., S. 198.
34 Ebd.
35 Vgl. K. Löwith, *Meaning in History*, Chicago 1949, S. 6 f. (dt: *Weltgeschichte und Heilsgeschehen*, übers. v. H. Kesting, 3. Aufl., Stuttgart 1953).

Kapitel VIII

1 K. Meuli, »Griechische Opferbräuche«, *Phyllobolia. Festschrift für Peter Von der Mühll*, Bern 1946, S. 185-288 (wiederabgedruckt in: K. Meuli, *Gesammelte Schriften*, Basel/Stuttgart 1975, Bd. 2).
2 W. Jaeger, *Paideia: The Ideals of Greek Culture*, Bd. 1, 2. Aufl., New York 1945, S. 65 f.; *The Theology of the Early Greek Philosophers*, Oxford 1947, S. 12.
3 W. Jaeger, *The Theology of the Early Greek Philosophers*, S. 14.
4 Vgl. W. Jaeger, a.a.O., S. 47.
5 Vgl. G. S. Kirk und J. E. Raven, *The Presocratic Philosophers*, Oxford 1957, S. 168; K. Freeman, *Ancilla to the Pre-Socratic Philosophers*, Cambridge, Mass., 1948, S. 22. Für die Dokumente und die Bibliographien über die Mileser siehe P.-M. Schuhl, *Essai sur la formation de la pensée grecque*, 2. Aufl., Paris 1949, S. 163 f., und K. Freeman, *The Pre-Socratic Philosophers. A Companion to Diels, Fragmente der Vorsokratiker*, Oxford 1946, S. 49 f.
6 Vgl. G. S. Kirk und J. E. Raven, a.a.O., S. 169.
7 Vgl. Thukydides I, 21; W. Jaeger, a.a.O., S. 19, 197 f.
8 Aelius Theon, *Progymnasmata* (94, 12-32), zusammengefaßt von R. M. Grant, *The Earliest Lives of Jesus*, New York 1961, S. 41 f., 120 f.
9 J. Seznec, *The Survival of the Pagan Gods. The Mythological Traditions and its place in Renaissance Humanism and Art*, New York 1953, S. 320 f.
10 Ebd., S. 322.

1 Zum Folgenden siehe R. M. Grant, *The Earliest Lives of Jesus*, New York 1961, S. 10 f.
2 Ebd., S. 15. Zu Theon siehe ebd., S. 39 f. Vgl. auch *The Letter and the Spirit*, London 1957, S. 120 f., sowie J. Pépin, *Mythe et allégorie. Les origines grecques et les contestations judéo-chrétiennes*, Paris 1958.
3 R. M. Grant, a.a.O., S. 21.
4 Origenes, *De principiis* IV, 2, 9, zitiert bei Grant, a.a.O., S. 65.
5 R. M. Grant, a.a.O., S. 66.
6 *Contra Celsum* I, 42, zitiert bei Grant, a.a.O., S. 71.
7 Vgl. R. M. Grant, a.a.O., S. 75.
8 Vgl. ebd., S. 93.
9 Vgl. ebd., S. 78.
10 Siehe ebd., S. 115 f., sowie J. Daniélou, *Message évangélique et culture hellénistique aux IIe et IIIe siècles*, Paris 1961, S. 251 f.
11 Kommentar zu Johannes 20, 20, zitiert bei Grant, a.a.O., S. 116.
12 M. Eliade, *Mythes, rêves et mystères*, S. 26 f. Siehe auch A. W. Watts, *Myth and Ritual in Christianity*, London-New York 1955; O. Clément, *Transfigurer le Temps*, Neuchâtel-Paris 1959.
13 Vgl. E. Goodenough, *Jewish Symbols in the Greco-Roman Period*, VII-VIII: *Pagan Symbols in Judaism*, New York 1958; J. Daniélou, *Les Symboles chrétiens primitifs*, Paris 1961.
14 L. Schmidt hat gezeigt, daß die bäuerliche Folklore Mitteleuropas mythologische und rituelle Elemente enthält, die schon zu Homers und Hesiods Zeit aus der klassischen griechischen Mythologie verschwunden waren; vgl. L. Schmidt, *Gestaltheiligkeit im bäuerlichen Arbeitsmythos*, Wien 1952, besonders S. 136 f.
15 N. Cohn, *The Pursuit of the Millenium*, New York 1957, S. 104 [dt.: *Das Ringen um das tausendjährige Reich*, übers. v. Eduard Torsch, Bern-München 1961]. Zum messianischen Anspruch Friedrichs II. vgl. E. Kantorowicz, *Kaiser Friedrich der Zweite*, 2. Aufl., Berlin 1928, S. 461 f., 523 f.; N. Cohn, a.a.O., S. 103 f.
16 A. Dupront, »Croisade et eschatologie«, in: *Umanesimo e esoterismo*, Atti del V° Convegnos Internazionale di Studi Umanistici, a cura di Enrico Castelli, Padua 1960, S. 177.
17 P. Alphandéry und A. Dupont, *La chrétienté et l'idée de croisade*, Paris 1959, Bd. 2, S. 118.
18 Ebd., S. 119.
19 Reinier, zitiert in ebd., S. 120.
20 *Annales Scheftlariensis*, zitiert in ebd., S. 123.
21 Zitiert in ebd., S. 127.
22 Zu den Tafur-Texten vgl. auch N. Cohn, a.a.O., S. 45 f.
23 P. Alphandéry und A. Dupront, a.a.O., S. 145.
24 Anmerkung von Campanella zu Vers 207 seiner *Ecloga*, zitiert bei A. Dupront, a.a.O., S. 187.
25 Kritische Ausgabe von Romano Ameria, Rom 1955, S. 72; A. Dupront, a.a.O., S. 189.

26 Es ist das große Verdienst von Erneste Buonaiuti, die Erneuerung der joachimitischen Studien mit seiner Ausgabe des *Tractatus super quatuor Evangelia*, Rom 1930, und seinem Buch *Giocchino da Fiore*, Rom 1931, eingeleitet zu haben. Vgl. auch seine beiden wichtigen Aufsätze: »Prolegomeni alle storia di Giocchino da Fiore«, *Ricerche Religiose*, 4, 1928, und »Il misticimo di Giocchino da Fiore«, ebd., 4, 1929, wiederabgedruckt in dem posthumen Werk *Saggi di Storia del Christianismo*, Vicenza 1957, S. 237-382. Siehe auch E. Benz, »Die Kategorien der religiösen Geschichtsdeutung Joachims«, *Zeitschrift für Kirchengeschichte*, 1931, S. 24-111, und *Ecclesia Spiritualis*, Stuttgart 1934.

27 Vgl. K. Löwith, *Meaning in History*, Chicago 1949, S. 208 [dt.: *Weltgeschichte und Heilsgeschehen*, übers. v. H. Kesting, 3. Aufl., Stuttgart 1953].

28 Ebd., S. 210. Löwith erinnert daran, daß dieses letztere Werk das Buch *Das dritte Reich* des Deutschrussen H. Moeller van den Bruck inspiriert hat. Vgl. auch Jakob Taubes, *Studien zu Geschichte und System der abendländischen Eschatologien*, Bern 1947, der Hegels Geschichtsphilosophie mit der Joachims vergleicht.

29 Vgl. M. Eliade, *Mythes, rêves et mystères*, S. 16-36.

30 Ebd., S. 20 f.

31 Vgl. z.B. C.Waugh, *The Comics*, New York 1947; Becker, *Comic Art in America*, New York 1960; Eco, »Il Mito di Superman«, in: *Demitizzazione e Imagine, a cura di Enrico Castelli*, Padua 1962, S. 131-148.

32 A. Greely, »Myths, Symbols and Rituals in the Modern World«, *The Critic*, Dez. 1961 / Jan. 1962, Bd. 20, Nr. 3, S. 19.

33 Ebd., S. 24.

Als Band der *Gesammelten Werke in Einzelausgaben* im Insel Verlag erschienen folgende, in den Anmerkungen nach dem Original zitierten Werke von Mircea Eliade:

Kosmos und Geschichte. Der Mythos der ewigen Wiederkehr.
[Le mythe de l'éternel retour, Paris 1949]
Deutsch von Günther Spaltmann.

Die Religionen und das Heilige
[Traité d'histoire des religions, Paris 1949]
Deutsch von R. Rassem und Inge Köck.

Ewige Bilder und Sinnbilder.
[Images et symboles, Paris 1952]
Deutsch von Eva Moldenhauer.

Das Mysterium der Wiedergeburt
[Naissances mystiques, Paris 1959]
Deutsch von Eva Moldenhauer.

Yoga. Unsterblichkeit und Freiheit.
[Le Yoga. Immortalité et liberté, Paris 1954]
Deutsch von Inge Köck.

Schamanismus und archaische Ekstasetechnik
[Le Chamanisme et les techniques archaiques de l'extase, Paris 1951]
Deutsch von Inge Köck.
Suhrkamp Verlag, Frankfurt am Main 1975.